AF360758

LA POLITIQUE

CONTEMPORAINE

DEVANT L'HISTOIRE

F. AUREAU — IMPRIMERIE DE LAGNY

LA
POLITIQUE

CONTEMPORAINE

DEVANT L'HISTOIRE

PAR

FRANÇOIS DE BUS

ANCIEN MAGISTRAT

TOME PREMIER

PREMIÈRE PARTIE

LES ORIGINES DE LA CANDIDATURE HOHENZOLLERN

LA CANDIDATURE HOHENZOLLERN DEVANT LES CHAMBRES FRANÇAISES

LES DERNIERS JOURS DE L'EMPIRE

PARIS

E. DENTU, LIBRAIRE-ÉDITEUR

PALAIS-ROYAL, 15-17-19, GALERIE D'ORLÉANS

1882

INTRODUCTION

I

Dieu protège la France!

La France a, dans ces dernières années, vidé jusqu'à la lie la coupe des épreuves. L'Invasion et la Révolution, deux des plus terribles fléaux qui puissent s'abattre sur une nation, ont fondu presque simultanément sur elle. Tandis que l'étranger, sous sa forme la plus rebutante et la plus sauvage, foulait le sol sacré de la patrie et promenait le meurtre et l'incendie dans nos campagnes, les révolutionnaires triomphaient dans nos grandes villes. Paris, qui allait cesser bientôt d'être le siège du gouvernement, n'était déjà plus la capitale autorisée de la Révolution et Lyon avait proclamé la République avant lui. L'Histoire, après la conscience publique, flétrira, comme il le mérite, ce forfait entre les forfaits, ce crime de lèse-patrie, le plus odieux et le plus infâme qu'un parti politique puisse commettre. Semblables à ces animaux sinistres qu'on ne voit apparaître qu'aux jours de désolation et de carnage, les émeutiers de Septembre se sont rués sur le cadavre de la France et s'en sont fait un marchepied pour arriver au pouvoir ! Par une amère ironie du sort, c'est au concours de leurs bons frères, les Allemands, qu'ils ont dû la satisfaction de leurs convoitises criminelles et de leurs appétits désordonnés.

Lequel de ces deux cataclysmes, de l'émeute de Septembre ou de l'invasion prussienne, nous fut le plus funeste? Jamais problème plus effrayant ne se dressa devant l'Histoire.

Les désastres causés par la guerre de 1870-1871 furent immenses. Ils seraient aujourd'hui complètement réparés, si nous n'avions à déplorer encore la perte de deux provinces qui ne furent jamais plus françaises que depuis leur annexion à l'Allemagne. Les résultats de la Révolution de Septembre, au contraire, subsistent dans leur entier. Le succès de ce coup de main audacieux devait fatalement encourager de nouvelles entreprises du même genre. Lorsque les révolutionnaires arrivent au pouvoir, ils n'ont pas d'adversaires plus opiniâtres que leurs amis et leurs complices de la veille. Rien ne leur est alors plus malaisé que d'essayer de défendre ce qu'ils ont constamment attaqué. La lutte se cantonne désormais entre l'ambition repue des uns et l'ambition déçue des autres et les destinées d'une grande nation en sont l'enjeu.

Après une série d'émeutes et d'insurrections mal réprimées, après une suite de « Quatre Septembre manqués », suivant la trop juste expression de Blanqui, la Révolution de Septembre s'évanouit dans les bras de la Commune, sa fille et son œuvre.

Les auteurs de cette criminelle insurrection avaient été prévenus et distancés, à l'Hôtel-de-Ville, en septembre 1870, par leurs heureux compétiteurs. Ils rentrèrent en maîtres dans ce palais qui, après avoir servi de berceau à toutes nos révolutions, allait bientôt tomber sous leurs coups.

La province, bien inspirée cette fois, sut se soustraire à l'influence désastreuse de la Capitale. Entre le pseudo-gouvernement de Paris et le gouvernement légal de Versailles, elle n'hésita pas et se rangea résolument sous la bannière de ce dernier. Cette attitude pleine de sagesse et de patriotisme conjura notre perte.

La République, qui n'a jamais eu en France d'ennemis plus redoutables que les républicains, a survécu à ces deux insurrections dans lesquelles elle aurait dû sombrer mille fois. C'est en vain, qu'avec un zèle et une persévérance auxquels tous les hommes impartiaux rendront hommage, l'Assemblée nationale a cherché à éclairer l'opinion publique sur cette phase douloureuse et à jamais lamentable de notre histoire. Ses efforts sont restés stériles et il n'a manqué jusqu'à ce jour que des lecteurs à ses enquêtes soigneusement élaborées et consciencieusement rédigées. Les hommes de Septembre ont trouvé grâce devant le suffrage universel qui n'a perdu aucune occasion d'acclamer leurs noms. Les élections dernières leur ont ouvert, à deux battants, les portes des deux Chambres. Celui d'entre eux, dont le nom avait été entouré du plus sinistre éclat pendant cette période tourmentée, a vu les grandes villes d'une nation comme la France lui décerner à l'envi, un bill d'indemnité en lui prodiguant leurs suffrages. La justification des hommes de Septembre appelait fatalement la justification des trop coupables auteurs de la Commune. L'amnistie a été le cheval de bataille de nombreux candidats aux sièges des deux Chambres. Elle a été la cause déterminante de beaucoup d'élections républicaines, qui, sans ce puissant moteur, n'auraient pu aboutir. Que dire et que penser d'hommes qui se laissent imposer un aussi odieux patronage? De pareilles défaillances et de pareilles lâchetés sont bien faites pour soulever les consciences honnêtes ! Elles ne sauraient malheureusement tarder à porter leurs fruits. Il n'importe désormais que les nouveaux élus tiennent leurs criminels engagements. Qu'ils rouvrent ou non les portes de la France à ceux qui, hier encore, étaient des assassins et des incendiaires et ne sont plus aujourd'hui que les malheureuses victimes d'un système politique momentanément vaincu; ils ne sauraient réparer le mal qu'ils nous ont causé en faisant adhésion à des idées mille fois plus dangereuses que ceux dans lesquels elles se sont une première fois incarnées. Grâce à ces coupables complaisances et à ces inqualifiables faiblesses, la Révolution, jadis à l'état épidémique, passe aujourd'hui à l'état endémique dans notre malheux pays. Elle s'insinue et s'infiltre dans nos mœurs, déjà elle a presque revêtu le masque de la légalité. Le moment est proche où la Commune, dédaignant cette mise en scène d'incendies et d'assassinats qui a marqué sa première et lugubre apparition parmi nous, verra ses théories anti-sociales s'épanouir dans des textes de lois et s'abriter derrière les articles d'une de ces Constitutions que les républicains respectent et vénèrent aujourd'hui qu'elles deviennent l'expression de leurs désirs et de leurs espérances trop longtemps déçus. En dépit des déclarations hypocrites et mensongères des pontifes de la nouvelle majorité républicaine, qui affichent en vain une modération et une réserve, qui ne se sont ni dans leur tempérament, ni dans leurs mœurs, nous marchons à grands pas vers cet idéal épouvantable qui a nom : la Révolution sociale.

A qui la faute? A nous tous qui nous retranchons obstinément derrière la plus élastique et la moins définie des épithètes ; à nous tous, prétendus conservateurs, qui ne conservons rien que notre dévouement à la chose publique et, soit par dégoût, soit par indifférence, laissons le champ libre aux ennemis de la Société. Le parti conservateur, dans ces dernières années, a risqué de loin en loin quelques actes d'énergie qui ont affirmé et prouvé sa force, et puis, la mollesse et l'apathie aidant, il s'est replié sous sa tente, dédaignant même de contenir un adversaire qu'il pouvait écraser.

Après avoir précipité du pouvoir M. Thiers, dont les aspirations et les tendances politiques paraissaient trop accentuées dans le sens républicain, nous avons arraché à la retraite glorieuse et honorée dans laquelle il semblait se complaire, un brave et loyal soldat, à l'épée duquel nous avons confié les destinées un instant compromises de notre patrie. Le 24 mai aurait pu et dû être une grande victoire du parti conservateur, il n'est devenu, par la faute des vainqueurs, qu'une halte sur la route de la Révolution. Les auteurs de cet acte d'énergie et de préservation sociale, cédant à nous ne savons quels sentiments de dégoût et de fausse émulation, ont brisé leur œuvre de leurs propres mains et ont aidé les républicains à édifier la Constitution du 25 février. Chose triste à constater! les transfuges et les fuyards furent presque tous des conservateurs. La haine d'un parti vaincu, mais dont la résurrection semblait trop hâtive et trop rapide, fut la cause déterminante de ces coupables défections. De concessions en concessions, le Maréchal, esclave docile d'une majorité mobile, se vit imposer comme ministres des hommes (dont Dieu nous garde de suspecter l'honorabilité!) mais dont la chute du pouvoir avait marqué son avènement à la présidence de la République. C'est en vain que pour parer aux inconvénients d'une situation déjà singulièrement compromise, il a cherché à neutraliser les forces républicaines du nouveau ministère par l'adjonction au cabinet du 13 mai de députés foncièrement conservateurs en dépit de leur vote du 25 février. Ceux-ci, égarés dans un milieu qui n'était plus le leur, ont essayé, mais sans succès, de gouverner comme s'ils n'avaient pas confectionné de leurs mains une constitution républicaine. Le pays s'est chargé de les rappeler à la triste réalité des choses et l'un d'eux a éprouvé les plus sanglantes défaites que le suffrage universel, le grand maître aujourd'hui, ait jamais infligées à un homme politique.

Le triomphe de la République, en s'accentuant et en s'affirmant aux élections du 20 février, a précipité la chute du dernier cabinet de résistance à l'invasion des idées révolutionnaires. Un ministère, expurgé de tout élément conservateur, renforcé d'un appoint républicain important, fit son entrée aux affaires. Il fut accueilli avec indifférence par les uns, d'une façon plus que glaciale par les autres. Ses complaisances et ses coquetteries peu dissimulées pour la majorité triomphante ne lui ont été d'aucune utilité jusqu'à ce jour, pas plus que l'infusion d'un sang nouveau n'a augmenté ses chances de vitalité. Supporté et toléré, bien plus que soutenu par les gauches; sans appui dans la droite à laquelle il n'a ménagé ni le dédain, ni même l'insulte; ce cabinet replâtré et démodé est prédestiné à mourir, comme il est né, dans l'isolement. Un nom pourtant, parmi les nouveaux gouvernants, a eu le privilège d'émouvoir diversement l'opinion publique : c'est celui de M. Ricard. Ce dernier est un républicain de la veille. Tour à tour préfet et commissaire général sous le gouvernement de la Défense natioale, il a à son actif un de ces actes révolutionnaires au premier chef, qui lui fera toujours trouver grâce, même devant les radicaux les plus intransigeants. Dans des jours d'agitations et de troubles, oubliant momentanément (nous osons l'espérer du moins) le respect dû à cette grande et sainte chose qu'on appelle la Justice, il a chassé brutalement des juges de leurs sièges, fermé les portes d'un tribunal, et compromis, par ce fait sans précédent, les intérêts les plus graves et les plus respectables pendant plus de six mois qu'a duré cette interruption du cours de la justice dans un arrondissement des plus importants. Enfin, M. Ricard était peut-être, après M. Buffet, l'homme de France le plus maltraité par le suffrage universel. Il avait en vain et successivement sollicité de ses compatriotes un siège au Sénat et à la Chambre des députés. Il avait été honteusement repoussé par des électeurs qui avaient eu le mauvais goût de lui préférer des conservateurs de bon aloi. Par un de ces prodiges d'illogisme dont le parlementarisme a le secret, c'est à ce vaincu des scrutins de janvier et de février qu'échut la succession de M. Buffet, son collègue au moins en infortunes électorales et, pour consolider une situation aussi précaire, de hautes et puissantes interventions ouvrirent au nouveau ministre de l'Intérieur les portes du Sénat, qui ne devait pas, hélas ! avoir l'honneur (?) de le compter longtemps parmi ses membres inamovibles.

Irons-nous plus loin dans cette voie semée d'écueils et de précipices ? Que nous voudrions pouvoir répondre négativement à ce terrible point d'interrogation ! Et cependant, en être arrivé à M. Ricard, c'est peut-être déjà trop !

Nous ne saurions trop le répéter, l'heure est solennelle, le moment est décisif. Les électeurs du 20 février et du 5 mars 1876 ont pu admirer à l'œuvre les élus de leur choix et de leur prédilection. Après avoir fait preuve au cours de la vérification des pouvoirs, d'une partialité révoltante vis-à-vis des siens, la majorité devenue tout à coup oppressive, tyrannique même, a invalidé les élections conservatrices avec une impudeur et un cynisme jusqu'alors inconnus dans les Assemblées délibérantes. C'est ainsi que les séides de la République traitent le suffrage universel quand il se prononce contre eux ! Le gouvernement a assisté à ces exécutions sommaires, à ces étranglements politiques, sans élever la voix, sans risquer une protestation, si timide qu'elle fût. Que dis-je? Il a, lui aussi, sacrifié au dieu du moment : au Nombre, et il l'a décidé à immoler deux ou trois victimes qu'il aurait (ô prodige de générosité!) peut-être épargnées.

Nous avons l'honneur d'appartenir à cette minorité que, hier encore, cédant à un accès de zèle aussi intempestif que de mauvais goût, un ministre moribond, qui n'avait rien abdiqué, lui, de son ambition et de ses espérances, en dépit des défaites éclatantes et géminées que lui avait infligées le suffrage universel, confondait dans une seule et même catégorie qu'il appelait « les factieux ».

L'attitude de nos adversaires triomphants ne saurait nous imposer, mais elle est bien faite pour éclairer l'opinion publique, si cette dernière consent enfin à ouvrir les yeux. Les événements se sont, dans ces dernières années, précipités avec une rapidité si vertigineuse, qu'il a souvent été plus facile de les enregistrer que de les juger. Le moment nous a paru opportun pour faire une légère excursion dans le domaine d'un passé récent et en tirer des enseignements qui emprunteront un nouveau relief aux circonstances présentes.

Cette Étude, résultat de recherches laborieuses et consciencieuses, produira-t-elle les heureux effets que nous osons en attendre? Qu'on nous permette d'émettre ce vœu en terminant cette trop longue introduction par un cri qui déborde de tous les cœurs patriotiques et croyants : *Dieu protège la France!*

AVRIL 1876.

M. Ricard cet « excellent citoyen », « ce ministre loyal et dévoué » n'était pas mort tout entier. Il laissait à la France éplorée (?) un successeur de lui : nous avons nommé M. de Marcère.

Légitimiste à Domfront, bonapartiste à Douai, cet austère magistrat n'hésita jamais à changer d'opinion quand son intérêt personnel le lui conseillait. Magistrat ultra-dévoué à l'Empire jusqu'à sa chute, il devait bientôt compter parmi ses nouveaux parrains politiques l'ex-proconsul des Deux-Sèvres, le héros de la Rochelle.

A peine en possession de ce portefeuille, objet de ses lointaines et incessantes convoitises, M. de Marcère sut se créer un rôle, si pas empreint de noblesse et de dignité, du moins facile et commode à jouer. Esclave soumis et résigné d'une majorité fantasque et capricieuse, il ne sut rien refuser à ses nouveaux et nombreux maîtres et il se tint pour largement payé de ses complaisances par les applaudissements de commande au-devant desquels « il était si fier de courir ».

Une pareille attitude faisait de M. de Marcère, non le ministre du Maréchal, mais l'homme-lige du *leader* des gauches, M. Gambetta. L'ex-dictateur, en était enfin arrivé à réaliser ce rêve idéal qu'il poursuivait depuis si longtemps e qui consistait à confisquer à son bénéfice exclusif le drestige et les avantages du pouvoir, en en laissant les charges et les embarras aux autres. Il soutint donc son protégé jusqu'aux dernières limites du possible et lorsqu'il le vit chanceler et tomber piteusement, il s'occupa de lui trouver un successeur aussi souple et aussi servile.

M. J. Simon, son ancien antagoniste à Bordeaux, devenu son courtisan et son auxiliaire dévoué, fut appelé à la présidence du conseil.

La plus grande preuve de dévouement et de patriotisme qu'ait donnée le Maréchal depuis son avènement au pouvoir est assurément d'avoir admis dans ses conseils cette épave du 4 septembre, ce même M. Jules Simon qui avait eu le courage (?) et le bon goût de lui décocher, en plein parlement, un discours dont le moindre défaut était d'être un odieux pamphlet.

M. Jules Simon essaya de reprendre, en le perfectionnant, le système gouvernemental inauguré par M. de Marcère. « Profondément conservateur » à la Présidence, il ne cessa d'être « profondément républicain » à la Chambre. Ce ministre en partie double ne pouvait en changeant de masque (ce qui lui fut toujours facile) satisfaire tout le monde et... le Maréchal. Il y avait entre ses actes et ses paroles trop de divergences pour que la loyauté du soldat de Magenta ne s'insurgeât pas bientôt contre tant de duplicité.

Cependant, le Maréchal, poussant la patience jusqu'à ses dernières limites, attendit plusieurs mois avant de frapper.

Tout à coup, et, sans que rien ait pu faire prévoir une pareille détermination, le duc de Magenta prit la plume et signifia son congé à son trop habile ministre, dans des termes qui n'étaient exempts ni de dédain ni même de roideur.

Le coup était aussi vif qu'imprévu. Le philosophe et l'académicien Jules Simon eut tellement peur du bâton du Maréchal qu'il ne sut, pour toute justification, que balbutier quelques excuses dignes à peine d'un écolier qui demande grâce à qui vient de le fustiger.

Le 16 mai, œuvre personnelle du Maréchal, était fait!

Après avoir incliné à gauche trop longtemps, le Maréchal semblait revenir résolument à droite. Comme le 24 mai, le 16 mai débuta par des actes d'énergie. Malheureusement la main des nouveaux gouvernants, instruits pourtant par l'expérience d'un passé récent, se lassa bien vite. A l'ère des exécutions et des épurations, succéda bientôt l'ère des accommodements et de la conciliation. Les républicains, d'abord atterrés et épouvantés, relevèrent la tête et, de traqués et de poursuivis qu'ils étaient, ils devinrent violents et agressifs. Ils criblèrent de leurs traits les plus acérés le nouveau gouvernement et ils ne lui ménagèrent ni les défis, ni les menaces, ni même les poursuites devant les tribunaux.

On sait le reste. L'attitude molle et indécise des hommes du 16 Mai nous conduisit à l'échec électoral du 14 octobre 1877. Les 363 furent en grande partie réélus et les invalidations, reprises avec un nouvel entrain par le Parlement, réalisèrent les prédictions de M. Gambetta et portèrent le nombre des opposants à 400.

Que devait faire, en cette occurrence, l'auteur du 16 Mai?

Deux voies s'ouvraient devant lui : recommencer résolument la lutte, ou bien accepter l'*ultimatum* posé par le tout-puissant Gambetta : « Se soumettre ou se démettre. »

Après de nombreuses hésitations et tergiversations, le Maréchal qui avait donné sa parole qu'il n'abandonnerait jamais les fonctionnaires qu'il avait lancés dans la mêlée électorale; le Maréchal qui avait déclaré à la France que son courage et son énergie croîtraient avec le danger; le Maréchal, disons-nous, fit sa soumission et le 14 décembre 1877, MM. Dufaure et de Marcère faisaient leur rentrée aux affaires en annonçant à la France qu'une nouvelle ère de prospérité allait se lever sur elle. A partir de ce jour, le Président de la République, délaissé par la droite, supporté par la gauche, ne fut plus entre les mains de ses ministres qu'une sorte de porte-plume officiel qui signait indistinctement tous les décrets qu'on lui présentait. Cette situation effacée et humiliante ne pouvait cependant pas s'éterniser.

Le Président de la République, après s'être soumis, commençait à avoir hâte de se démettre. Une occasion habilement préparée par les républicains lui permit enfin de se retirer. Moins de vingt-quatre heures après sa démission il était remplacé par M. Jules Grévy et M. Dufaure allait de nouveau se retremper dans la retraite, après avoir oublié de donner à la France cette prospérité républicaine qu'il lui avait promise avec tant d'apparat et dont ses succccesseurs actuels recherchent en vain les traces.

Arrêtons-nous là. *Incedo per ignes*, le terrain devient glissant et brûlant... nous sommes trop mêlés aux événements qui s'accomplissent sous nos yeux pour pouvoir les juger avec l'impartialité de l'historien, et puis le gouvernement de M. Grévy est si jeune encore, que nous pouvons bien lui ouvrir un crédit quelconque... nous le retrouverons d'ailleurs un jour... peut-être plus tôt qu'on ne pense.

MARS 1882.

CHAPITRE PREMIER

La Prusse avant 1870

REHBERG.

« Quand Napoléon mesurait avec ses pas l'étroit espace
de sa cage de bois à Sainte-Hélène et qu'il lui revenait
dans l'esprit qu'il avait omis d'écraser la Prusse, il grin-
çait alors des dents, et si un rat venait à passer en ce
moment sous ses pieds, il écrasait le malheureux rat. »

H. HEINE. — *De la France.* — 1832.

La campagne de Prusse de 1806 est, à juste titre,
rangée parmi les plus glorieuses de l'épopée impériale.
Elle offre une suite de succès tellement rapides que l'imagination se fatigue à les suivre. Commencée le 9 octobre 1806, elle est marquée, dans sa première période,
par une série de victoires dont le temps n'a point terni
l'éclat. Saalfeld, Iéna, Auesrstadt, Grassen, Hall, Erfurt,
Leipsick, Gossingue, Spandau, sont les étapes brillantes
qui signalent la marche de l'armée française sur Berlin.
Le 27, Napoléon faisait son entrée triomphale dans la
capitale de la Prusse. Dès le lendemain, son armée poursuivait le cours de ses triomphes et Preuzlouw, Stettin et
Magdebourg s'ajoutaient à ce que le général Trochu, ce

foudre de guerre des temps modernes, a appelé dédaigneusement « la légende napoléonienne ».

Le 17 novembre, l'Empereur était de retour à Berlin. Il y recevait une députation du Sénat français venue pour le féliciter et lui remettait trois cent quarante drapeaux pris sur l'ennemi.

A quelques mois de là, le 27 juin 1807, avait lieu la mémorable entrevue du Niémen. Après avoir anéanti la Prusse ; après avoir chassé de l'Europe la Russie, refoulée en Asie à la suite des éclatantes victoires d'Eylau et de Friedland ; Napoléon, à l'apogée de la gloire et de la grandeur, offrit la paix à l'Empereur Alexandre.

Les deux souverains se rencontrèrent en présence de leurs armées rangées sur les deux rives du fleuve. Ils s'embrassèrent : ils firent plus, ils s'aimèrent. La nature généreuse et chevaleresque d'Alexandre se révéla pour la première fois pendant les vingt jours qu'il passa à Tilsitt avec son vainqueur. Napoléon, sur les instances de son nouvel allié, consentit à rendre au roi de Prusse la moitié de ses États. Il eut bien soin de lui faire sentir qu'il ne devait cette faveur qu'à l'intervention du Czar, et il traita le souverain dépossédé avec une morgue si froide et si hautaine qu'il s'en fit un ennemi irréconciliable. « La haine, a écrit un des plus profonds physiologistes modernes, exige tant de forces toujours armées que l'on s'y met plusieurs quand on veut haïr pendant longtemps. » Les Prussiens s'y mirent tous et il ne nous a été donné que trop souvent de constater les effets désastreux de cette haine combinée d'un peuple et d'une dynastie contre une nation rivale. Les années ont succédé aux années, les générations ont remplacé les générations, et le temps et la mort elle-même ont été impuissants contre ces passions haineuses et vindicatives que nous avons retrouvées en 1870 (1) aussi vivaces qu'en 1806.

(1) Voir appendice A.

Il appartenait à ce peuple, dont les instincts patriotiques ont quelque chose de sauvage, de dresser des autels à la vengeance et de lui ériger un culte.

« A nous autres Allemands, a écrit Achim d'Arnim, les vertus ne nous manquent pas. Il en est une cependant que nous aurions grand besoin de pratiquer et que nous ignorons, je veux parler de la vengeance. Souvenons-nous combien ce fut jadis un instrument terrible aux mains mêmes de la piété et proclamons que la vengeance n'est point un vice, comme il plaît aux moralistes de l'appeler, mais bien plutôt, alors qu'elle est brandie par qui de droit, l'épée du justicier suprême, forgée au feu de l'éternel amour, passée au fil de la raison souveraine et consacrée par des douleurs immenses. Celui-là renie Dieu qui renie la sublimité de cette passion. »

Ce sinistre appel a été entendu et l'on peut dire, sans crainte d'être démenti, que le fond de la politique de la Prusse, entre ces deux dates fatidiques : 1807 et 1870, a été la haine de la France et du nom français. L'objectif unique était désormais la revanche et cette nation et ses princes ont tout fait pour qu'elle fût implacable.

Au commencement de ce siècle, un homme d'Etat hanovrien écrivait déjà : « La Prusse n'est pas un pays qui a une armée, c'est une armée qui a un pays. »

Ecoutons maintenant Charras parlant de la Prusse en 1813 :

« Alors les villes se transformèrent en ateliers où les ouvriers travaillaient nuit et jour à la confection des objets nécessaires. Il se fit plus encore. Le soldat fut logé chez l'habitant et l'habitant se chargea de le nourrir sans indemnité aucune. A tant d'énormes sacrifice demandés, accomplis avec une incomparable ardeur, les populations en ajoutaient d'autres encore. De tous les côtés les dons patriotiques affluèrent : les uns donnèrent du numéraire, de l'argenterie, des armes, du fer ; les autres du drap, des toiles ; ceux-ci des chevaux, des bestiaux ; ceux-là des grains, des fourrages. Les femmes apportèrent leurs bijoux, même l'anneau de leurs fiançailles sur lesquels étaient gravés ces mots : « J'ai donné de l'or pour du fer. 1813. » Une pauvre fille qui n'avait pas d'autre fortune, apporta la seule parure qu'elle eût, sa belle chevelure ; on en fit des bagues qui se vendirent bien. Et cet enthousiasme fut nourri, enflammé, étalé même du haut de la chaire, dans les temples et les universités, et par les journaux, les pamphlets et les chansons patriotiques. La Prusse ne fut bientôt plus qu'un camp. Au réveil de l'amour de la patrie, de la haine contre l'étranger, se joignit le réveil religieux ; et les sentiments chrétiens, raillés et oubliés quelque temps auparavant, rendirent toute leur force aux âmes, de telle sorte que cette guerre populaire devint pour le peuple prussien à la fois une guerre nationale et une guerre vraiment sainte. »

La revanche d'Iéna « *avait eu sa première échéance à Leipzig, puis au cœur même de la France, sans avoir apaisé les rancunes germaniques...* » (1). La Prusse et l'Allemagne tout entière n'en continuaient pas moins dans le silence et le recueillement à déchaîner contre nous le « tonnerre allemand ».

En 1832, Henri Heine, analysant la situation de son pays d'origine, la dépeignait de la façon suivante :

« J'observais bien plutôt avec inquiétude cet aigle prussien, et, pendant que d'autres vantaient sa hardiesse à regarder le soleil, moi je n'étais que plus attentif à ses

(1) Jules Amigues *Les Aveux d'un Conspirateur bonapartiste.*

serres. Je ne pouvais me fier à cette Prusse, bigot et long héros en guêtres, glouton, vantard, avec son bâton de caporal qu'il trempe dans l'eau bénite avant de frapper. Elle me déplaisait cette nature philosophe, chrétienne et soldatesque, cette mixture de bière blanche, de mensonge et de sable de Brandebourg. Elle me répugnait mais au plus haut degré, cette Prusse hypocrite avec ses semblants de sainteté, ce Tartufe entre les Etats. »

Dans ces dernières années, l'esprit prussien s'est incarné dans un homme qui restera « comme l'un des problèmes les plus irritants proposés à la psychologie et à l'histoire (1)». Cet homme, le prince de Bismarck (puisqu'il nous faut pour la première fois écrire ce nom qui ne se rencontrera que trop souvent sous notre plume) « est vraiment un phénomène dans l'ordre moral (2) ». Tour à tour, colonel et diplomate, soldat et homme d'Etat, il a appliqué au service exclusif d'une idée les prodigieuses ressources de sa haute et vaste intelligence. Faire de la Prusse la première nation de l'Europe : telle est l'œuvre colossale entreprise par ce puissant génie. Ce projet aussi gigantesque qu'extraordinaire, devait de prime-d'abord être relégué dans le domaine de l'utopie, voire même de la folie. Le Chancelier prussien poursuivit son but brutalement, opiniâtrement, sans s'inquiéter des objections, des obstacles et du dédain qu'il rencontrait autour de lui. La politique prussienne, dont il est devenu de prime-saut la plus haute personnification dans les temps présents, s'est composée, a dit M. Caro, « d'une série de coups obliques ou droits, d'une moralité plus que douteuse, portés sur des voisins et des alliés » (3).

(1) Caro, *La Morale de la guerre.*
(2) Caro, *La Morale de la guerre.*
(3) Les doctrines et les procédés de M. de Bismarck sont en par-

Dans la question du Sleswig, la première et non la moins odieuse de ses entreprises conquérantes, la Prusse s'est fait de l'Autriche une alliée et un complice. Il n'a manqué que la Russie au partage de cette nouvelle Pologne.

L'Autriche n'a pas tardé à porter la peine de ses complaisances coupables et intéressées. La Maison de Savoie, sous l'égide d'un grand homme d'Etat, poursuivait alors, à son bénéfice, cette œuvre d'unification italienne à laquelle ne manque plus désormais que la double épreuve du temps et des révolutions. Elle rencontrait dans l'Autriche un obstacle sérieux à ses visées ambitieuses. La communauté des intérêts devait rapprocher deux peuples aux prises avec les mêmes difficultés. Attaquée simultanément en Italie et en Allemagne, l'Autriche, victorieuse à Custozza et à Lissa, succomba à Sadowa. Elle fut honteusement chassée de la péninsulte italienne et perdit la prépondérance qu'elle exerçait dans la Con-

fait accord avec les doctrines et les procédés de Frédéric le Grand, qui écrivait :

« S'il y a quelque chose à gagner à être honnête, nous le serons, et s'il vaut mieux duper nous serons fourbes.

» Ayez de l'argent, donnez de la supériorité à vos troupes, attendez les circonstances et vous serez assuré, non pas de conserver vos Etats, mais de les acquérir. Il y a de mauvais politiques qui prétendent qu'un Etat qui est arrivé à un certain point ne doit plus penser à s'agrandir, parce que le système de l'équilibre a presque fixé à chaque puissance son coin. L'équilibre n'est qu'un mot.

» Tout dépend de la constance et du courage de celui qui prend. Il doit toujours tenter, être bien persuadé que tout lui convient, mais seulement il doit prendre garde de ne pas afficher avec trop d'avidité ses prétentions. Ne vous laissez pas éblouir par le mot de justice. C'est un mot qui a différents rapports et qui peut être appliqué de différentes manières... Comme on est convenu devant les hommes que duper son semblable était une action lâche, on a été chercher un terme qui adoucit la chose, et c'est le mot politique qu'on a choisi.

(*Œuvres de Frédéric le Grand*, édition officielle, tome VIII).

fédération germanique désormais détruite. Dès ce jour, la couronne impériale, antique apanage de la maison d'Autriche, passait à la Prusse. M. de Bismarck, qui ne nous a pas ménagé les humiliations dans ces temps derniers, ne devait la poser sur la tête de son gracieux souverain que, quelques années plus tard, à Versailles, dans le Palais même du grand Roi.

L'Autriche vaincue, ses alliés dispersés, l'unité allemande semblait faite. Elle se composait néanmoins d'éléments trop disparates et trop hétérogènes pour être durable. Il fallait consolider au plus tôt cette œuvre artificielle, plus apparente que réelle. La terreur prussienne était insuffisante, le Chancelier la doubla de la terreur française. C'est à l'aide de ce nouvel et puissant engin qu'il se prépara, avec une patiente obstination, à la lutte contre la France désormais arrêtée dans sa pensée et dans ses plans. Vingt fois elle fut sur le point d'éclater, et, soit que M. de Bismarck ne se trouvât pas suffisamment prêt encore, soit qu'il jugeât le prétexte trop léger et l'occasion trop inopportune, le heurt des deux grandes nations fut ajourné.

Enfin le Chancelier, pour ne pas compromettre une œuvre qu'il avait eu tant de peine à édifier, dut brusquer les événements et clore l'ère des ménagements désormais hors de saison. L'Allemagne, transformée dans ces dernières années en un vaste camp, succombait sous le poids de charges qu'elle ne supportait plus avec la même docilité. M. de Bismarck trouva dans la candidature Hohenzollern, qu'il tenait depuis quelque temps déjà en réserve, un prétexte et une occasion qui cette fois aboutirent.

CHAPITRE II

Première apparition de la candidature Hohenzollern

> « La candidature du duc de Montpensier est purement
> anti-dynastique, elle n'atteint que moi et je puis l'acccep-
> ter; la candidature du prince de Hohenzollern est essen-
> tiellement anti-nationale, le pays ne la supportera pas et
> il faut la prévenir. »
>
> (Napoléon III au comte Benedetti. — Avril 1869).

> « J'ai fait remarquer à M. de Bismarck que le prince
> de Hohenzollern ne pourrait déférer au vœu des Cortès,
> dans le cas où elles l'acclameraient, sans l'assentiment
> du roi, et que Sa Majesté aurait donc à dicter au prince
> la résolution qu'il devrait prendre en une pareille circons-
> tance. M. de Bismarck l'a reconnu. »
>
> (Le comte Benedetti au ministre des Affaires étran-
> gères de France. — 11 mai 1869).

La diplomatie impériale a été, à la suite des événements
désastreux de 1870, l'objet des attaques les plus sanglantes et les plus injustes. Les heureux vainqueurs du régime
déchu ne lui ont ménagé ni l'insulte, ni l'outrage. Ils ont
célébré, à l'envi et sur tous les tons, le manque de perspicacité, l'aveuglement, l'ineptie même de ces hauts
fonctionnaires que la France entretenait à l'étranger au
prix des plus grands sacrifices. Lorsque les passions se
furent un peu calmées, et que le temps eut commencé
son œuvre de réparation, les victimes de ces odieuses
accusations élevèrent la voix et en appelèrent à l'opinion

publique du jugement qui les avait si légèrement et si sévèrement condamnés. M. le duc de Gramont et M. le comte Benedetti avaient été spécialement visés par la calomnie, qui s'était plu à les charger, plus que tous autres, du poids énorme de la responsabilité de la guerre contre la Prusse. L'ex-ministre des Affaires étrangères et l'ex-ambassadeur de France à Berlin eurent à cœur de confondre leurs accusateurs. Les documents qu'ils ont cru devoir publier pour expliquer leur attitude et leur conduite au cours des négociations qui furent le prélude des fatals événements de 1870 ont un caractère d'authencité indéniable. Ils éclairent d'un jour nouveau une période trop agitée pour avoir permis le recueillement et la réflexion. Sans nous faire juge du précédent créé par la publicité donnée à des documents qui, par leur nature et leur essence, étaient vraisemblablement destinés à rester secrets, nous devons reconnaître qu'il était bien difficile, à ceux qui s'en trouvaient les détenteurs, de conserver par devers eux les pièces d'un procès que la conscience publique ne pouvait juger en connaissance de cause qu'après leur publication. La responsabilité de cette indiscrétion, à coup sûr regrettable, revient donc, pour la plus grande partie, à ceux qui l'ont provoquée, à ceux surtout qui l'ont rendue inévitable.

Aucun scrupule ne saurait plus désormais nous retenir et nous empêcher de faire de fréquents emprunts à de précieux documents introduits par d'autres dans le domaine de la publicité. Ils nous permettront tout d'abord de démêler les origines de la candidature du prince Léopold de Hohenzollern au trône d'Espagne.

Au mois de mars 1869 (1). M. Rancès y Villanuova, ministre d'Espagne à Vienne, était venu à Berlin où il

____

(1) Albert Sorel, *Histoire diplomatique de la guerre franco-allemande*, t. I, pag. 51. et suiv.

avait passé cinq jours. Pendant son séjour dans la capitale de la Prusse, il avait eu deux entrevues avec M. de Bismarck. Cette démarche et ces entrevues avaient à juste titre intrigué notre ambassadeur à Berlin, qui, dans une dépêche datée du 27 mars 1869, en rendait compte à son gouvernement dans les termes suivants :

«... Pendant les cinq jours que M. Rancès y Villanuova a passés à Berlin, il a vu deux fois M. de Bismarck, et on en a conclu que son voyage avait eu un but politique. Je n'ai recueilli aucune information m'autorisant à croire que cette conjecture puisse avoir quelque fondement, et je ne suppose pas que M. Rancès ait été chargé de négocier un accord quelconque avec le cabinet de Berlin. Votre Excellence sait toutefois qu'on a cité le prince héréditaire de Hohenzollern parmi les membres des familles souveraines qui pourront être élevés sur le trône d'Espagne. Ce prince est catholique et il a épousé une princesse de la maison de Bragance, sœur du roi de Portugal. En présence des difficultés que soulève à Madrid le choix du nouveau souverain, aurait-on de nouveau songé au prince de Hohenzollern, et M. Rancès a-t-il reçu l'ordre de venir conférer avec M. de Bismarck, ou bien cette pensée aurait-elle été conçue à Berlin même ou à Dusseldorf et en aurait-on instruit M. Rancès qui se serait décidé à entreprendre son voyage après avoir pris les ordres de son gouvernement? Je l'ignore entièrement, mais il m'a paru convenable cependant de ne pas vous laisser ignorer ces suppositions qui vous aideraient à contrôler tous autres renseignements à ce sujet (1). »

Cette dépêche, dans laquelle sont admirablement déduites les raisons qui rendent vraisemblable une candida-

(1) *Ma Mission en Prusse,* par le comte Benedetti.

ture à laquelle « *on songe de nouveau* », émut le gouvernement français. M. Benedetti reçut l'ordre de se rendre immédiatement auprès de M. de Bismarck, et de provoquer de la part de la chancellerie prussienne, des explications nettes et précises au sujet de la démarche, au moins étrange, de M. Rancès et des entrevues qui l'avaient marquée. Le Chancelier était absent de Berlin lorsque ces instructions parvinrent à M. Benedetti.

Voici en quels termes ce dernier, à la date du 31 mars 1869, rendait compte à son gouvernement de l'entretien qu'il venait d'avoir avec le sous-secrétaire d'État, M. de Thile :

« ... *M. de Thile m'a donné l'assurance la plus formelle qu'il n'a, à aucun moment, eu connaissance d'une indication quelconque pouvant autoriser une semblable conjecture, et que le ministre d'Espagne à Vienne, pendant le séjour qu'il a fait à Berlin, n'y aurait pas même fait allusion. Le sous-secrétaire d'État, en s'exprimant ainsi, et sans que rien dans ce que je lui disais pût provoquer une pareille manifestation, a cru devoir* ENGAGER SA PAROLE D'HONNEUR. Suivant lui, M. Rancès se serait borné à entretenir M. de Bismarck, qui tenait peut-être à profiter du passage de ce diplomate pour se renseigner sur l'état des choses en Espagne en ce qui concerne le choix du futur souverain. Les Cortès, aurait-il dit, éliront le roi Ferdinand, qui déclinera la couronne ; la majorité se partagera ensuite entre le duc de Montpensier et le duc d'Aoste, mais elle se prononcera vraisemblablement pour le premier de ces deux princes, qui acceptera la résolution de l'Assemblée.

» Voilà, en substance, ce que M. de Thile m'a appris, en revenant, à plusieurs reprises, sur sa première déclaration qu'il N'AVAIT ÉTÉ ET NE SAURAIT ÊTRE QUESTION DU PRINCE DE HOHENZOLLERN POUR LA COURONNE D'ESPAGNE. Sans révoquer en doute la loyauté du sous-secrétaire d'État, je me permettrai d'ajouter qu'il n'est pas toujours initié aux vues personnelles de M. de Bismarck... (1) »

Cette dépêche n'était pas de nature à calmer les inquiétudes du gouvernement français. La nécessité d'une explication avec le Chancelier prussien s'imposait plus que jamais, au contraire, à l'Empereur et à son conseil. Le ministres des Affaires étrangères manda M. Benedetti à Paris. L'ambassadeur de France à Berlin fut reçu par l'Empereur, qui termina l'entretien en résumant ses intentions personnelles de la façon suivante :

« La candidature du duc de Montpensier est purement anti-dynastique, elle n'atteint que moi, et je puis l'accepter ; la candidadure du prince Hohenzollern est essentiellement anti-nationale, le pays ne la supportera pas et il faut la prévenir. »

Il eût été difficile, assurément, de se prononcer avec plus de noblesse, de désintéressement et de patriotisme. L'Empereur, avec une sagesse et une hauteur de vues auxquelles nous devons rendre hommage, formulait en mai 1869 le verdict que la nation française a ratifié en août 1870 (2).

(1) *Ma Mission en Prusse*, par le comte Benedetti.

(2) Nous lisons dans l'*Histoire du Plébiscite* par Erckman-Chatrian « Mais ce Hohenzollern, lui dis-je au bout de quelques instants, ce Léopold de Hohenzollern est pourtant cause de tout ce qui se passe.

« — Non, dit Georges, s'il nous arrive malheur, l'honnête homme (lisez Napoléon III) seul en sera cause. Si tu lisais seulement un journal, tu saurais que les Espagnols voulaient pour roi Montpensier, un fils de Louis-Philippe ; cela ne pouvait que nous faire du bien ; Montpensier serait devenu naturellement l'allié de la France ; mais cela faisait du tort à la dynastie, l'honnête homme (relisez Napoléon III), a menacé l'Espagne ! Alors les Espagnols ont nommé ce prince prussien à la place de Montpensier, un prince qui ne serait pas seul, et qu'un million d'Allemands pourrait soutenir au besoin ; ils l'ont nommé pour vexer monsieur : c'est tout simple, ils

En dépit des déclarations « loyales » mais embarrassées du sous-secrétaire d'Etat prussien, la candidature du prince Hohenzollern au trône d'Espagne apparaissait dès ce moment comme évidente. Elle était l'œuvre personnelle de M. de Bismarck qui avait parfaitement pu ne pas s'en ouvrir à M. de Thile, mais qui déjà, ainsi qu'il l'écrivait plus tard, en mars 1870, au maréchal Prim, devait trouver *qu'elle était une excellente chose qu'il ne fallait pas abandonner et qui, à un moment donné, pourrait être opportune.* »

De retour à son poste, l'ambassadeur de France à Berlin eut avec M. de Bismarck une entrevue qu'il résume dans une dépêche du 11 mai 1869, adressée à notre ministre des Affaires étrangères :

« .... En prêtant foi à la sincérité des paroles (de M. de Bismack) il faudrait nécessairement conclure qu'il n'a été fait aucune proposition au prince Léopold ou que du moins il ne l'a pas formellement accueillie.

» Si je m'en rapportais au contraire à l'expérience que j'ai acquise du sens qu'il convient d'attacher à son langage, j'inclinerais à croire qu'il ne m'a pas exprimé sa pensée tout entière. *Je lui ai fait remarquer que le prince Léopold ne pourrait déférer au vœu des Cortès, dans le cas où elles l'acclameraient, sans l'assentiment du roi et que Sa Majesté aurait donc à dicter au prince la résolution qu'il*

n'avaient pas à demander notre avis. Est-ce que la France a consulté quelqu'un, est-ce qu'elle s'est inquiétée de l'Espagne, de l'Angleterre, de l'Allemagne, lorsqu'elle a proclamé la République ou quand elle a nommé Louis Bonaparte Empereur ? Est-ce qu'il a le droit de mettre son nez dans leurs affaires ? Non ! c'est ennuyeux pour nous, mais les Espagnols ont eu raison ; ils n'ont pas à s'inquiéter de faire plaisir à notre brave homme et à sa famille ! Maintenant arrive ce qui pourra ! moi je ne compte plus sur la paix. »

Voilà dans quel esprit et avec quelle bonne foi les excellents patriotes Erckmann et Chatrian écrivent l'histoire !

devrait prendre en une pareille circonstance. M. de Bismarck l'a reconnu, mais au lieu de m'assurer que le roi était irrévocablement décidé à lui commander l'abstention, il est revenu sur les périls dont serait entouré, dès son avènement, le nouveau souverain de l'Espagne. Il a continué en émettant l'avis qu'il ne sera au surplus procédé à l'élection d'aucun prince, que les vues ambitieuses et personnelles des hommes qui se sont emparés du pouvoir, y mettraient un obstacle plus sérieux qu'on ne le suppose généralement, et il a cité le nom du maréchal Prim. Voulant le déterminer à en apprécier exactement la portée, j'ai répliqué que j'aurais soin de vous faire part de ses appréciations (1). »

Après avoir essayé, mais inutilement, d'être impénétrable, M. de Bismarck s'était ingénié à donner le change à notre ambassadeur, en lui signalant les visées ambitieuses du maréchal Prim, ce Warwick de l'Espagne moderne, avec lequel il était peut-être déjà en négociations. Poussé, au cours de l'entretien, dans ses derniers retranchements, il a fait un aveu dont la gravité n'échappera à personne et qui est la condamnation la plus complète de la politique que son souverain et lui ont suivie au cours des négociations de 1870, lors du second incident Hohenzollern.

(1) *Ma Mission en Prusse,* par le comte Benedetti.

CHAPITRE III

Discussion du contingent de 1870 au Corps législatif

> L'influence d'une nation dépend du nombre d'hommes qu'elle peut mettre sous les armes.
>
> (Discours de l'Empereur. — Ouverture des Chambres. — *Moniteur* du 15 février 1867).

> J'espère qu'on nous rendra cette justice que, toutes les fois qu'il a été question d'organiser ce qu'on appelle la paix armée, on nous a trouvés en travers de toutes les mesures pour arriver à ce but.
>
> (Discours de M. Jules Simon. — Séance du Corps législatif du 11 décembre 1865.) (1).

> Savez-vous pourquoi la paix a été maintenue? C'est parce que vous êtes forts...
>
> Ce qui maintient la paix. c'est la bonne opinion que l'on a de l'armée française. Si donc vous voulez la paix, restez forts...
>
> Je suis pour la paix, mais, pour que nous la conservions il faut que nous restions imposants...
>
> (Discours de M. Thiers. — Séance du Corps législatif du 30 juin 1870.)

Le 30 juin 1870 s'ouvrait, devant le Corps législatif, la discussion du projet de loi relatif à l'appel de la classe 1870.

Dès le mois de février, à peine arrivé aux affaires, le cabinet Ollivier, par l'organe du ministre des Affaires

(1) Voir Appendice B.

étrangères, avait proposé une réduction sur le contingent de 1870. M. de Gramont rattachait cette proposition à un plan de désarmement réciproque en Europe. Il avait prié l'Angleterre d'intervenir auprès de la Prusse pour le lui faire agréer. Cette proposition dénotait de la part du gouvernement français des intentions pacifiques qui, malheureusement, et par la faute de **M.** de Bismarck, ne trouvèrent pas d'écho chez les autres nations de l'Europe.

Le Chancelier refusa, en effet, d'entrer dans les vues du gouvernement français, en déclarant : « qu'il était impossible à la Prusse de modifier un système militaire qui était si intimement lié avec les traditions du pays et qui formait une base de sa constitution. » Après cette réponse de la Prusse, dont la puissance militaire était une menace et un danger pour tous, maintenir la proposition de réduction du contingent était une imprudence, voire même une faute.

Le cabinet la renouvela néanmoins devant le Corps législatif.

L'opposition ne lui sut aucun gré de cette concession qu'elle trouvait par trop insuffisante, et en profita pour rééditer à la tribune les théories subversives et révolutionnaires qu'elle n'a jamais cessé d'émettre sur les questions militaires.

Il était au moins étrange de voir le maréchal Le Bœuf, celui-là même que le maréchal Niel avait désigné au choix de l'Empereur comme son successeur dans l'œuvre de réformation militaire qu'il avait entreprise, donner jusqu'à un certain point dans les vues et les idées de ceux qui avaient obstinément et par parti pris, combattu son illustre prédécesseur dans la tâche patriotique qu'une mort prématurée ne lui avait pas permis de mener à bonne fin.

La discussion qui s'ouvre le 30 juin 1870 est intéressante et instructive à plus d'un titre. Elle met une dernière fois en relief la complète ignorance, en ce qui touche les questions militaires, de ces députés de la gauche qui, après avoir passé leur vie à attaquer les armées permanentes, ces cohortes prétoriennes et césariennes, comme ils les appelaient avec tant de dédain, allaient, dans les circonstances les plus difficiles et les plus périlleuses, s'improviser ministres de la guerre et généraux en chef, décréter la victoire et diriger, du fond de leur cabinet, les dernières armées de la France expirante.

M. Garnier-Pagès réclame la parole le premier. Il envisage la question au point de vue financier : « Le problème, dit-il en s'adressant à la Chambre, que vous étudiez depuis longtemps et que, je l'espère, nous parviendrons à résoudre est celui-ci : trouver dans un bon système militaire la plus grande économie possible. » Après avoir dressé d'une façon plus que fantaisiste le bilan de nos forces militaires qui atteignent, suivant lui, le chiffre énorme de **1,430,000** hommes, réserve et mobile comprises, il déclare que ce mode de recrutement est écrasant pour le budget. Il préconise ensuite le système adopté par les autres nations et n'éprouve aucun embarras à confesser qu'il est en parfaite harmonie avec ses idées économiques.

« Quel est le système que nous voulons substituer au vôtre ? s'écrie-t-il. Ce serait évidemment le système de la Suisse, qui permet de ne dépenser que 8 millions et d'avoir une armée de 200,000 hommes. Mais en attendant que ce système radical reçoive son exécution, nous nous bornons à demander pour la France l'organisation militaire de l'Allemagne du Nord, l'Autriche et la Bavière. Avec cette organisation, vous pouvez, si vous le voulez, dépenser beaucoup moins, tout en ayant un nombre d'hommes beaucoup plus considérable. » M. Garnier-Pagès, avec la meilleure bonne foi du monde, nous aimons à le supposer, faisait montre et parade d'une ignorance que partageaient hélas ! beaucoup de ses collègues de la Chambre et que les événements ne devaient dissiper que trop tard.

Poursuivant son discours, l'orateur de la gauche exécutait une charge à fond contre les « armées permanentes qui de tout temps ont répugné au caractère et au tempérament de cette France si belliqueuse et si courageuse, qui s'est levée plusieurs fois comme un seul homme lorsque la patrie était en danger... » C'était la résurrection de la légende de 1792 qui allait désormais servir de thème favori à des hommes aussi peu faits pour la comprendre que pour la renouveler.

M. Garnier-Pagès, jetant ensuite les regards au delà du Rhin, examinait la situation de la Prusse qu'il retraçait de la façon suivante :

« Quant à la Prusse, peut-elle nous inquiéter ? En vérité, je souris quand je vois M. de Bismarck chercher, par le percement du Saint-Gothard, à stimuler le patriotisme de populations qui lui échappent. M. de Bismarck est en face de très grandes difficultés ; même en Prusse, il n'a plus la force, il n'a plus la foi, il n'a plus la confiance. Il est en lutte avec trois éléments en Allemagne... »

Ces embarras de tous genres que rencontrait en Allemagne, en Prusse surtout, la politique de M. de Bismarck n'étaient malheureusement que fictifs et imaginaires, et le Chancelier ne les a connus que si, par hasard, la harangue de M. Garnier-Pagès lui est passée sous les yeux.

Ce dernier terminait en faisant un suprême l'appel au gouvernement français, qu'il conviait à imiter l'exemple de l'Europe, qui était entrée franchement dans la voie du désarmement. « Dans une telle situation des Etats de l'Europe, lorsque vous voyez qu'on désarme partout, vous déciderez-vous enfin à faire des économies? Allez-vous réduire votre armée? »

C'était une allégation gratuite de plus, à ajouter à toutes celles qui émaillaient le discours que nous venons d'analyser. Cette fois encore, M. Garnier-Pagès avait substitué ses rêves et ses désirs à la réalité.

Le ministre de la guerre remplaçait M. Garnier-Pagès à la tribune. Son discours est, du commencement à la fin, en opposition avec le projet de réduction qu'il vient défendre, sans pouvoir le justifier. Après avoir constaté que la garde nationale mobile n'existe encore que sur le papier, que le gouvernement attend « que le Corps légis-» latif ait fixé le chiffre qu'il prétend affecter à cette » destination », il confesse avec des regrets peu dissimulés que « le chiffre fixé par la Commission est de » beaucoup inférieur à celui qu'il aurait désiré » .

Le maréchal Le Bœuf, dressant à son tour le bilan de nos forces militaires, entrait ensuite dans les détails les plus précis et les plus édifiants. « Si vous défalquez de notre effectif intérieur, disait-il, le quatorzième désigné sous le nom d'incomplet, cet effectif se réduit à environ 370,000 hommes. Si nous retranchons ensuite les 60,000 hommes qui sont en Algérie, puis les 6,000 hommes à Civitta-Vecchia et les 2,000 hommes de gendarmerie, nous reconnaissons que nous avons en réalité, à l'intérieur, un effectif inférieur à la Prusse. »

Après un aveu si plein d'enseignements, le ministre expliquait le but et la portée de la mesure dont dont le cabinet avait cru devoir prendre l'initiative. « Nous avons, disait-il, réduit le contingent de 10,000 hommes Qu'était cette mesure, si ce n'est une invitation au désarmement? *J'ai le regret de dire que jusqu'à présent je ne me suis pas aperçu qu'on ait suivi notre exemple.* » Ces dernières paroles étaient la condamnation d'une proposition, téméraire au premier chef, et dont l'inopportunité était dès alors manifeste et éclatante pour tous les esprits sérieux.

En terminant, le Maréchal éprouvait le besoin de déclarer hautement que le cabinet resterait fidèle à l'esprit de la loi 1868, car, s'écriait-il, « véritablement il serait plus qu'imprudent, il serait irrationnel de tout renverser, de tout bouleverser dans nos institutions militaires. »

M. Ernest Picard a la parole pour répondre au maréchal Le Bœuf.

Il confesse tout d'abord que « sous le charme de la parole » du ministre de la guerre, « il a oublié pendant quelques minutes », « ce que l'opposition a dit pendant tant d'années, dans cette même enceinte, pour obtenir une réduction plus efficace du contingent ».

Il sait gré au cabinet de ses tardives concessions, mais il les trouve de beaucoup insuffisantes. « Il nous est impossible, s'écrie-t-il, avec la meilleure volonté du monde, de nous contenter d'une réduction de 10,000 hommes sur le contingent.

Il fait à son tour le procès aux « grandes armées », aux « armées permanentes » qui sont une source de ruine et d'immoralité pour le pays. Allant, lui aussi, chercher ses points de repère et de comparaison de l'autre côté du Rhin, il ne fait aucune difficulté de déclarer « qu'il est évident que le poids du service militaire est infiniment moindre dans l'armée prussienne qu'il ne l'est dans l'armée française ».

Sans vouloir suspecter la bonne foi et la sincérité de MM. Picard et consorts, on nous permettra de constater combien le besoin de tout contredire et de tout attaquer les rendait souvent injustes et aveugles.

Un membre de la majorité, député d'un de ces départements frontières, de tout temps prédestinés à l'invasion, en cas de guerre, poussait un cri d'alarme patriotique,

au nom de l'Alsace et déplorait la réduction si légèrement accordée et consentie par le ministère. Les accents
émus et prophétiques de M. de Benoist, soulevaient des
tempêtes de protestations dans l'Assemblée.

Lorsque le calme s'était rétabli, M. Thiers apparaissait
à la tribune « beaucoup moins, disait-il, pour éclairer la
question que pour remplir un devoir de bon citoyen ».

Après s'être déclaré partisan convaincu de la paix,
parce qu'une guerre « aujourd'hui, répandrait sur le
monde des calamités effroyables, parce que la guerre ne
pourrait être isolée et serait une guerre universelle, il reprenait une de ces thèses, dans lesquelles son bon sens
et sa logique étaient si à l'aise, lorsqu'ils savaient se
dégager de cet esprit d'opposition qui n'a que trop
souvent inspiré son langage et sa conduite politique.
« *Savez-vous, s'écriait-il, pourquoi la paix a été maintenue ?*
» *C'est parce que vous êtes forts ! Ce qui maintient la paix,*
» *c'est la bonne opinion que l'on a de l'armée française. Si*
» *donc vous voulez la paix restez forts ! »*

Le désarmement en Europe, à l'heure présente, était
suivant lui, « une chimère », par cette raison bien simple
que tout le monde en Europe était sur le pied de guerre.
Il adjurait le Gouvernement de ne point suivre l'exemple
de l'Autriche, qui, « avec une armée admirable, une
armée dévouée à l'Empire, avait éprouvé de si grands
désastres », parce que « par des réductions imprudentes,
on avait diminué le budget de l'armée et mis le Gouvernement dans l'impossibilité de faire face à tous les
besoins de la guerre ». Il ne fallait pas « commettre de
fautes semblables ».

L'orateur terminait, comme il avait commencé, en
affirmant ses sympathies et son penchant pour la paix ;
« mais pour que nous la conservions, disait-il, il faut que
nous restions imposants. »

Nous n'aurions qu'à applaudir, après le Corps législatif,

à cette sage et patriotique harangue, si nous ne devions, à notre grand regret, faire remarquer combien étaient fausses les appréciations que M. Thiers avait risquées sur l'état militaire de la Prusse. *« On s'imagine,* avait-il dit, *» que la Prusse est sur le pied de guerre, qu'elle possède en » ce moment une armée extraordinaire, et qu'elle est plus forte » qu'elle ne l'était avant la guerre. Non ! ce n'est pas plus vrai » pour elle que pour nous. »* Il nous en coûte de trouver en défaut la perspicacité d'un homme aussi éminent que M. Thiers, mais nous manquerions à l'impartialité, ce premier devoir de l'historien, si nous ne signalions en passant une tache sans laquelle son discours eût été irréprochable.

M. Thiers venait de rompre avec les traditions de l'opposition que M. Jules Simon résumait dans la séance du 27 décembre 1867, en des termes qu'on ne saurait trop rappeler.

« J'ESPÈRE, disait le député de la gauche, QU'ON NOUS RENDRA CETTE JUSTICE, QUE TOUTES LES FOIS QU'IL A ÉTÉ QUESTION D'ORGANISER CE QU'ON APPELLE LA PAIX ARMÉE, ON NOUS A TROUVÉS EN TRAVERS DE TOUTES LES MESURES POUR ARRIVER A CE BUT. »

M. Jules Favre se chargea de reproduire à la tribune ces théories chères à l'opposition. « Si le système de paix armée AVEC 800,000 HOMMES, tant d'armée active que de réserve, dit-il en commençant son discours, aboutit en définitive à des dépenses qui écrasent nos populations et nous empêchent d'arriver à toute notre expansion, cette force militaire n'est plus qu'une illusion, un faux calcul, un souvenir du passé qui n'existe plus, et elle ne peut arriver qu'à ruiner la France. »

Poussant ses critiques plus loin et plus avant, l'orateur trouvait l'occasion bonne pour attaquer ces monarchies qui, au dire de Montesquieu, « conduisent les nations au désordre et au dépérissement ».

Nous ne ferons pas à M. Jules Favre l'injure de douter de l'authenticité de sa citation, bien qu'en pareille matière il soit quelque peu sujet à caution ; nous nous bornerons simplement à observer que les paroles de l'auteur de l'*Esprit des lois* nous ont paru écrasantes de vérité, chaque fois que la République a fait une apparition, si courte qu'elle fût, dans notre malheureux pays.

M. Jules Favre n'était pas plus heureux lorsqu'il déplorait cette « coupable folie qui paraît s'être emparée de ceux qui gouvernent : ils font, disait-il, des armements qui, sous prétexte de les protéger, conduisent les nations à la détresse ». Cette accusation, outre qu'elle n'était pas fondée, manquait singulièrement d'à-propos.

L'orateur de la gauche terminait en dénonçant au Gouvernement « un moyen très simple de donner satisfaction aux patriotiques exigences de M. de Benoist, sans ruiner la France : C'ÉTAIT D'ARMER TOUS LES CITOYENS. »

Nous avons relaté plus haut les généreuses illusions de M. Thiers sur l'Allemagne et sur sa situation militaire en 1870. L'illustre orateur croyait devoir revenir sur ce sujet délicat dans un second discours. Nous ne pouvons mieux faire que de citer textuellement des paroles qui prouvent à l'évidence que la clairvoyance, même chez les hommes les mieux doués, est loin d'être infaillible.

« Est-ce que vous croyez, disait M. Thiers, qu'il ne
» faut pas être profondément politique, comme l'est en
» effet M. de Bismarck, pour ne pas céder au sentiment
» de sa force et ne pas se laisser entraîner à de nouvelles
» ambitions ? Il faut lui rendre la justice qu'il mérite ;
» appelé à diriger les destinées d'une nation brave, belli-
» queuse, pleine d'ambition. M. de Bismarck a besoin
» d'une grande fermeté pour retenir la vigueur et l'é-

» nergie de cette nation, car il a autour de lui des passions
» très vives.

» *Aujourd'hui*, ajoutait-il, *M. de Bismark est pour la
» paix.* S'il montrait aujourd'hui les ambitions qu'il a fait
» éclater il y a trois ans, le Sud serait contre lui, et c'est
» pour cela qu'il est pacifique. »

Ces paroles, auxquelles les événements allaient quelques jours après donner un si formel démenti, n'ont pas besoin de commentaires.

Nous en dirons autant de la réponse que M. le garde des sceaux croyait devoir faire au discours de M. J. Favre.

« Je réponds à **M. J.** Favre, disait M. E. Ollivier, que
» le Gouvernement n'a aucune inquiétude, qu'à aucune
» époque le maintien de la paix en Europe ne lui a paru
» plus assuré. De quelque côté qu'il porte les yeux, il ne
» voit aucune question irritante engagée ; tous les ca-
» binets comprennent que les respects des traités s'im-
» posent à tous.

» Si le Gouvernement avait la moindre inquiétude, il
» ne vous eût pas proposé cette année-ci une réduction
» de 10,000 hommes, il vous eût très nettement demandé
» de vous associer à sa sollicitude et d'augmenter les
» forces de l'armée.

» Nous n'avons aucune inquiétude. »

On croit rêver, lorsqu'on se rappelle que ce langage était tenu, à la tribune, par le président du conseil, le 30 juin 1870.

Dans la séance du 2 juillet, le Corps législatif avait à examiner un amendement de M. Glais-Bizoin tendant à éduire le contingent de 20,000 hommes. Laissons pour un moment la parole à l'auteur de cette proposition :

« Notre amendement, dit M. Glais-Bizoin, est insuffisant. Il ne répond pas à ce qu'attend l'opinion agricole
et industrielle du pays.

» Si vous voulez que les puissances étrangères désar-
ment, commencez vous-mêmes par désarmer.

» Quand tous les Français, ajoutait-il, sauront manier
le fusil, tout aussi bien que les soldats qui passent des
années dans les casernes, vous aurez alors une nation
qui résistera à l'envahissement, mieux que votre armée
permanente qui ne pourrait que se renouveler. « *Ainsi*
» *donc, et je préviens M. le ministre de la guerre, qu'il se le*
» *tienne pour dit, secondés par l'opinion publique, nous met-*
» *trons incessamment des mines sous cette loi d'organisation*
» *militaire de 1868 qui fait son admiration et j'espère que*
» *nous la ferons sauter.* »

La brutale franchise de M. Glais-Bizoin ne saurait corriger ce qu'il y a d'excessif et d'insurrectionnel même
dans son langage ; aussi ne ferons-nous pas à son discours l'honneur d'une réfutation qu'il ne comporte ni ne
mérite pas.

Le Corps législatif, avant nous, a fait bonne justice
d'ailleurs d'un amendement dont le moindre défaut était
de n'être pas sérieux, et qui fut repoussé par 191 voix
contre 39. Parmi les adhérents aux théories de M. Glais-
Bizoin, nous voyons figurer les noms de « MM. Arago,
» Crémieux, Dorian, Jules Favre, Jules Grévy, de Ké-
» ratry, Le Cesne, E. Picard et Jules Simon. »

L'ensemble du projet proposé par le gouvernement
était ensuite adopté par « 209 voix contre 28 ».

Telle est cette discussion qu'il nous a paru opportun
de reproduire comme l'avant-propos nécessaire des chapitres qui vont suivre.

Le cabinet Ollivier avait eu le tort de provoquer une
réduction dans l'armée, au moment où la Prusse, arrivée

à l'apogée de sa force militaire, refusait obstinément de s'associer à une mesure quelconque de désarmement.

L'opposition, au lieu de lui savoir gré de cette concession, s'était crue autorisée à se montrer plus exigeante. Elle avait poursuivi son œuvre de destruction et d'anéantissement, en se dissimulant derrière ces phrases déclamatoires dont elle a toujours été si prodigue.

Que serait-il arrivé si les vœux impies et sacrilèges de MM. Glais-Bizoin et consorts s'étaient en ce moment réalisés? Quelle part de responsabilité, dans nos désastres, pour ceux qui, niant obstinément la force et l'organisation de la Prusse, s'évertuaient à diminuer et à amoindrir une armée dès alors prédestinée à succomber sous les coups d'un adversaire dix fois plus nombreux!

Il est certes permis de douter des sentiments patriotiques de ceux qui, dans un moment aussi critique et aussi solennel, ne savaient et ne voulaient rien abdiquer de leurs idées et de leurs espérances criminelles. Sans tenir compte des progrès réalisés dans l'art de la guerre, de la nécessité qui s'imposait à tous de se maintenir forts pour pouvoir, le cas échéant, lutter à armes égales avec un ennemi formidable, les membres de la gauche continuaient à se payer de mots et à rééditer ces théories révolutionnaires, qui, après avoir été si souvent funestes à la France, allaient cette fois la mettre à deux doigts de sa perte.

CHAPITRE IV

La candidature Hohenzollern et la diplomatie
en 1870

> « ... La candidature du prince de Hohenzollern était
> en elle-même une excellente chose qu'il ne fallait pas
> abandonner et qui, à un moment donné, pourrait être
> opportune. »
>
> (Extrait d'une lettre adressée en juin 1870, par M. de
> Bismarck au maréchal Prim.)

> « Il est évident pour moi que le comte de Bismarck et
> le ministère prussien regrettent l'attitude et les disposi-
> tions du roi à l'égard du comte Benedetti, et que, en vue
> de l'opinion publique en Allemagne, ils sentent la néces-
> sité de prendre quelque mesure décisive pour sauvegar-
> der l'honneur de la nation. »
>
> (Extrait d'une dépêche adressée, le 13 juillet 1870,
> par lord Loftus au comte Granville.)

> « Je crois pouvoir affirmer que la Prusse n'a jamais re-
> tiré directement ou indirectement la candidature du prince
> héréditaire de Hohenzollern, et que le retrait éventuel de
> la candidature du prince fut fait de manière à laisser le
> grief de la France précisément tel qu'il était au commen-
> cement de la querelle. »
>
> (Extrait d'un ouvrage anglais: *A qui la responsabilité
> de la guerre?* — Londres, 1871. — By Scrutator.)

> « ... En France, personne n'avait besoin de la guerre;
> en Prusse, elle était nécessaire, indispensable. C'était
> pour l'œuvre de 1866 une question de vie ou de mort.
> *Is fecit cui prodest.* »
>
> (*La France et la Prusse avant la guerre*, par le duc
> de Gramont.)

On se rappelle qu'en mai 1869, au cours de l'entretien
qu'il avait eu avec notre ambassadeur, M. de Bismarck,

supputant les chances de succès que pouvaient alors avoir les diverses candidatures qui s'étaient produites pour le trône d'Espagne, déclarait à M. Benedetti qu'il considérait « les vues ambitieuses de ceux qui s'étaient emparés du pouvoir à Madrid » comme un obstacle des plus sérieux à toute restauration monarchique dans la péninsule ibérienne. Le chancelier n'avait même pas craint de désigner nominativement le maréchal Prim. Or, soit que M. de Bismarck ait voulu donner le change à notre représentant à Berlin, soit qu'il se fût réellement trompé dans ses appréciations malveillantes à l'endroit du gouvernement espagnol, il advint, à quelques mois de là, que ce même maréchal Prim crut devoir prendre l'initiative de nouvelles ouvertures, au sujet de cette candidature Hohenzollern, qui avait, et pour cause, si fâcheusement impressionné le gouvernement français, lors de sa première apparition.

L'histoire expliquera peut-être un jour comment et par quel concours d'heureuses circonstances le Chancelier allait trouver aide et assistance chez ceux-là mêmes qu'il indiquait et dénonçait comme les principaux adversaires de sa politique.

La lettre du maréchal Prim au comte de Bismarck est datée du mois de mars 1870.

Avant de répondre aux offres qui lui étaient faites, M. de Bismarck crut devoir se recueillir pendant trois mois. Il se décida alors à faire parvenir à Madrid une réponse qu'il avait eu le temps de méditer et de mûrir. Sans accepter, sans répudier non plus, les propositions du gouvernement espagnol, le Chancelier estimait que « la candidature du prince de Hohenzollern était, en elle-même, une excellente chose qu'il ne fallait pas abandonner et qui, à un moment donné, pourrait être opportune. » M. de Bismarck espérait-il, dès lors, tirer de ce secours inattendu tous les résultats qu'il a su lui faire produire depuis? Nous n'oserions le prétendre, mais nous sommes autorisé à le supposer.

Les sages lenteurs et les prudentes tergiversations du Chancelier ne pouvaient entrer dans les vues du maréchal Prim. Harcelé par des difficultés intérieures et des embarras de toutes sortes, il prit sur lui de précipiter un dénouement qu'on l'avait prié d'ajourner.

« Lorsque, le 3 juillet, a écrit le duc de Gramont, il se décida à faire l'aveu de ses projets, il surprit à la fois l'Espagne, la France et la Prusse elle-même, qui comptait encore sur deux mois de répit. »

La promptitude et la précipitation apportées par le maréchal Prim dans la conduite d'une affaire de cette importance faillit compromettre l'œuvre si habilement et si patiemment élaborée par la chancellerie prussienne. On fut un instant, à Berlin, sur le point de renoncer à une « entreprise qui ne se présentait plus avec cet ensemble de circonstances favorables que le projet primitif avait si bien combinées. » Il fallait néanmoins se hâter de prendre une détermination, car les choses marchaient vite à Madrid.

Le gouvernement français avait été immédiatement informé des projets du maréchal Prim par un télégramme que lui transmettait son ambassadeur en Espagne, à la date du 3 juillet.

« *L'affaire Hohenzollern*, télégraphiait M. Mercier, *paraît fort avancée, sinon décidée. Le général Prim me l'a dit. J'envoie Bartholdi à Paris pour les détails et pour prendre vos ordres.* »

Dès le 4 juillet, en effet, les ministres s'étaient réunis sous la présidence du régent et « avaient décidé de proposer l'élection du prince de Hohenzollern aux Cortès convoquées pour le 20 juillet. »

Le 5 juillet, M. Cochery et quelques-uns de ses collègues du Corps législatif déposaient entre les mains du Président de l'Assemblée une demande d'interpellation au sujet de cette candidature, dont la révélation subite et imprévue avait vivement impressionné les esprits en France.

Le 7 du même mois, le ministre des Affaires étrangères transmettait à M. Benedetti les instructions du gouvernement français. « En résumé, écrivait M. de Gramont, le prince de Hohenzollern a accepté la candidature au trône qui lui a été offerte par le maréchal Prim. Le cabinet de Berlin n'a pas ignoré les faits, mais il déclare y être demeuré étranger, officiellement du moins, et d'après le langage tenu par M. de Thile, le prince de Hohenzollern serait seul engagé.

« Au point où la question est arrivée et avec le caractère qu'elle a pris par suite de l'émotion ressentie en France, il est d'un grand intérêt que la lumière se fasse sur les véritables dispositions de la Prusse, et nous attendons les plus utiles résultats de la mission dont vous êtes chargé auprès du roi, car nous avons le ferme espoir qu'après avoir entendu de votre bouche l'exposé sincère et vrai de la situation, telle qu'elle est réellement, Sa Majesté, avec sa haute raison, ne voudra pas laisser planer plus longtemps le doute sur les intentions de son gouvernement. Si le chef de la famille de Hohenzollern a été jusqu'ici indifférent à cette affaire, nous lui demandons de ne plus l'être et nous le prions d'intervenir, sinon par ses ordres, au moins par ses conseils, auprès du prince Léopold. Donnés avec l'autorité qui lui appartient, ils ne manqueront pas d'exercer une influence décisive sur la résolution du prince et de faire disparaître, avec les projets fondés par le maréchal Prim sur cette candidature, les inquiétudes profondes qu'elle a partout suscitées.

» Inspirez-vous de ces considérations, faites-les valoir auprès du roi, et efforcez-vous d'obtenir que **Sa Majesté** conseille au prince de Hohenzollern de revenir sur sa détermination. »

Le même jour, par un télégramme transmis à minuit à notre ambassadeur à Berlin, M. de Gramont reproduisait les mêmes instructions en leur donnant un caractère beaucoup plus précis.

« Il faut absolument, écrivait-il, que vous obteniez une réponse catégorique suivie de ses conséquences naturelles. Or, voici la seule qui puisse nous satisfaire et empêcher la guerre. « *Le gouvernement du roi n'approuve pas l'acceptation du prince de Hohenzollern, et lui donne l'ordre de revenir sur cette détermination prise sans sa permission.* »

» Il restera ensuite à me faire savoir si la Prusse, obéissant à cette injonction, renonce officiellement et publiquement à cette candidature.

» Nous sommes très pressés, parce qu'il faut prendre les devants, dans le cas d'une réponse non satisfaisante, et dès samedi commencer les mouvements de troupes pour entrer en campagne dans quinze jours.

»... J'insiste surtout sur la nécessité de ne pas laisser gagner de temps par des réponses évasives ; il faut que nous sachions si nous avons la paix ou si une fin de non-recevoir nous oblige à faire la guerre.

» Si vous obtenez du roi qu'il révoque l'acceptation du prince de Hohenzollern, ce sera un immense succès et un grand service. Le roi aura assuré, de son côté, la paix de l'Europe, *sinon c'est la guerre.* »

L'esprit et les termes de ces deux dépêches rédigées et transmises le même jour à notre ambassadeur à Berlin, sont singulièrement dissemblables. Après avoir fait appel à « la haute raison du roi » et l'avoir prié d'intervenir « sinon par ses ordres » au moins « par ses conseils »› M. de Gramont devenait, quelques heures après, beaucoup plus exigeant. Il lui fallait à tout prix « une réponse catégorique ». Il dictait lui-même les termes de la seule déclaration qui pût empêcher la guerre dont il avait évité, avec raison suivant nous, de prononcer le nom sinistre dans sa première dépêche. Le roi devait donner l'ordre au prince de Hohenzollern « de revenir sur une détermination prise sans sa permission ». Sa Majesté devait « révoquer l'acceptation du prince Léopold », sinon, répétait une seconde fois le ministre, « c'est la guerre ! »

Nous reconnaissons avec lord Lyons que la discrétion malveillante de la Prusse avait dû blesser le gouvernement français. M. de Gramont, qui parlait en son nom, aurait été mieux inspiré cependant s'il avait su contenir et dissimuler un froissement et un mécontentement qu'il laissait trop poindre et percer dans sa seconde dépêche.

Nous ne saurions, au demeurant, lui faire un trop grand grief de cet excès de susceptibilité que l'attitude de la Prusse pouvait, si non justifier complètement, du moins atténuer dans une grande mesure.

M. Benedetti, en s'inspirant surtout des premières instructions de M. de Gramont, allait d'ailleurs corriger ce qu'il pouvait y avoir d'excessif et d'irritant dans les secondes.

Le 7 juillet, dans une dépêche datée de 8 heures du soir M. Benedetti rendait compte à son gouvernement de la première entrevue qu'il avait eue à Ems avec le roi de Prusse :

« ... J'ai fait appel, écrivait-il, à la sagesse et au cœur

de Sa Majesté pour la déterminer à conseiller au prince de Hohenzollern de revenir sur son acceptation. Confirmant ce que m'avait dit M. de Werther, le roi m'a appris qu'il avait autorisé le prince Léopold à accueillir la proposition du cabinet de Madrid, mais, comme vous l'avez prévu, il a longtemps insisté sur ce point : *C'est qu'il avait été saisi et qu'il était intervenu comme chef de la famille et nullement comme souverain et que son gouvernement était resté complètement étranger à cette négociation.* J'ai fait remarquer que l'opinion publique ne se rendrait pas compte de cette distinction et qu'elle ne verrait dans le prince de Hohenzollern qu'un membre de la famille régnante de Prusse. Le roi est entré dans d'autres considérations qu'il serait trop long de vous soumettre par le télégraphe et dont je vous rendrai compte dans un rapport. Il m'a assuré d'ailleurs qu'il s'était mis en communication avec le prince Léopold et son père, pour connaître exactement la manière dont ils envisagent l'émotion provoquée par cette affaire et régler lui-même sa conduite ; il a ajouté que s'ils étaient disposés à retirer leur acceptation, il approuverait cette résolution ; qu'il attendrait leur réponse et qu'il s'expliquerait plus complètement avec moi dès qu'elle lui serait parvenue. »

M. Benedetti résumait et complétait ses informations dans un second télégramme transmis le même jour au ministre des Affaires étrangères et ainsi conçu :

« ... Comme vous le voyez, Sa Majesté a connu les pourparlers ouverts entre le maréchal Prim et le prince de Hohenzollern ; elle a refusé de s'y associer, attendu que la négociation n'intéressait pas son gouvernement qui ne l'a pas connu ; elle n'a consenti à donner son avis que quand la question lui a été soumise en sa qualité de chef de famille, et elle s'est bornée à faire savoir qu'elle ne s'opposait pas au désir manifesté par le prince Léopold d'accepter la couronne d'Espagne. Comme souverain et roi de Prusse, Sa Majesté n'a pris aucune part à cette affaire et le cabinet de Berlin n'a pas à répondre d'un arrangement qu'il a totalement ignoré. Telles sont en substance les explications que le roi m'a données... »

On nous permettra de remarquer tout d'abord avec quel soin et quelle insistance le roi de Prusse revenait sur cette distinction, au moins subtile, qu'il prétendait établir entre le souverain et le chef de famille de Hohenzollern. Le roi, en se faisant ainsi l'écho des sentiments de M. de Bismarck, espérait peut-être dégager la parole de son premier ministre et le relever des engagements qu'il avait cru devoir prendre en mai 1869. A cette époque, en effet, M. de Bismarck avait « reconnu que le prince de Hohenzollern ne pourrait déférer au vœu des Cortès, dans le cas où elles l'acclameraient, sans l'assentiment du roi, et que Sa Majesté aurait à dicter au prince la résolution qu'il devrait prendre en pareille circonstance » !

Le 7 juillet le roi s'effaçait habilement et ne laissait en face de notre ambassadeur que le chef de la maison de Hohenzollern. Ce dernier avait connu (il en passait l'aveu du moins) « les pourparlers entre le maréchal Prim et le prince Léopold et il avait refusé de s'y associer ». Il daignerait cependant intervenir, toujours en la susdite qualité, auprès « du prince et de son père *pour connaître exactement la manière dont ils envisageaient l'émotion provoquée par cette affaire* ». C'était donc à un conseil de famille que les destinées de deux grandes nations et peut-être de l'Europe allaient être déférées !

Le roi de Prusse poussait plus loin encore ses étranges prétentions. Il osait déclarer que « son gouvernement était resté complètement étranger à cette négociation » et que le cabinet de Berlin n'avait pas à répondre d'un arrangement qu'il avait totalement ignoré. Ces procédés d'élimination pouvaient paraître commodes au roi de Prusse ; ils manquaient dans tous les cas de franchise et de loyauté et étaient de plus en opposition complète avec la réalité des faits. Quelque soin qu'ait pris le Chancelier pour se dérober derrière l'une de ces absences diploma-tiques, qui lui sont si familières, et d'ordinaire si profi-tables, nous avons reconnu sa méthode et ses procédés habituels dans les négociations de 1869, comme nous les voyons apparaître d'une manière par trop évidente et par trop manifeste dans les négociations de 1870.

Cette candidature au trône d'Espagne qu'il « *trouvait une excellente chose* », ainsi qu'il l'écrivait quelques mois auparavant au maréchal Prim, était son œuvre person-nelle. Le moment était venu où, suivant ses désirs, elle allait devenir « *opportune* ». Poursuivant jusqu'au bout son œuvre de duplicité, il disparaissait alors momenta-nément de la scène politique, laissant son souverain seul aux prises avec l'ambassadeur français. Pendant que le roi allait se faire l'écho de ses pensées et de ses vues, il allait stimuler ailleurs le zèle des ennemis de la France.

C'est ce même homme qui, après avoir pris soin de dégager, par l'organe de son souverain, la responsabilité du cabinet prussien dont il était l'inspirateur et le chef, adressait, le 19 juillet, à ses agents à l'étranger, la dépêche suivante qu'il les invitait à communiquer aux gouverne-ments auprès desquels ils étaient accrédités :

« *L'ambassadeur de France n'a jamais essayé de nouer avec le gouvernement royal des négociations officielles, mais il s'est borné à discuter la question d'une manière personnelle et privée avec Sa Majesté le roi à Ems.* »

Il serait assurément difficile de pousser plus loin la duplicité et l'horreur de la vérité.

Les déclarations du roi dans ce premier entretien avec notre ambassadeur étaient trop vagues et trop peu explicites pour satisfaire le gouvernement français.

Le 10 juillet, à une heure vingt minutes du soir, M. de Gramont télégraphiait de nouveau à M. Benedetti.

« J'ai reçu seulement ce matin votre dépêche d'hier, et avec des parties tronquées. Il faut employer tous vos efforts pour obtenir une réponse décisive ; nous ne pouvons attendre, sous peine d'être devancés par la Prusse dans nos préparatifs. La journée ne peut pas s'achever sans que nous commencions.

» Je sais de source certaine qu'à Madrid le régent désire la renonciation du prince de Hohenzollern. Dès que vous le pourrez, envoyez-moi un télégramme et écrivez-moi par la poste, en chiffres. »

Le 11 juillet, à une heure du matin, nouveau télégramme du même au même :

« ... Le régent d'Espagne, écrivait M. de Gramont, après une conférence, a décidé d'envoyer au prince quelqu'un qui sera autorisé à voir le roi ou M. de Bismarck, pour demander le retrait de la candidature ; ce sera le général Dominguez ou M. Silvala. Vous pouvez vous servir de cette information si vous le jugez nécessaire au succès de vos efforts ; mais il serait préférable pour le gouvernement de devoir le retrait de la candidature à la seule intervention du roi. »

Le même jour, 11 juillet, M. Benedetti télégraphiait à Paris, à une heure trente du soir :

« Je quitte le roi. Durant une réunion que j'ai prolongée pendant une heure, j'ai invoqué tous les arguments imaginables pour déterminer Sa Majesté à me permettre de vous annoncer qu'elle invitera le prince de Hohenzollern à renoncer à la couronne d'Espagne, *sans lui cacher cependant que je considérerais ce conseil comme un ordre.* Le roi s'y est refusé, en déclarant qu'il devait laisser à son parent la plus entière liberté, après comme avant son acceptation. Restant sur le terrain, où il s'est placé, le roi a prétendu qu'il sortirait du rôle d'abstention qu'il s'est tracé dès l'origine en déférant à ma demande et il m'a donné constamment à entendre que l'initiative de la renonciation devait venir du prince Léopold qui avait pris l'initiative de l'acceptation.

» ... Pendant que j'insistais sur la nécessité d'adopter une prompte solution, il a échappé au roi de me dire : « *Je n'ignore pas les préparatifs qui se font à Paris et je ne dois pas vous cacher que je prends mes précautions pour ne pas être surpris.* » Sa Majesté a cherché ensuite à atténuer la portée de ces paroles. »

Malgré les efforts les plus louables et les plus persévérants de notre ambassadeur, la question n'avait pas fait un pas. Le roi restait obstinément enfermé dans le rôle facile qu'il s'était donné au seuil des négociations.

Nous ne relèverons pas l'indiscrétion que M. Benedetti avait surprise sur les lèvres du roi et signalée à notre ministre des Affaires étrangères. Elle a trait à des armements et à des préparatifs de guerre qui, depuis longtemps déjà, n'étaient plus un mystère pour personne.

Le 12 juillet, à deux heures quinze minutes du soir, M. de Gramont transmettait à M. Benedetti la dépêche suivante portant la mention : « très confidentielle » :

« Employez toute votre habileté à constater que la renonciation du prince de Hohenzollern a été annoncée, communiquée ou transmise par le roi de Prusse et son gouvernement. C'est pour nous de la plus haute importance. La participation du roi doit à tout prix être consentie par lui ou résulter des faits d'une manière suffisante. »

Quelques instants après l'envoi de ce télégramme, à trois heures de l'après-midi, le ministre des Affaires étrangères recevait dans son cabinet la visite de l'ambassadeur de Prusse à Paris. Après avoir conféré pendant quelques instants avec le baron de Werther, il lui remettait la note suivante avec prière de la transmettre au gouvernement prussien.

« En autorisant le prince Léopold de Hohenzollern à accepter la couronne d'Espagne, le roi ne croyait pas porter atteinte à la nationalité française. Sa Majesté s'associe à la renonciation du prince de Hohenzollern et exprime le désir que toute cause de mésintelligence disparaisse désormais entre son gouvernement et celui de l'Empereur. »

Pendant que M. de Gramont était en conférence avec le baron de Werther, l'ambassadeur d'Espagne à Paris s'était fait annoncer au ministre des Affaires étrangères, qui s'était empressé de le recevoir. M. Olozaga avait alors communiqué à M. de Gramont un télégramme qui lui avait été adressé par le prince Antoine de Hohenzollern et qui était daté de Sigmaringen, 12 juillet, dix heures vingt-huit minutes du matin.

« Je crois de mon devoir, écrivait le prince à M. Olozaga, de vous informer comme représentant d'Espagne à Paris, que je viens d'expédier à Madrid, au maréchal Prim, le télégramme suivant :

« Maréchal Prim — Madrid.

» Vu les complications que paraît rencontrer la candidature de mon fils Léopold au trône d'Espagne et la situation pénible que les derniers événements ont créée au peuple espagnol en le mettant dans une alternative où il ne saurait prendre conseil que des sentiments de son indépendance, convaincu qu'en pareille circonstance son suffrage ne saurait avoir la sincérité et la spontanéité sur lesquelles mon fils a compté en acceptant la candidature je la retire en son nom. »

L'intervention du prince Antoine et ses scrupules tardifs étaient au moins étranges.

Il est permis aussi de se demander de quel droit il s'autorisait pour transmettre directement à M. Olozaga l'ampliation de la dépêche qu'il avait cru devoir adresser au maréchal Prim.

M. de Gramont s'était empressé de faire passer sous les yeux de l'Empereur la dépêche que l'ambassadeur d'Espagne à Paris lui avait communiquée.

Napoléon III avait répondu à cette communication par une lettre qu'il adressait à son ministre des Affaires étrangère et dans laquelle il résumait de la manière suivante les impressions que lui avait causées la lecture de cet important document :

« 1° Nous avons eu affaire à la Prusse et non à l'Espagne, écrivait l'Empereur ;

» 2° La dépêche du prince Antoine est adressée à Prim et non à nous ;

» 3° Le prince Léopold a accepté la candidature et c'est le père qui renonce ;

» 4° Tant que nous n'aurons pas une communication officielle d'Ems, nous ne sommes pas censés avoir de réponse ;

» 5° Il faut donc que Benedetti insiste pour avoir une réponse catégorique par laquelle le roi s'engagerait pour l'avenir. »

S'inspirant des idées et des impressions de son souverain, M. de Gramont télégraphiait le même jour, 12 juillet, à 8 heures du soir à M. Benedetti : « Nous avons reçu, dès maintenant, de l'ambassadeur d'Espagne, la renonciation du prince Antoine au nom de son fils Léopold, à la candidature au trône d'Espagne. Pour que cette renonciation du prince Antoine produise tous ses effets, il paraît nécessaire que le roi de Prusse s'y associe et donne l'assurance qu'il n'autoriserait pas de nouveau cette candidature. Veuillez vous rendre immédiatement auprès du roi pour lui demander cette déclaration qu'il ne saurait refuser, s'il n'est véritablement animé d'aucune arrière-pensée. Malgré sa renonciation qui est maintenant connue, l'animation des esprits est telle que nous ne savons pas si nous pourrons la dominer. »

M. Benedetti s'empressa d'obéir aux ordres de son chef. Le 13 juillet, à 10 heures 30 minutes du matin, il télégraphiait à M. de Gramont : « J'ai reçu, au milieu de la nuit seulement, votre télégramme d'hier soir, 7 heures. *Je viens de voir le roi ; il n'avait pas encore le message qu'il attend de Sigmaringen.* Je lui ai donné connaissance de la communication que vous a faite l'ambassadeur d'Espagne. *Je lui ai fait remarquer que le désistement du prince de Hohenzollern, approuvé par le roi, vous était une garantie pour le présent, mais que nous pensions qu'il était indispensable d'assurer l'avenir et de rendre définitivement confiance à tous les intérêts ; que le roi, dans ce but, voudrait bien me permettre de vous annoncer en son nom que, si le prince de*

Hohenzollern revenait à son projet, Sa Majesté interposerait son autorité et y mettrait obstacle. Le roi a ABSOLUMENT REFUSÉ *de m'autoriser à vous transmettre une semblable déclaration.* J'ai vivement insisté, mais sans réussir, à modifier les dispositions de Sa Majesté. Le roi a terminé notre entretien en me disant qu'il ne pouvait, ni ne voulait prendre un pareil engagement, et qu'il devait, pour cette éventualité comme pour toute autre, se réserver de consulter les circonstances. »

Nous marchons décidément de surprise en surprise. La renonciation du prince Léopold, dont le nom seul figure dans ce solennel débat, est un fait désormais acquis. Le prince Antoine l'a notifiée officiellement au gouvernement espagnol, et il a même pris soin de transmettre à l'ambassadeur de cette puissance à Paris une copie du télégramme adressé à ce sujet au maréchal Prim. Seul, le chef de la maison de Hohenzollern ignore encore cette grave détermination et attend toujours le fameux message qui doit lui venir de Sigmaringen. Un pareil manque de déférence de la part du prince Antoine et de son fils, vis-à-vis de l'auguste chef de leur famille, serait inexplicable, s'il était vrai, après l'immense latitude que le roi de Prusse avait cru devoir leur laisser dans une question qui intéressait le sort de l'Europe. Nous n'insisterons pas autrement sur les réflexions que comporte cette allégation à tout le moins invraisemblable. Nous nous bornerons à remarquer qu'au moment même où le roi de Prusse croyait pouvoir la risquer, son attitude devenait de plus en plus réfractaire à toute idée de conciliation. Il refusait de s'associer d'une manière quelconque aux déclarations si anodines et si peu compromettantes que M. Benedetti réclamait de lui, et il faisait les réserves les plus expresses au sujet des engagements qu'il croirait devoir prendre, « suivant les circonstances ».

Ainsi donc, nous nous heurtions à « *la fin de non-rece-*

voir » que M. de Gramont cherchait à éluder au début des négociations dans lesquelles il entrevoyait un prétexte à la guerre.

Au cours de ces importantes négociations, le ton et l'attitude des deux parties alors aux prises avaient suivi une marche diamétralement opposée. Le ministre des Affaires étrangères de France, après avoir donné à ses premières revendications une forme quelque peu agressive, s'était hâté d'entrer dans la voie de la conciliation, qu'il ne devait plus abandonner. Après s'être enfermé dans des subtilités et des distinctions plus que spécieuses, le roi de Prusse, se retranchant derrière une ignorance plus feinte que réelle, refusait obstinément de se prêter à tout arrangement et croyait devoir ajourner une réponse dès longtemps arrêtée dans son esprit.

Le gouvernement français ne crut pas cependant devoir modifier sa ligne de conduite. Le 19 janvier, à une heure quarante-cinq minutes du matin, M. de Gramont télégraphiait, par son ordre, à M. Benedetti... « Dites bien enfin au comte de Bismarck et au roi que nous n'avons aucune arrière-pensée, que nous ne cherchons pas un prétexte de guerre et que nous ne demandons qu'à sortir honorablement d'une difficulté que nous n'avons pas créée nous-mêmes. »

Il était difficile, à coup sûr, de se montrer plus accommodant. M. Benedetti répondit le même jour, à trois heures quarante-cinq minutes du soir, à M. de Gramont :

« Le roi a reçu la réponse du prince de Hohenzollern ; elle est du prince Antoine et elle a annoncé à Sa Majesté que le prince Léopold, son fils, s'est désisté de sa candidature à la couronne d'Espagne. Le roi m'autorise à faire savoir au gouvernement de l'Empereur qu'il approuve cette détermination. Le roi a chargé un de ses aides de camp de me faire cette communication et j'en reproduis exactement les termes. Sa Majesté ne m'ayant rien fait annoncer au sujet des assurances que nous désirons pour l'avenir, j'ai sollicité une dernière audience pour lui soumettre de nouveau et développer les observations que je lui ai présentées ce matin.

» *J'ai de fortes raisons de supposer que je n'obtiendrai aucune concession à cet égard.* »

Le roi n'avait plus jugé à propos de recevoir notre ambassadeur et il s'était servi d'un intermédiaire pour lui faire parvenir une réponse aussi évasive que celle que nous venons de rapporter. Sans tenir compte des inquiétudes et des susceptibilités légitimes de la France, le roi de Prusse daignait « approuver la résolution » prise par son cousin. Il se croyait quitte et complètement dégagé par cette approbation toute sèche et quelque peu tardive.

Il était manifeste pour tous, dès ce moment, que l'ère des négociations était close, et que le roi éviterait désormais toute explication avec le représentant de la France.

Ce dernier ainsi qu'il l'avait annoncé à M. de Gramont, sollicita, mais en vain, une nouvelle entrevue, qui lui fut obstinément refusée par le roi de Prusse.

« A ma demande d'une nouvelle audience, télégraphiait-il à Paris, le 13 juillet, à sept heures du soir, le roi m'a fait répondre qu'il ne saurait consentir à reprendre avec moi la discussion relative aux assurances qui devaient, à notre avis, nous être données pour l'avenir. Sa Majesté m'a fait déclarer qu'elle s'en réfère à ce sujet aux considérations qu'elle m'a exposées ce matin, dont je vous ai fait connaître la substance par mon premier télégramme de ce jour et que j'ai développées dans mon rapport, que vous recevrez demain matin.

» Le roi a consenti, a dit encore son envoyé, au nom

de Sa Majesté, à donner son approbation entière et sans réserve au désistement du prince de Hohenzollern. Il ne peut faire davantage. J'attendrai vos ordres avant de quitter Ems. M. de Bismarck ne viendra pas ici. Je remarque l'arrivée des ministres des finances et de l'intérieur. »

Le lendemain 14, à trois heures quarante-cinq du soir, M. Benedetti transmettait d'Ems son dernier télégramme au gouvernement français : « Je viens, écrivait-il, de voir le roi à la gare. Il s'est borné à me dire qu'il n'avait plus rien à me communiquer et que les négociations qui pourraient encore être poursuivies seraient continuées par son gouvernement. Sa Majesté m'a informé que son départ pour Berlin aurait lieu demain matin. »

Le roi de Prusse consentait enfin à reprendre sa véritable physionomie ; le chef de la famille de Hohenzollern s'effaçait et le souverain reparaissait.

La mission confiée à M. Benedetti, et que ce dernier a remplie avec un tact et une habileté auxquels nous ne saurions trop rendre hommage, est désormais terminée.

Après notre ambassadeur à Berlin, la diplomatie étrangère va tenter un suprême mais inutile effort auprès du gouvernement prussien.

Le 14 juillet, lord Granville priait le comte de Bernstorff, ambassadeur de Prusse à Londres, de vouloir bien placer sous les yeux du roi de Prusse une recommandation libellée dans les termes suivants : « Que de même que Sa Majesté le roi avait consenti à l'acceptation de la couronne d'Espagne par le prince Léopold, et était ainsi, dans un certain sens, devenu partie dans l'arrangement, de même il pouvait, avec une parfaite dignité, communiquer au gouvernement français son consentement au retrait de l'acceptation, si la France renonçait à sa demande d'un engagement garanti pour l'avenir. Une telle communication, avait ajouté le gouvernement de Sa Majesté, faite à la suggestion d'une puissance amie, serait une nouvelle et très forte preuve du désir du roi pour le maintien de la paix en Europe. »

Le 15 juillet, c'est-à-dire le lendemain, le comte de Bernstorff notifiait à lord Granville le refus de son gouvernement.

« Le comte de Bernstorff, écrivait lord Granville à lord Loftus, est venu me voir ce matin et m'a informé qu'il venait de recevoir un télégramme du comte de Bismark, dans lequel celui-ci exprimait son regret que le gouvernement de Sa Majesté eût fait une proposition qu'il ne croyait pas pouvoir recommander à l'acceptation du roi. »

La Prusse une fois entrée dans la voie de la résistance, n'avait pas tardé à devenir intraitable.

En même temps qu'il transmettait au gouvernement britannique cette réponse pleine de morgue et de hauteur, le Chancelier notifiait officiellement aux gouvernements étrangers que le roi de Prusse avait refusé de recevoir notre ambassadeur. M. de Bismarck avait donné la primeur de cette nouvelle à sensation au journal qui était à Berlin l'organe de sa politique.

Cette dépêche qui, suivant la trop juste expression de M. de Gramont, eut dans la capitale de la Prusse un si beau succès d'incendie, était ainsi conçue :

« Après que la nouvelle de la renonciation du prince héréditaire de Hohenzollern eut été officiellement communiquée au gouvernement impérial de France par le gouvernement royal d'Espagne, l'ambassadeur de France à Ems demanda de nouveau à Sa Majesté le roi de l'autoriser à télégraphier à Paris que Sa Majesté le roi s'engageait pour tout le temps à venir à ne jamais donner de nouveau son consentement si les Hohenzollern revenaient de nouveau à la candidature. *Sur ce, Sa Majesté le roi refusa de recevoir encore l'ambassadeur de France, et lui fit dire par l'aide de camp de service que Sa Majesté n'avait rien de plus à communiquer à l'ambassadeur.* »

« Il n'y a eu à Ems ni insulteur, ni insulté, » a écrit M. Benedetti, dont les déclarations sont marquées au coin de la sincérité et de l'honnêteté les plus scrupuleuses. M. de Bismarck, qui le savait mieux que personne, s'est cru en droit cependant de lancer dans le domaine de la publicité une fable dont le moindre défaut était d'être une imposture.

Le Chancelier qui ne voulait à aucun prix laisser échapper une occasion qu'il attendait depuis si longtemps, ne craignait point de ravaler son roi et son maître aux yeux de l'Europe, et de signaler à tous les souverains le manque d'égards et de convenances d'un de leurs frères vis-à-vis du représentant d'une grande puissance. Nous laissons à M. de Bismarck la responsabilité de ces procédés, que le succès peut parfois couronner, malgré leur indignité, mais que les consciences honnêtes répudieront toujours.

Le Chancelier ne devait pas s'en tenir là. Le 18 juillet, il adressait aux agents prussiens à l'étranger une circulaire qu'il les chargeait de remettre aux gouvernements auprès desquels ils étaient accrédités.

Voici en quels termes il résumait dans ce document ses principaux griefs contre la France :

« 1° Le gouvernement français a voulu imposer au roi de Prusse l'humiliation d'écrire une lettre d'excuses à l'Empereur ;

» 2° Comme personne ne doutait et ne pouvait douter des intentions pacifiques de la Prusse, il a fallu inventer de fausses raisons pour faire croire le contraire ;

» 3° Il n'y a pas eu de note ou de dépêche par laquelle le gouvernement prussien a informé les cabinets étrangers que le roi avait refusé de recevoir l'ambassadeur français ;

» 4° Lorsque l'ambassadeur de Prusse a quitté Paris, il ne l'a fait que parce que ses affaires personnelles l'appelaient chez lui, et non sur l'ordre de son gouvernement ;

» 5° Il est également faux que Sa Majesté le Roi ait communiqué la candidature du prince Léopold à moi, Chancelier de la Confédération, soussigné. »

Il était impossible d'intervertir les rôles et de travestir la vérité d'une façon plus complète. Le Chancelier, déposant toute pudeur, niait tout effrontément, jusqu'à cette fameuse note qu'il avait publiée d'abord dans un journal complètement à sa dévotion, avant de la transmettre aux représentants de son gouvernement à l'étranger. Ces dénégations se produisaient à la face de l'Europe que M. de Bismarck prenait désormais pour confidente de ses mensonges.

A force d'habileté et de duplicité, le Chancelier tombait dans la puérilité. Etait-il besoin, en effet, de colorer d'un prétexte aussi futile le départ de Paris de l'ambassadeur de Prusse ? Etait-il admissible que, dans un moment aussi grave que solennel, M. de Werther quittât son poste (1) « parce que des affaires personnelles l'appelaient chez lui », et M. de Bismarck, dont un procès récent nous a révélé l'attitude autoritaire, tyrannique

____

(1) « Il faut que mes ambassadeurs évoluent comme des sous-officiers ». (Propos de M. de Bismarck dans une de ses soirées parlementaires.) Victor Tissot. — *Voyage aux pays annexés.*

même, vis-à-vis des diplomates relevant de son département, l'aurait-il souffert ?

Devons-nous maintenant relever la dernière allégation du Chancelier contre laquelle l'évidence même et tous les documents que nous avons reproduits, s'unissent pour protester ?

Quoi ! le roi de Prusse ne se serait pas ouvert à son confident ordinaire, à son premier ministre, de la candidature du prince Léopold à la couronne d'Espagne, et seul, le Chancelier, d'ordinaire si bien informé, aurait ignoré un incident qui allait troubler la paix de l'Europe ! Il était difficile de se montrer plus irrévérencieux, plus dédaigneux même, que le Chancelier vis-à-vis des gouvernements auxquels il croyait pouvoir adresser de pareilles communications.

Les procédés de M. de Bismarck ont fait école, au moins en Prusse. Le grand état-major prussien, dirigé par le feld-maréchal de Moltke, a cru devoir, au seuil de son récit de la guerre franco-allemande, toucher à cette délicate question des négociations qui en furent le prélude. Ses appréciations sur ce grave sujet sont au moins aussi étranges et aussi fantaisistes que celles précédemment émises par M. de Bismarck. On en jugera par la citation suivante : « Dans le principe, lisons-nous dans l'introduction de cet important ouvrage, le duc de Gramont avait assuré à l'ambassadeur d'Angleterre que la retraite volontaire du prince suffirait pour écarter tout conflit, et maintenant le *Moniteur* venait proclamer que la question devait être élargie et que la renonciation du prince ne suffisait plus. Le duc de Gramont déclarait à l'ambassadeur de Prusse que cette renonciation n'était qu'un point secondaire, car jamais la France n'eût toléré l'intronisation projetée. Il manifestait la crainte que la conduite de la Prusse ne laissât entre les deux peuples les germes d'une mésintelligence durable, et il posait la question de savoir s'il ne serait pas possible d'aplanir la situation au moyen d'une lettre adressée par le roi à l'empereur pour lui déclarer à peu près « qu'en autorisant le prince à accepter la couronne, Sa Majesté n'avait pu croire qu'elle froisserait les intérêts et l'honneur du peuple français ; que le roi approuverait la renonciation, dans l'espoir et avec la confiance que tous motifs de dissentiment entre les deux gouvernements se trouveraient écartés. » C'est en ces termes, ou du moins dans des termes analogues et de nature à être livrés à la publicité pour calmer l'opinion que devait être conçue cette dépêche qui, d'ailleurs, ajoutait le ministre, aurait à s'abstenir de faire allusion aux liens de parenté du prince avec l'empereur, cet argument étant de nature à blesser tout particulièrement. »

Nous bornerons là cette intéressante citation pour examiner, en terminant, une question des plus délicates : celle de savoir à qui revient la responsabilité de la guerre de 1870.

Donnons tout d'abord la parole à M. de Gramont :

« La guerre (a-t-il écrit dans son ouvrage : *La France et la Prusse avant la guerre*) a été le résultat d'un concours de circonstances sur lesquelles les pages qui suivent jetteront peut-être quelque lumière nouvelle ; trop de confiance dans nos forces militaires, trop de confiance dans nos vertus guerrières que la défaite n'avait jamais éprouvées, l'éclat éblouissant d'un glorieux passé, ont entraîné la France, ses représentants et son gouvernement à une lutte inégale. On se croyait trop fort pour baisser la tête, et on ne sut pas résister au système de provocations si habilement combiné et dirigé par le cabinet de Berlin. Le sentiment national se releva blessé, la guerre fut acceptée avec élan, mais elle n'était désirée, ni par l'empereur, ni par son gouvernement, ni par la

France elle-même. En France, personne n'avait besoin de la guerre ; en Prusse elle était nécessaire, indispensable. C'était, pour l'œuvre de 1866, une question de vie ou de mort. *Is fecit cui prodest.* »

Nous ne pouvons que nous associer à ces justes et sages appréciations que nous avons été heureux de voir partagées par M. Saint-Marc Girardin, président de la commission d'enquête sur le 4 septembre.

« Personne, a écrit cet académicien-député, ne peut nier aujourd'hui la préméditation prussienne dans la candidature Hohenzollern. Le 27 mars 1869, M. Benedetti annonçait au ministre des Affaires étrangères qu'un agent espagnol venu à Berlin, avait conféré deux fois avec M. de Bismarck et qu'on disait qu'il s'agissait de la candidature du prince Léopold au trône d'Espagne. Invité à s'expliquer sur ce point avec le gouvernement prussien, M. Benedetti vit M. de Thile, sous-secrétaire d'Etat, et celui-ci, sans y être provoqué, affirma sur l'honneur qu'il ne s'agissait en aucune manière de cette candidature.

»..... En 1870, la candidature du prince Léopold a un caractère plus espagnol, c'est Madrid qui prépare le trône au prince allemand. Elle est cependant prussienne, parce que c'est M. de Bismarck qui la prépare complaisamment contre la France... Pour la Prusse, cette candidature n'était qu'un but, c'était un moyen de se faire déclarer la guerre par la France en la piquant au jeu. La guerre une fois obtenue, la candidature importait peu. Telle est l'opinion de M. Benedetti.

»... Le ministère et l'Empereur personnellement ne voulaient pas la guerre, c'est l'exacte vérité, a dit M. de Gramont. »

A la fin du chapitre **v** de son rapport, l'honorable président de la commission d'enquête résume de la façon suivante l'impression de ses collègues et la sienne propre : « Pour tout juge impartial, le 12 juillet 1870, c'était évidemment le cabinet prussien qui voulait la guerre, qui en avait pris son parti, qui craignait même que l'occasion ne lui échappât et qui inventait des moyens de se la faire déclarer. (Déclaration de M. de Bismarck à lord Loftus.) Mais tout juge impartial doit aussi reconnaître que la Prusse n'avait pas cette volonté absolue au commencement de la candidature Hohenzollern. Le roi de Prusse avait hésité entre la paix et la guerre. M. de Bismarck lui-même, quoiqu'il pensât sans cesse à la guerre contre la France, n'avait pas cru devoir y trouver l'occasion et le moment le mieux choisi et le plus favorable. La précipitation et l'outrance des paroles du gouvernement français avaient créé une situation plus belliqueuse que n'était, des deux côtés, le sentiment des partis. Les rôles avaient changé pendant les négociations, et la France y était entrée belliqueuse au moins en parole, et en était sortie pacifique d'intentions. Nous croyons sur ce point M. de Gramont. La Prusse y était entrée pacifique, pour la première heure du moins, et en était sortie belliqueuse de volonté et d'action, sinon de paroles. L'entretien de M. de Bismarck avec lord Loftus est le premier témoignage de la résolution guerrière de la Prusse. Le rejet de la médiation anglaise en est le second témoignage, et le témoignage le plus expressif... »

Ecoutons maintenant M. Caro. Dans un remarquable article publié en 1870, dans la *Revue des Deux-Mondes*, il s'exprime ainsi :

« Cette guerre, elle a été préméditée avec la plus patiente obstination, étudiée d'avance dans tous ses détails avec une précision infaillible, préparée avec toutes les ressources de la science. C'est quelque chose comme un guet-apens gigantesque soumis aux lois infaillibles du calcul : lutte à outrance qui n'a de mesure de la part de ses ennemis que la possibilité de vaincre toujours : lutte qui réalise par ses proportions un mot farouche du prince Frédéric-Charles : « *nous irons partout, partout !* » Guerre implacable non seulement en vue de la conquête, mais contre une race, résultant de jalousies séculaires, passionnée par des revendications d'un prétendu droit à la suprématie germanique ! C'est la teutomanie en un mot, si vertement raillée par H. Heine et qui sévit avec une égale violence chez les hobereaux et les démocrates de Berlin, chez les savants, comme Gorvinus et Mommsen, et chez les généraux, comme le prince Frédéric-Charles et M. de Moltke. »

Citons, en terminant, les très intéressantes conclusions de l'ouvrage anglais « *A qui la responsabilité de la guerre ? — Londres 1871, By Scrutator*, traduit de l'anglais par M. Alfred Sudre.

« Je crois pouvoir maintenant affirmer, dit l'auteur de cet ouvrage, que j'ai établi les points suivants :

» 1° Que la candidature Hohenzollern constituait un légitime grief pour la France et fut reconnue comme telle par les puissances neutres ;

» 2° Que le gouvernement français, en dépit de quelques indiscrétions dont M. de Bismarck se servit adroitement contre lui, désirait réellement une solution pacifique de la querelle ;

» 3° Que le comte de Bismarck avait conduit l'intrigue Hohenzollern avec les yeux largement ouverts sur toutes les conséquences qui devaient s'en suivre ;

» 4° Que la Prusse n'a jamais retiré directement ou indirectement la candidature du prince héréditaire de Hohenzollern, et que le retrait éventuel de la candidature du prince fut fait de manière à laisser le grief de la France précisément tel qu'il était au commencement de la querelle ;

» 5° Que néanmoins la France cherchait toujours une solution pacifique et sollicitait les bons offices de l'Angleterre pour cet objet ;

» 6° Que le comte de Bismarck rejeta durement la médiation de l'Angleterre et précipita la guerre par l'invention gratuite et la publication d'un *esclandre imaginaire* à Ems, entre le roi de Prusse et l'ambassadeur français ;

» 7° Que l'intention délibérée de la Prusse de provoquer une guerre avec la France, est prouvée par d'autres circonstances, et particulièrement par le rejet de la part du comte de Bismarck des offres faites par la France dans une politique de mutuel désarmement. »

Nous ne saurions résumer d'une façon plus succincte et à la fois plus complète, les impressions qui résultent pour tout juge impartial, de la lecture attentive des documents analysés dans cette étude.

CHAPITRE V

La candidature Hohenzollern devant les Chambres françaises

> « Le gouvernement désire la paix, il la désire avec passion mais avec honneur. »
>
> « Nous disons notre pensée tout entière, nous ne désirons pas la guerre. »
>
> (Discours de M. Ollivier. — Séance du 6 juillet au Corps législatif).

> « Nous demandons à interpeller le gouvernement sur les garanties qu'il a stipulées ou qu'il compte stipuler pour éviter un retour de complications successives avec la Prusse. »
>
> (Interpellation de M. C. Duvernois et autres. — Séance du 12 juillet au Corps législatif).

L'ensemble du projet de loi relatif au contingent de 1870 avait été voté par 209 voix contre 28. L'Assemblée avait eu à examiner ensuite des pétitions relatives à l'abrogation des lois d'exil. M. Jules Favre, l'un des auteurs de la loi de mai 1848, s'était constitué le défenseur chaleureux des pétitionnaires et avait plaidé avec passion la cause de ces princes d'Orléans, que le gouvernement, à la tête duquel il allait se trouver porté, devait traquer et pourchasser avec beaucoup plus de soin et de vigilance que les Prussiens eux-mêmes.

Le 5 juillet, au cours de la séance du Corps législatif,
M. Cochery déposait une demande d'interpellation ainsi
conçue :

« *Nous demandons à interpeller le gouvernement sur la
candidature du prince de Hohenzollern au trône d'Espagne.* »

Cette demande d'interpellation était signée par MM. Cochery, Carré-Kérisouët, Le Cesne, d'Yvoire, Tassin, Sé-
guier, Riondel, Genton et Planat.

Dans la séance du lendemain, le gouvernement y répondit de la manière suivante par l'organe du ministre
des Affaires étrangères :

« Il est bien vrai que le maréchal Prim a offert au
prince de Hohenzollern la couronne d'Espagne et que ce
dernier l'a acceptée (Sensation.) Mais le peuple espagnol ne s'est point encore prononcé et nous ne connais-
sons point encore les détails vrais d'une négociation qui
nous a été cachée. (Mouvement.) Ainsi une discussion
ne saurait-elle aboutir maintenant à aucun résultat politique. Nous vous prions de l'ajourner.

» Nous n'avons cessé de témoigner nos sympathies à la
nation espagnole et d'éviter tout ce qui aurait pu avoir
les apparences d'une immixtion quelconque dans les affaires intérieures d'une noble et grande nation en plein
exercice de sa souveraineté; nous ne sommes pas sortis
à l'égard des divers prétendants au trône de la plus stricte
neutralité, et nous n'avons jamais témoigné pour aucun
ni préférence ni éloignement. (Approbation.) Nous per-
sisterons dans cette conduite.

» Mais nous ne croyons pas que le respect des droits d'un
peuple voisin nous oblige à souffrir qu'une puissance
étrangère, en plaçant un de ses princes sur le trône de
Charles-Quint, puisse déranger à notre détriment l'équi-

libre actuel des forces de l'Europe,(Nombreux applaudis -
sements.), et mettre en péril les intérêts et l'honneur de
la France. (Bravos prolongés.)

» Cette éventualité, nous en avons l'assurance, ne se
réalisera pas.

» Pour l'empêcher nous comptons à la fois sur la sagesse du peuple allemand et sur l'amitié du peuple espagnol. S'il en était autrement, forts de votre appui et de
celui de la nation, nous saurions remplir notre devoir
sans hésitation et sans faiblesse. » (Longs applaudissements. — Acclamations répétées.)

Cette importante déclaration avait été discutée et arrêtée en conseil à Saint-Cloud. « La rédaction lue à la Chambre, dit M. de Gramont dans l'ouvrage que nous avons
déjà cité, est mot pour mot celle qui avait été arrêtée définitivement en conseil à Saint-Cloud. Je le sais mieux que
personne, car la minute n'est pas sortie un instant de
mes mains avant d'être dictée par moi dans mon cabinet. »
Cette déclaration, le *Journal officiel* le constate, reçut le
6 juillet, le meilleur accueil de la part du Corps législatif.
La Chambre crut même devoir souligner par des bravos
frénétiques et des acclamations répétées quelques-unes
des paroles du ministre et ce n'étaient pas les moins belliqueuses. Ces impressions favorables à la politique impériale se sont depuis, sous le coup des événements désastreux de 1870, singulièrement modifiées. M. Saint-Marc-Gi-
rardin, ne tenant compte que du dernier état des esprits
a cru pouvoir écrire dans son rapport : « Personne dans
le Corps législatif ne s'est trompé sur le caractère de cette
déclaration et sur ce qu'elle avait d'insolite. C'était une
négociation qui commençait par un ultimatum. L'effet
produit en Europe n'était pas moins significatif. » Si tels
avaient été en réalité l'impression et le sentiment du Corps
législatif, son attitude pendant que M. de Gramont était

à la tribune, aurait dû être toute autre que celle qui est constatée par le *Journal officiel*. Sans cela les marques si vives d'approbation prodiguées par la Chambre au représentant du gouvernement atténuent singulièrement la responsabilité de l'Empereur et de ses ministres et engagent dans de très graves proportions celle du Parlement. Si l'on se reporte en effet au *Journal officiel*, à peine pourra-t-on démêler quelques notes discordantes dans le concert d'approbation dont témoigne le compte-rendu de la séance du 6 juillet. Pour être logique, M. Saint-Marc Girardin aurait dû blâmer, comme elles le méritaient, la légèreté et la témérité de ces députés qui approuvaient d'une manière aussi compromettante l'attitude, si défectueuse et si peu correcte, suivant lui, du gouvernement français.

Les paroles prononcées par M. de Gramont à la tribune du Corps législatif dans la séance du 6 juillet, méritent-elles le reproche considérable que M. Saint-Marc Girardin s'est cru autorisé à leur adresser? Nous ne le croyons pas. Sans doute, le gouvernement français dissimulait mal et sous une forme un peu vive le dépit qu'il éprouvait d'avoir été tenu à l'écart de négociations qui avaient été nouées et conduites à son insu. « Cette discrétion malveillante de la Prusse. » avait un caractère irritant et blessant que M. Saint-Marc Girardin lui-même s'est plu à reconnaître dans son rapport. Quelque singuliers que fussent en outre les procédés employés par l'Espagne, « cette noble et grande nation » vis-à-vis de laquelle il avait usé « de la plus stricte neutralité » le gouvernement français annonçait « qu'il persisterait dans cette conduite ». Il affirmait ensuite ses droits à l'encontre de ceux des autres nations. Sa déférence vis-à-vis de ces dernières n'avait d'égale que la détermination « de ne pas laisser déranger au détriment de la France, l'équilibre européen et mettre en péril les intérêts et l'honneur de notre pays ». Le gouvernement ne voulait d'ailleurs prévoir cette fâcheuse éventualité que pour déclarer qu'il avait le « ferme espoir » qu'elle ne se réaliserait pas, et, comme il le proclamait bien haut, il comptait pour cela « sur la sagesse du peuple allemand et sur l'amitié du peuple espagnol ». Se plaçant enfin en face de l'autre alternative, qu'il avait bien soin de ne viser que sous une forme hypothétique et conditionnelle, il déclarait, que, le cas échéant, fort de l'appui du parlement et de la nation, il saurait remplir son devoir « sans hésitation et sans faiblesse ». Il n'y a dans ce langage, marqué au nom du patriotisme le plus pur et des convenances les plus strictes, ni défi, ni ultimatum surtout.

Les intentions nettement pacifiques du gouvernement français allaient d'ailleurs s'affirmer, quelques instants plus tard, d'une manière éclatante à la tribune par l'organe du garde des sceaux.

En résumé, nous pensons, comme l'a écrit depuis M. de Gramont, jugeant lui-même à distance les paroles qu'il avait prononcées dans la séance du 6 juillet, que « lorsque les différents membres du Corps législatif reliront la déclaration qui a été lue à la tribune, après avoir été délibérée en conseil, quand ils en auront pesé les termes et mesuré la portée, ils se convaincront qu'elle ne contient de provocation contre personne, qu'elle ne porte aucune atteinte aux droits légitimes du peuple espagnol, que nous considérions comme un peuple ami et surtout qu'elle ne révèle en aucune manière une incertitude dans la pensée du gouvernement sur la question de savoir s'il veut la paix ou la guerre ».

« Le gouvernement désire la paix, disait M. le garde des sceaux, il la désire avec passion. Il la désire avec passion, mais avec honneur. »

Pour être impartial et complet, nous devons constater

que les paroles du ministre des Affaires étrangères avaient été, au cours de la séance du 6 juillet, l'objet de quelques interruptions, assez violentes, parties des bancs de la gauche.

« Ce sont des questions dynastiques qui troublent la paix de l'Europe ! Les peuples n'ont que des raisons de s'aimer et de s'entr'aider ! » s'était écrié M. Garnier-Pagès.

Renchérissant sur son collègue et ami, M. Crémieux avait cru devoir accentuer son mécontentement :

« Il n'y a pas de séance possible en ce moment, s'était-il exclamé, s'il y a séance, nous protesterons contre la déclaration qui vient d'être faite.

» Les paroles que nous venons d'entendre sont d'une telle nature qu'une protestation est absolument indispensable. Ces paroles sont à mes yeux la guerre déclarée. Nous voulons la paix, à moins que l'honneur de la France ne soit engagé ! »

C'est sans doute à ces protestations isolées que se référait M. Saint-Marc Girardin lorsqu'il constatait l'effet désastreux produit, dans le Parlement, par les déclarations du gouvernement. L'honorable président de la commission d'enquête avait le tort inexcusable de transporter dans le domaine de l'histoire des procédés déductifs qu'il ne comporte pas et de conclure du particulier au général, sans doute pour donner plus de force à son sentiment personnel.

Après M. de Gramont, M. le garde des sceaux intervenait à son tour dans ce grave et solennel débat. Ses paroles sont le meilleur commentaire que nous puissions trouver à la déclaration lue quelques instants auparavant par son collègue des Affaires étrangères.

« La déclaration, disait M. E. Ollivier, ne contient de provocation contre personne, elle ne porte aucune atteinte aux droits légitimes du peuple espagnol, surtout elle ne révèle aucune incertitude dans la pensée du gouvernement, sur la question de savoir s'il veut la paix ou s'il appelle la guerre. »

» *Le gouvernement désire la paix, il la désire avec passion, mais avec honneur.*

» Rien n'est encore définitif.

» Je vous supplie, ajoutait-il en terminant, je supplie la nation d'être bien persuadée qu'elle n'assiste pas aux préparatifs déguisés d'une action vers laquelle nous marchons par des sentiers couverts; nous disons notre pensée entière, nous ne voulons pas la guerre; nous ne poursuivons pas la guerre; nous ne sommes préoccupés que de notre dignité. Si nous croyions un jour la guerre inévitable, nous ne l'engagerions qu'après avoir demandé et obtenue votre concours. »

Ces paroles, dont le caractère éminement pacifique ne saurait être contesté par personne, étaient de nature à satisfaire les esprits les plus exigeants. Elles n'avaient cependant pas le don de convaincre M. E. Arago, qui s'écriait :

« J'affirme et je tiens à constater bien haut que le ministère a été imprudent, plus qu'imprudent, en prenant aujourd'hui vis-à-vis de la France et de l'Espagne l'attitude qu'il a prise.

» Le gouvernement engageant la France, malgré elle, vient de nommer le roi d'Espagne et puis de déclarer la guerre. »

Pour un peu le tonitruant orateur de la gauche aurait

exigé des excuses au nom de l'Espagne et de la Prusse, ses chères clientes.

Dans la séance du 11 juillet le gouvernement se faisait un devoir de renseigner la Chambre sur l'état des négociations. M. de Gramont s'exprimait, en son nom, de la façon suivante :

« Le gouvernement comprend l'impatience de la Chambre et du pays, il partage ses préoccupations, mais il lui est impossible de porter à sa connaissance un résultat définitif. Il attend la réponse dont dépendent ses résolutions. Tous les cabinets auxquels nous nous sommes adressés paraissent admettre la légitimité de nos griefs. J'espère être parfaitement en mesure d'éclairer la Chambre, mais aujourd'hui je fais appel à son patriotisme et au sens politique de chacun de ses membres pour les prier de se contenter pour le moment de ces informations incomplètes. »

Le 12 juillet, M. Clément Duvernois et M. le comte de Leusse déposaient sur le bureau de l'Assemblée une demande d'interpellation ainsi conçue :

« Nous demandons à interpeller le gouvernement sur les garanties qu'il a stipulées ou qu'il compte stipuler pour éviter un retour de complications successives avec la Prusse. »

Le 13 juillet, M. de Gramont faisait connaître à la Chambre que, la veille, l'ambassadeur d'Espagne à Paris lui avait annoncé officiellement la renonciation du prince Léopold à la candidature au trône d'Espagne.

« Les négociations, ajoutait le ministre, que nous poursuivons avec la Prusse et qui n'ont jamais eu d'autre objet, ne sont pas encore terminées. Il nous est donc

4

impossible d'en parler et de soumettre aujourd'hui à la Chambre et au pays un exposé général de l'affaire. »

M. Duvernois profitait de la présence à la tribune du ministre des Affaires étrangères pour lui demander de prendre jour pour la discussion de son interpellation.

En même temps M. le baron Jérôme David déposait de son côté une autre demande d'interpellation ainsi conçue :

« Considérant que les déclarations fermes, nettes, patriotiques du ministère à la séance du 6 juillet ont été accueillies avec faveur par la Chambre et le pays ;

» Considérant que ces déclarations du ministère sont en opposition avec la lenteur dérisoire des négociations avec la Prusse (vives rumeurs); je retire le mot dérisoire, si vous le voulez, et je demande à interpeller le ministère sur les causes de sa conduite qui non seulement jette la perturbation dans les branches diverses de la fortune publique, mais aussi porte atteinte à la dignité nationale. »

L'interpellation de M. Jérôme David aurait gagné à se produire sous une forme plus courtoise et moins agressive. Le duc de Gramont faisant d'une pierre deux coups, déclara que le gouvernement proposait le vendredi 15 juillet pour l'examen des deux interpellations.

Nous consacrerons les deux chapitres suivants à cette mémorable séance.

CHAPITRE VI

La candidature Hohenzollern devant les Chambres françaises en 1870

(SUITE)

« De ce jour commence pour les ministres, mes collègues
et pour moi, une grande responsabilité. Nous l'acceptons
le cœur léger. »
> (Discours de M. E. OLLIVIER. — Corps législatif.
> — Séance du 15 juillet.)

« On n'a rien apporté à cette tribune si ce n'est un télégramme et nous savons tous l'usage que l'on peut faire
d'un télégramme. »
> (Discours de M. J. FAVRE. — Même séance.)

« Je mets en fait qu'après la déclaration du cabinet, à
laquelle j'ai applaudi tout le premier, qui a été faite ici
le 6 juillet, vous n'avez obtenu aucune espèce de satisfaction de la Prusse.

» M. Thiers dit qu'il faut attendre une occasion favorable, eh bien ! moi, je prétends qu'il n'y a pas seulement
une occasion favorable mais qu'il y a un motif absolu de
faire la guerre. »
> (De KÉRATRY. — Même séance.)

« Je pense que la paix que nous pourrions signer
aujourd'hui, à supposer qu'elle pût être signée, serait une
paix boiteuse, mal assise et qui ne pourrait durer. Voilà
pourquoi je suis exceptionnellement pour la guerre.

» Je pense que la Prusse a oublié ce que c'est que la
France d'Iéna et qu'il faut le lui rappeler. »
> (GUYOT-MONTPAYROUX. — Même séance.)

Le 15 juillet, MM. de Gramont et E. Ollivier donnaient
lecture, le premier au Sénat et le second au Corps légis-

latif, de l'importante déclaration suivante que nous extrayons du compte-rendu officiel de la séance du Sénat :

« La manière dont le pays a accueilli notre déclaration du 6 juillet nous ayant donné la certitude que vous approuviez notre politique et que nous pouvions compter sur votre appui, nous avons aussitôt commencé des négociations avec les puissances étrangères afin d'obtenir leurs bons offices auprès de la Prusse pour qu'elle reconnût la légitimité de nos griefs.

» Dans ces négociations nous n'avons rien demandé à l'Espagne, dont nous ne voulions ni éveiller la susceptibilité ni froisser l'indépendance, nous n'avons pas agi auprès du prince de Hohenzollern que nous considérions comme couvert par le roi ; nous avons également refusé de mêler à notre discussion aucune récrimination ou de la faire sortir de l'objet même dans lequel nous l'avions renfermée dès le début.

» La plupart des puissances ont été pleines d'empressement à nous répondre et elles ont, avec plus ou moins de chaleur, admis la justice de nos réclamations.

» Le ministre des Affaires étrangères prussien nous a opposé une fin de non-recevoir en prétendant qu'il ignorait l'affaire et que le cabinet de Berlin y était resté étranger.

» Nous avons dû alors nous adresser au roi lui-même et nous avons donné à notre ambassadeur l'ordre de se rendre auprès de Sa Majesté. Tout en reconnaissant qu'il avait autorisé le prince de Hohenzollern à accepter la candidature qui lui avait été offerte, le roi de Prusse a soutenu qu'il était étranger aux négociations poursuivies entre le gouvernement espagnol et ce prince, qu'il n'y était intervenu que comme chef de famille et nullement comme souverain et qu'il n'avait ni réuni, ni consulté le conseil de ses ministres. Sa Majesté a reconnu cependant qu'elle avait informé le comte de Bismarck de ces divers incidents.

» Nous ne pouvions considérer ces réponses comme satisfaisantes, nous n'avons pu admettre cette distinction subtile entre le souverain et le chef de famille et nous avons insisté pour que le roi consultât et imposât au besoin au prince Léopold une renonciation à la candidature. Pendant que nous discutions avec la Prusse, le désistemement du prince Léopold nous vint du côté où nous ne l'attendions pas et nous fut remis le 12 juillet par l'ambassadeur d'Espagne.

» Le roi ayant voulu y rester étranger, nous lui demandâmes de s'y associer et de déclarer que si, par un de ces revirements toujours possibles dans un pays sortant d'une révolution, la couronne était de nouveau offerte par l'Espagne au prince Léopold, il ne l'autoriserait plus à l'accepter afin que le débat pût être considéré comme définitivement clos. (Approbation.)

» Notre demande était modérée; les termes dans lesquels nous l'exprimions ne l'étaient pas moins. « Dites bien au roi, écrivions-nous au comte Benedetti, le 12 juillet à minuit, que nous n'avons aucune arrière-pensée, que nous ne cherchons pas un prétexte de guerre, que nous ne demandons qu'à résoudre honorablement une difficulté que nous n'avons pas créée nous-même. »

» Le roi consentit à approuver la renonciation du prince Léopold, mais il refusa de déclarer qu'il n'autoriserait plus à l'avenir le renouvellement de cette candidature. « J'ai demandé au roi, nous écrivait M. Benedetti le 13 juillet à minuit, de vouloir bien me permettre de vous annoncer en son nom que si le prince de Hohenzollern revenait à son projet, Sa Majesté interposerait son autorité et y mettrait obstacle. Le roi a absolument refusé de m'autoriser à vous transmettre une semblable déclaration. (Sensation.) J'ai vivement insisté, mais sans réussir à modifier les dispositions de Sa Majesté. Le roi a terminé notre entretien en me disant qu'il ne pouvait, ni ne voulait prendre un pareil engagement et qu'il devait pour cette éventualité, comme pour toute autre, se réserver la faculté de consulter les circonstances. » (Exclamations. — Vives protestations.)

» M. Duruy. — C'est un défi !

» Quoique ce refus nous parût injustifiable (adhésion), notre désir de conserver à l'Europe les bienfaits de la paix était tel que nous ne rompîmes pas les négociations et que, malgré votre impatience légitime, craignant qu'une discussion ne les entravât, nous vous avons demandé d'ajourner nos explications jusqu'à aujourd'hui. (Marques générale d'approbation.)

» Aussi notre surprise a-t-elle été profonde lorsque hier nous avons appris que le roi de Prusse avait notifié par un aide-de-camp à notre ambassadeur qu'il ne le recevrait plus (vif mouvement d'indignation) et que pour donner à ce refus un caractère non équivoque son gouvernement l'avait communiqué aux cabinets de l'Europe. (Explosion de murmures.)

» Nous apprenions en même temps que M. le baron de Werther avait reçu l'ordre de prendre un congé et que des armements s'opéraient en Prusse.

» Dans ces circonstances, tenter davantage pour la conciliation eût été un oubli de dignité et une imprudence. (Vive adhésion. — Bravos prolongés.) Nous n'avons rien négligé pour éviter une guerre, nous allons nous préparer à soutenir celle qu'on nous offre (Oui ! oui ! très bien ! c'est vrai !), en laissant à chacun la part de responsabilité qui lui revient.

» Dès hier nous avons rappelé nos réserves et avec votre concours nous allons prendre immédiatement les mesures nécessaires pour sauvegarder les intérêts, la sécurité et l'honneur de la France. » (Bravos et applaudissements prolongés.)

(Tous les sénateurs se lèvent. — Des cris répétés de : Vive l'Empereur ! Vive la France ! se mêlent aux applaudissements et aux bravos. — M. le ministre des Affaires étrangères en retournant à son banc est entouré de nombreux sénateurs qui lui adressent de chaleureuses félicitations.)
(Une deuxième salve d'applaudissements éclate et les mêmes acclamations de : Vive l'Empereur et vive la France ! se font entendre de toutes parts. — Les tribunes publiques s'associent au mouvement de l'Assemblée. — L'émotion est profonde et générale.)
(Après quelques instants de silence, les mêmes manifestations se reproduisent avec une énergie croissante. — Les impressions patriotiques du Sénat trouvent un nouvel écho dans les tribunes. Cette communion de sentiments qui se traduit sur tous les points de la salle avec une égale vivacité excite un redoublement d'enthousiasme.)

Lorsque le calme se fut un peu rétabli, M. le président Rouher prit la parole en ces termes :

« Le Sénat, par ses bravos enthousiastes, a donné sa haute approbation à la conduite du gouvernement. *(Oui ! oui ! très bien !)*

» L'émotion que le Sénat éprouve est le précurseur des nobles sentiments du pays. *(Adhésion unanime.)* Attendons de Dieu et de notre courageuse armée le triomphe de l'épée de la France. *(Mouvement général d'approbation. — Applaudissements.)* Je propose au Sénat de lever la séance comme témoignage d'ardente sympathie pour les résolutions prises par l'Empereur. » *(Oui ! oui ! — Les cris de : Vive l'Empereur ! éclatent de toutes parts.)*

La séance est levée au milieu d'une vive agitation.

A la même heure, le Corps législatif donnait à la déclaration du gouvernement des marques d'approbation qui, pour être moins enthousiastes que celles du Sénat, n'en étaient pas moins sincères et moins unanimes. Les dernières paroles du garde des sceaux étaient accueillies dans cette Assemblée par des bravos, des applaudissements répétés et les cris de : Vive l'Empereur ! Vive la France !

L'opposition devait cependant y élever la voix par l'organe de M. Thiers d'abord. Ce dernier allait faire chèrement payer au gouvernement le patriotique appui qu'il lui avait prêté quelques jours auparavant dans la séance du 30 juin.

M. Thiers, feignant d'oublier avec quelle déférence le gouvernement impérial avait, à plusieurs reprises, déclaré qu'il ne prendrait aucune détermination sans l'assentiment des Chambres, conteste tout d'abord au ministère le droit de déclarer seul la guerre. Il affirme le droit du Parlement à l'encontre de celui du gouvernement et il. demande pour le premier un instant de réflexion.

Après cette mauvaise et inutile querelle, il expose son sentiment, assurément fort respectable, sur l'état de la question et il dirige contre le gouvernement les critiques les plus sévères et les plus injustes.

« La demande principale qu'on adressait à la Chambre, disait l'orateur ; celle qui avait été la principale et que le ministère nous a assuré être la seule, a reçu une réponse formelle. »

La Chambre n'était pas, sur ce point, de l'avis de M. Thiers, et elle le lui manifestait par des dénégations énergiques parties d'un grand nombre de bancs.

« Est-il vrai, poursuivait M. Thiers, sans tenir compte

des interruptions et prenant le ministère directement à partie, est-il vrai que vous rompez sur une question de susceptibilité? Voulez-vous que l'Europe tout entière dise que le fond est accordé et que pour une question de forme vous vous êtes décidés à verser des torrents de sang? Prenez-en la responsabilité ! »

Le patriotisme de M. Thiers n'était assurément pas exigeant, et M. de Bismarck, qui voulait la guerre à tout prix, aurait été bien embarrassé si, au cours des négociations de 1870, il ne s'était trouvé en présence que du futur président de la République française.

L'orateur réclamait ensuite « à la face du pays » la communication des dépêches d'après lesquelles « on avait pris cette résolution ».

M. Thiers, nous ne voulons pas en douter, avait des motifs sérieux pour demander cette communication. Il devait, dès lors, sous peine de préjuger une question qu'elle était destinée à élucider, ajourner les appréciations malveillantes et injustes qu'il se permettait sur la conduite du gouvernement.

« Laissez-moi vous dire, s'écriait-il au milieu du tumulte que soulevaient ses paroles, que je regarde cette guerre comme souverainement imprudente...

» Plus que personne je désire la réparation des événements de 1866, MAIS JE TROUVE L'OCCASION DÉTESTABLEMENT CHOISIE. »

« Je déclare, disait-il en terminant, que quant à moi je décline la responsabilité d'une guerre aussi peu justifiée. »

M. Thiers venait de reconquérir par son langage acerbe et son attitude agressive vis-à-vis du gouvernement les bonnes grâces de la gauche qui lui gardait rancune depuis ses deux discours du 30 juin 1870. Il fut en descendant de la tribune salué par les applaudissements des quelques députés qui composaient alors cette fraction de l'Assemblée.

La thèse que M. Thiers avait essayé de soutenir à la tribune était pour le moins ingrate. L'orateur n'avait pas peu contribué à son complet insuccès, en substituant à la clarté et à la lucidité qu'il apportait d'ordinaire dans ses discours, des violences de langage qui allaient lui devenir familières dans les derniers jours de l'Empire. La tâche du garde des sceaux qui venait répondre à cette philippique était des plus faciles.

Les premières paroles du ministre sont accueillies par la Chambre avec la plus vive sympathie.

« Nous aussi, dit M. E. Ollivier, nous déclarons coupables ceux qui, obéissant à des passions de partis ou à des mouvements irréfléchis, engagent le pays dans des aventures. Nous aussi, nous croyons que les guerres inutiles sont des guerres criminelles et si, l'âme désolée, nous nous décidons à cette guerre à laquelle la Prusse nous appelle, c'est qu'il n'en fut jamais de plus nécessaire.

» Nous nous sommes trouvés en présence d'un affront que nous ne pouvons pas supporter, en présence d'une menace qui, si nous l'avions laissée se réaliser, nous eût fait descendre au dernier rang des Etats. Nous avons relevé l'affront et nous avons pris nos précautions contre la menace. »

Malheureusement emporté par l'ardeur de ses convictions, M. Ollivier laissait échapper au cours de sa brillante improvisation, un mot dont il cherchait en vain à expliquer le sens et la portée. « Oui, s'écriait-il, de ce jour commence pour les ministres, mes collègues et pour moi, une grande responsabilité. Nous l'acceptons le cœur léger. » *Nescit vox missa reverti.* En dépit des louables efforts tentés par l'orateur pour justifier une expression qui avait certainement pu dépasser sa pensée, le mot est resté dans le débat accolé au nom de M. Ollivier, dont il est désormais inséparable.

CHAPITRE VII

La candidature Hohenzollern devant les Chambres françaises en 1870

(SUITE)

« Si nous avions attendu plus longtemps, pour demander aux puissances étrangères d'intervenir, nous aurions donné à la Prusse le temps de préparer ses armements pour nous attaquer avec plus d'avantages.

» Au surplus, il suffit de ce fait que le Gouvernement prussien a informé tous les cabinets de l'Europe qu'il avait refusé de recevoir notre ambassadeur et de discuter avec lui. Cela est un affront pour l'Empereur et pour la France !

» Et si, par impossible, il se trouvait dans mon pays une Chambre pour le supporter et le souffrir, je ne resterais pas cinq minutes ministre des Affaires étrangères. »

(Le duc de GRAMONT. — Séance du 15 juillet.)

« Je regrette absolument, de me séparer de tous mes amis politiques sur la question qui est soumise à la Chambre, mais je crois devoir le dire hautement : eh bien ! je mets en fait qu'après la déclaration du cabinet à laquelle j'ai applaudi tout le premier, qui a été faite ici le 6 juillet, vous n'avez obtenu jusqu'ici aucune satisfaction de la Prusse.

» J'entends regretter constamment depuis quatre ans le fait de Sadowa ; eh bien ! en ce moment, la France a non pas un prétexte, mais une occasion décisive : M. Thiers dit qu'il faut attendre une occasion favorable, eh bien ! moi, je prétends qu'il n'y a pas seulement une occasion favorable mais qu'il y a un motif absolu de faire la guerre.

» Si vous retardez, comme M. Thiers le demande, vous laisserez aux canons prussiens le temps de se charger.

(M. de KÉRATRY. — Même séance.)

Après avoir cédé la tribune à son collègue de la guerre qui avait déposé sur le bureau de l'Assemblée les projets de lois militaires que comportaient les circonstances, le garde des sceaux y reparaissait pour donner lecture des deux dépêches que M. Benedetti avait adressées à son gouvernement, le 13 juillet, et que nous avons reproduites dans un précédent chapitre. La lecture de ces importants documents était soulignée par les protestations les plus vives de la gauche.

« Que tout le monde juge! » s'écriait M. Thiers.

« On ne peut pas faire la guerre là-dessus, c'est impossible ! » disait M. de Choiseul.

« Ce sont des phrases ! » ajoutait M. Garnier-Pagès.

« Ceci connu, le monde civilisé nous donnera tort ! » s'écriait de son côté M. E. Arago.

Après quoi M. Thiers reprenait la parole. « Je suis, disait-il en commençant, désolé de le dire, nous avons la guerre par la faute du cabinet. »

« C'est la seule raison ! » disait M. Jules Favre.

« Qu'il en porte la responsabilité! » ajoutait M. Simon.

« La Prusse, continuait M. Thiers a fait une faute grave en voulant avoir elle-même un candidat au trône d'Espagne...

» Je dis donc que la Prusse, dans cette occasion, a commis une faute très grande, oui, mais cette faute elle l'a payée par un échec, elle la payera par la guerre, malheureusement elle ne sera pas seule à la payer...

» ... Je m'adresse à l'évidence et je demande s'il peut entrer dans la pensée d'un seul homme de bons sens, que la Prusse, après la campagne qu'elle venait de faire, et qui lui avait valu le retrait de la candidature Hohenzollern, retrait qui est certainement peu brillant pour elle, que la Prusse, dis-je, voulût reproduire cette candidature ?

» Après s'être exposée à un échec comme celui-là, elle serait folle de renouveler cette candidature.

« Pourquoi a-t-elle refusé de le promettre ? » s'écriait M. de Gramont. L'interruption était gênante ; M. Thiers trouva plus commode de risquer une personnalité d'un goût plus ou moins douteux que d'y répondre.

« Elle l'a refusée, monsieur le ministre, parce que vous avez mal commencé et mal fini. »

Si ces dernières paroles de M. Thiers n'étaient empreintes d'un caractère blessant qu'il nous répugne d'imiter, nous les retiendrions comme le meilleur jugement à formuler sur les deux discours prononcés par l'éminent orateur dans cette mémorable séance du 15 juillet 1870.

La patience de la majorité de la Chambre, qui s'était contenue pendant la première harangue de M. Thiers, paraissait à bout. Les interpellations les plus vives étaient adressées à l'orateur de presque tous les points de l'Assemblée.

« Assez ! assez ! » s'écriaient MM. de Cassagnac et de Lescure.

« Vos idées, monsieur Thiers, disait M. Jérôme David, n'ont pas d'appui appréciable dans la Chambre, elles ne peuvent pas avoir une sanction et vous faites bien du mal à la France. Il faudrait beaucoup de bataillons pour faire à votre pays le mal que vous lui faites. »

Ces interruptions n'avaient de regrettable que la forme un peu vive sous laquelle elles se produisaient. Malheureusement, elles n'étaient pas de nature à arrêter l'orateur dans la voie des récriminations qu'il était décidé à parcourir jusqu'au bout. Après avoir jeté à la face de ses interrupteurs cette expédition du Mexique que la gauche a exploitée avec tant de bonheur pendant les dernières années du régime impérial, M. Thiers poursuivait en ces termes :

« On a obtenu le retrait de la candidature Hohenzollern, il faut s'en tenir là. Devant le monde, le roi de Prusse retire cette candidature. Pouvez-vous supposer qu'il n'y ait pas eu une concession de sa part ? »

« ... Si on ne voulait pas la guerre pour la guerre, si on ne voulait pas que la chose essentielle, c'est-à-dire qu'une candidature hostile à la France disparût, il fallait s'en tenir là ; mais insister, c'était faire naître des questions d'orgueil entre deux grandes nations également susceptibles et la guerre devenait inévitable. »

« Je dis que c'est une chose déplorable que, l'intérêt de la France étant sauvegardé, on ait, par des excitations, amené la guerre.

» Il n'est donc pas vrai que ce soit pour avoir défendu l'intérêt essentiel de la France qu'on a la guerre, c'est parce qu'après avoir obtenu le triomphe de l'intérêt essentiel, on s'est jeté dans une querelle de mots sur laquelle les susceptibilités de deux nations devaient se rencontrer.

» La faute commise, il fallait, puisque l'Europe était de si bonne volonté dans ce moment-là, lui donner le temps d'intervenir de nouveau. »

L'orateur regagnait ensuite son banc au milieu des bruyantes exclamations que ses paroles avaient soulevées. Il avait épuisé toutes les duretés de langage contre le Gouvernement de son pays. Il s'était par contre montré de la dernière bienveillance pour la Prusse dont il niait obstinément les intentions malveillantes à notre égard.

Se peut-il, en effet, imaginer une attitude plus correcte et plus conciliante que celle qu'il prête au Gouvernement prussien dont nous avons, dans des chapitres précédents, analysé et jugé les agissements si empreints de duplicité et de mauvaise foi? M. Thiers ne craignait pas de se constituer à la tribune française l'accusateur du Gouvernement de son pays. Avec l'autorité qui s'attachait à sa parole, il le dénonçait à l'Europe, au monde entier, comme l'auteur responsable de la guerre qui allait commencer. Il fallait un bien grand et un bien triste courage pour accomplir un œuvre aussi peu patriotique. Jamais nous n'aurions cru qu'un Français fût capable de défendre une pareille thèse, alors même qu'elle eût été vraie. Nous verrons plus loin, quel profit, les événements aidant, M. Thiers a su tirer d'une attitude aussi peu avouable.

M. le duc de Gramont, en quelques paroles empreintes de noblesse et de dignité, fit bonne justice des attaques passionnées dirigées par M. Thiers contre le Gouvernement auquel il appartenait :

« Si nous avions attendu plus longtemps, dit-il, pour demander aux puissances étrangères d'intervenir, nous aurions donné à la Prusse le temps de préparer ses armements pour nous attaquer avec plus d'avantages.

» Au surplus, il suffit de ce fait que le Gouvernement prussien a informé tous les cabinets de l'Europe qu'il avait refusé de recevoir notre ambassadeur et de discuter avec lui. Cela est un affront pour l'Empereur et pour la France !

» Et si, par impossible, il se trouvait dans mon pays une Chambre pour le supporter et le souffrir, je ne resterais pas cinq minutes ministre des Affaires étrangères. »

Cette chevaleresque déclaration était accueillie par les bravos et les applaudissements répétés de la Chambre.

Le succès d'opposition obtenu par M. Thiers était bien de nature à éveiller les légitimes susceptibilités de M. Jules Favre. Tout en applaudissant aux deux violentes diatribes de son collègue, le député de la gauche était bien près de penser qu'il avait usurpé sa place et son rôle. Il avait hâte de reconquérir dans l'opposition cette première place que M. Thiers venait presque de lui ravir. Il fallait pour cela se montrer plus violent et plus passionné que ne l'avait été M. Thiers vis-à-vis du Gouvernement français. La tâche était difficile assurément, mais elle n'était pas au-dessus des forces et des moyens de M. J. Favre.

Après avoir établi, comme d'ailleurs le garde des sceaux avait pris soin de le faire, que l'opinion bien connue du Corps législatif était le maintien de la paix qui n'était plus possible, « grâce à la politique qui avait été suivie par le cabinet », l'orateur adjurait l'Assemblée, au nom de la France, de réfléchir avant de prendre une détermination. On n'a rien apporté à cette tribune, disait-il, « si ce n'est un télégramme et NOUS SAVONS TOUS L'USAGE COUPABLE QUE L'ON PEUT FAIRE D'UN TÉLÉGRAMME.

La Chambre presque tout entière crut devoir s'insurger et protester énergiquement contre une imputation qui ne pouvait l'atteindre et qui, à notre sens, ne visait que l'opposition dont M. Jules Favre était l'organe autorisé. Elle aurait dû faire un meilleur accueil à cet aveu dépouillé d'artifices et savoir gré à l'orateur de sa brutale franchise. Oui, MM. J. Favre et consorts savaient « l'usage coupable » que l'on peut faire non seulement d'un télégramme, mais même et surtout de l'appareil ingénieux qui sert à le transmettre. Le télégraphe, pendant le trop long séjour aux affaires des hommes de Septembre, est devenu le complice docile et inconscient de tous les mensonges qu'ils se plaisaient à déverser quotidiennement sur la France. L'aveu passé par M. J. Favre était éclatant de vérité surtout en ce qui le touchait personnellement.

On se rappelle, en effet, que lorsque l'ex-vice-président du Gouvernement de Septembre fut précipité du faîte des grandeurs et rendu, trop tard hélas ! aux douceurs de la vie privée, il entreprit de retracer le récit des événements désastreux auxquels il avait pris une si large part. Il essaya alors, mais en vain, de substituer son grattoir au burin de l'historien et de transporter dans le domaine de l'histoire les procédés par trop fantaisistes qui lui avaient si bien réussi dans le domaine de l'état civil.

Qu'on nous permette d'ouvrir ici une parenthèse, M. J. Favre, qui a été de tout temps l'un des orateurs les plus verbeux et les plus prolixes de nos Assemblées parlementaires, a laissé parfois échapper de ses lèvres des paroles qui sont et demeureront la plus juste et la plus sévère condamnation des erreurs de sa vie politique et des incorrections de sa vie privée.

En 1863, le Corps législatif poursuivait avec le plus grand zèle cette œuvre de revision du code pénal qui toujours très bien faite est toujours à refaire. La discussion était arrivée à l'article 400 dans les termes duquel il s'agissait, pour combler une lacune regrettable, de faire entrer le délit de chantage.

Fidèle en cela à ses instincts d'opposition quand même, et peut-être aussi pour un motif personnel qu'il n'a été possible à l'opinion publique de démêler que plus tard, M. Jules Favre s'opposait à ce que l'on renforçât l'arsenal, déjà trop formidable, suivant lui, de nos dispositions pénales. Il combattait énergiquement l'idée d'ériger en délit une action qui en raison même de son indignité ne méritait pas l'honneur d'être nommée dans nos lois pénales. « JE N'EXAMINE PAS, disait-il, LA QUESTION TRÈS DÉLICATE DE SAVOIR SI CELUI QUI A EU DANS SA VIE UNE DÉFAILLANCE, UNE FAUTE CACHÉE, EST DIGNE DE LA PROTECTION DE LA JUSTICE. SI CETTE QUESTION M'ÉTAIT POSÉE, JE LA RÉSOUDRAIS PAR LA NÉGATIVE. »

Laubardemont, de sinistre mémoire, ne demandait que deux lignes de l'écriture d'un homme pour le faire pendre : M. J. Favre, législateur, dressait en 1863, dans les quatre lignes que nous venons de rappeler, le pilori, auquel devait être attaché quelques années plus tard le rival trop heureux de Laluyé.

On nous pardonnera cette digression qui relate un des épisodes les moins connus et pourtant les plus piquants de la vie politique de M. J. Favre. Ce dernier, après le nouveau succès de scandale, qu'il avait si facilement obtenu, renonçait à la parole, après avoir au préalable déposé sur le bureau de l'Assemblée la proposition suivante :

« Nous demandons communication des dépêches et notamment de celles par lesquelles le gouvernement prussien a notifié sa résolution aux gouvernements étrangers. »

Après M. Jules Favre, M. de Kératry paraissait à la tribune.

« Je regrette absolument, disait-il, de me séparer de tous mes amis politiques sur la question qui est soumise à la Chambre, mais je crois devoir le dire hautement : eh bien ! *je mets en fait qu'après la déclaration du cabinet à laquelle j'ai applaudi tout le premier, qui a été faite ici le 6 juillet, vous n'avez obtenu jusqu'ici aucune satisfaction de la Prusse.*

» J'entends regretter constamment depuis quatre ans le fait de Sadowa ; eh bien ! en ce moment, la France a non pas un prétexte, mais une occasion décisive : M. Thiers dit qu'il faut attendre une occasion favorable, eh bien ! moi je prétends qu'il n'y a pas seulement une occasion favorable, mais qu'il y a motif absolu de faire la guerre.

» *Si vous retardez, comme M. Thiers le demande, vous laisserez aux canons prussiens le temps de se charger.* »

On sait avec quel zèle et avec quel empressement M. de Kératry a cherché depuis à effacer l'effet produit par ces patriotiques paroles.

Depuis sa sortie des affaires, qui avait été moins remarquée que son entrée au cabinet Ollivier, M. Buffet avait gardé à la Chambre le silence le plus absolu. Le moment lui parut opportun pour le rompre en exposant les raions qui, suivant lui, militaient en faveur de la communication des dépêches.

« Je ne crois pas, dit-il, qu'il y ait aujourd'hui aucun motif pour refuser la communication de toutes les pièces.

» Je comprends parfaitement les réserves, les réticences, quand les négociations sont entamées, mais, à l'heure qu'il est, il n'y a plus de négociations, et c'est à mon avis un droit et un devoir absolu de la Chambre de demander qu'il lui soit donné, ou à la Commission, communication de toutes les pièces, et c'est le devoir impérieux du Gouvernement de faire cette communication.

» J'ajouterai qu'avant d'avoir entendu le garde des sceaux, je croyais les communications éminemment utiles ; après l'avoir entendu, je les considère comme indispensables. »

La gauche s'empressa d'applaudir aux paroles de M. Buffet, après quoi il fut procédé au scrutin sur la proposition de M. Jules Favre, qui fut rejetée par 159 voix contre 84.

La séance fut alors suspendue et la Commission nommée par la Chambre pour examiner les projets de loi présentés par le Gouvernement entra immédiatement en séance.

A la reprise de la séance publique, M. le marquis de Talhouët monta à la tribune pour donner lecture du rapport que nous allons reproduire et analyser dans le chapitre suivant.

CHAPITRE VIII

La candidature Hohenzollern devant les Chambres françaises en 1870

(SUITE ET FIN)

« Des pièces diplomatiques nous ont été communiquées et sur ces textes des explications très complètes et très nettes nous ont été fournies. Nous savions répondre au vœu de la Chambre en nous enquérant avec soin de tous les incidents diplomatiques. Nous avons la satisfaction de vous dire que le Gouvernement dès le début de l'incident et depuis la première phase de la négociation jusqu'à la dernière a poursuivi loyalement le même but. »

(Rapport du marquis de Talhouët.)

« Malgré ces faits déjà trop graves, votre Commission a voulu prendre et a reçu communication des dépêches émanant de plusieurs de nos agents diplomatiques dont les termes sont uniformes et confirment, comme il l'a été déclaré au Corps législatif et au Sénat, que M. de Bismarck a fait officiellement connaître aux cabinets de l'Europe que le roi de Prusse avait refusé de recevoir de nouveau l'ambassadeur de France et lui avait fait dire par un aide-de-camp qu'il n'avait aucune communication ultérieure à lui faire. »

(Dito.)

« Disons que la responsabilité de la guerre n'appartient point à ceux qui la déclarent pour défendre leur dignité mais à ceux dont l'ambition inquiète porte atteinte à la sécurité d'une autre nation et jette le trouble dans les intérêts du monde. »

(Rapport de Rouher. — Séance du 16 juillet. — Sénat.) ;

M. le marquis de Talhouët s'exprime ainsi :

« Chacun des membres de la Commission nous ayant exposé les différentes opinions émises dans leurs bureaux respectifs et la majorité de nos collègues ayant été invitée à demander au Gouvernement la communication des pièces diplomatiques, votre Commission a entendu successivement MM. E. Ollivier, Le Bœuf et de Gramont. (Très bien.)

» M. le ministre de la guerre nous a justifié en peu de mots l'urgence des crédits demandés et ses explications catégoriques, en même temps qu'elles nous conduisaient à l'approbation des projets de loi, nous montraient qu'inspirées par une sage prévoyance les deux administrations de la guerre et de la marine se trouvaient en état de faire face avec une promptitude remarquable aux nécessités de la situation. (Bravo ! bravo !)

» *Des pièces diplomatiques nous ont été communiquées et sur ces textes des explications très complètes et très nettes nous ont été fournies.*

» Nous savions répondre au vœu de la Chambre en nous enquérant avec soin de tous les incidents diplomatiques. Nous avons la satisfaction de vous dire que le Gouvernement, dès le début de l'incident et depuis la première phase de la négociation jusqu'à la dernière, a poursuivi loyalement le même but. (Bravo !)

» Ainsi, la première dépêche adressée à notre ambassadeur arrivé à Ems pour entretenir le roi de Prusse, se termine par cette phrase qui indique que le Gouvernement a nettement formulé sa légitime prétention : « Pour » que cette renonciation, écrivait M. de Gramont, pro- » duise son effet, il est nécessaire que le roi de Prusse » s'y associe et nous donne l'assurance qu'il n'autorisera » pas de nouveau cette candidature. Veuillez vous rendre

» immédiatement auprès du roi pour lui demander cette
» déclaration. »

» *Ainsi ce qui est resté le point litigieux de ce grand débat
a été posé dès la première heure et vous ne méconnaîtrez pas
l'importance de ce fait resté ignoré, il faut bien le dire, de
l'opinion publique.*

» Mais, de même que le roi de Prusse s'était déjà refusé à donner la satisfaction légitime réclamée par le
gouvernement français qui avait tout attendu d'abord de
la courtoisie officieuse de l'ambassadeur de Prusse, parti
de Paris pour aplanir le différend, l'ambassadeur français
intervenu directement près du roi Guillaume n'a recueilli
que la confirmation d'un fait qui ne donnait aucune garantie pour l'avenir. (Mouvement.)

» *Malgré ces faits déjà trop graves, votre Commission a
voulu prendre et a reçu communication de dépêches émanant
de plusieurs de nos agents diplomatiques dont les termes sont
uniformes et confirment, comme il l'a été déclaré au Corps
législatif et au Sénat, que M. de Bismarck a fait connaître
officiellement aux cabinets de l'Europe que le roi de Prusse
avait refusé de nouveau de recevoir l'ambassadeur de France et
lui avait fait dire par un aide-de-camp qu'il n'avait aucune
communication ultérieure à lui faire.* (Longs murmures.)
En même temps nous avons acquis la preuve que, dès
le 14 juillet, au matin, pendant que les négociations se
poursuivaient, des mouvements de troupes importants
étaient ordonnés de l'autre côté du Rhin.

» De plus, des pièces chiffrées ont été mises sous nos
yeux, et, comme tous vos bureaux l'ont bien compris, le
secret de ces communications télégraphiques doit être
conservé par votre Commission qui, en vous rendant
compte de ses impressions, a conscience de son devoir
vis à vis de vous-même comme vis-à-vis du pays. (Très
bien !)

» Le sentiment profond produit par l'examen de ces

documents est que la France ne pouvait tolérer l'offense faite à la nation, que notre diplomatie a rempli son devoir en circonscrivant ses légitimes prétentions sur un terrain où la Prusse ne pouvait se dérober, comme elle en avait l'intention et l'espérance. (Très bien !)

» *En conséquence, votre Commission est unanime pour vous demander de voter les projet de loi que vous propose le Gouvernement.*

» Nous vous le répétons : à nos|sentiments personnels se sont ajoutées de nouvelles convictions fondées sur les explications que nous avons reçues, et c'est avec l'accent de la confiance dans la justice de notre cause et animés de l'ardeur patriotique que nous savons régner dans cette Chambre que nous vous demandons de voter ces lois, parce qu'elles sont prudentes comme instruments de défense et sages comme expression du vœu national. (Bravos et applaudissements répétés mêlés de cris de : Vive l'Empereur !) »

Ainsi donc, le Corps législatif par l'organe du rapporteur de la Commission, nommée par lui, donnait son adhésion pleine et entière à la conduite tenue par le Gouvernement aux cours de négociations.

Le cabinet, allant au delà des vœux exprimés avec plus ou moins d'aigreur par les membres de la gauche, s'était livré à un luxe de communications tel que le rapporteur croyait devoir garder secrète une partie des pièces qui avaient été si obligeamment livrées à la Commission.

Il est intéressant de souligner la forme énergique et accentuée que la Commission avait cru devoir donner à ses sentiments de haute approbation. « Des explications très complètes et très nettes nous ont été fournies, disait M. de Talhouët, et nous avons la satisfaction de vous dire que le Gouvernement, dès le début de l'incident et depuis la première phase de la négociation jusqu'à la dernière, a poursuivi loyalement le même but. »

Après avoir indiqué ce but, il constatait que le roi de Prusse avait refusé de donner au gouvernement français « la légitime satisfaction qu'il réclamait ». Le rapporteur constatait ensuite que la Commission avait reçu communication « des dépêches émanant de plusieurs de nos agents diplomatiques dont les termes sont uniformes et confirment que M. de Bismarck a notifié officiellement aux cabinets de l'Europe que le roi de Prusse avait refusé de recevoir de nouveau l'ambassadeur de France et lui avait fait dire par un aide-de-camp qu'il n'avait plus aucune communication à lui faire ».

Après avoir signalé « les mouvements importants de troupes » qui se faisaient, dès le 14 juillet, de l'autre côté du Rhin et exprimé les scrupules de la Commission qui croyait devoir garder le secret sur d'autres communications qui lui avaient été faites, il affirmait « que la France ne pouvait tolérer l'offense » qui lui était faite et que « notre diplomatie avait rempli son devoir. »

Nous nous bornerons, en ce qui nous concerne, à constater la parfaite identité qui existe entre ces conclusions adoptées *à l'unanimité* par la commission du Corps législatif et celles que nous avons déduites nous-même à la fin du chapitre ıv de cette Étude.

Les paroles de M. de Talhouët, un des noms les plus honorables et les plus universellement respectés qui furent jamais dans nos Assemblées délibérantes, avaient produit la plus vive et la plus heureuse impression sur l'Assemblée. Un nouveau transfuge de la gauche qui, après avoir imité M. de Kératry dans son noble élan de patriotisme, devait bientôt répudier de son passé une des rares actions qui aurait pu l'honorer, M. Guyot-

Montpayroux montait à la tribune et y tenait le langage suivant :

« Je pense que la paix que nous pourrions signer aujourd'hui, à supposer qu'elle pût être signée, serait une paix boiteuse, mal assise et qui ne pourrait durer. Voilà pourquoi je suis exceptionnellement partisan de la guerre.

» Je pense que la Prusse a oublié ce que c'est que la France d'Iéna et qu'il faut le lui rappeler.

» Dans les circonstances présentes il me paraît que toutes discussions intestines doivent s'effacer et que nous devons tous nous grouper autour du drapeau national. »

Les conclusions de la Commission, pas plus que les déclarations du Gouvernement, n'avaient eu le privilège de convaincre M. Gambetta, qui tenait à rester jusqu'au bout « irréconciliable » aussi bien avec l'évidence qu'avec le gouvernement impérial. La double justification qu'il attendait du ministère ne s'était pas encore produite, suivant lui.

« Vous aviez, disait-il en s'adressant au cabinet, une double justification à faire au point de vue de votre politique et de votre diplomatie.

» Vous appelez la France à vous donner de l'argent, vous la lancez dans une guerre qui peut-être verra la fin du dix-neuvième siècle, consacrée à vider la question de prépondérance entre la race germanique et la race française et vous ne voulez pas que le point de départ de cette immense entreprise soit authentique, formel et que la France puisse savoir, en même temps que l'Europe, de quel côté était l'outrage injuste et de quel côté est la résistance légitime. »

Ce doute était au moins injurieux pour le Gouvernement et pour la Commission nommée par les suffrages de l'Assemblée devant laquelle M. Gambetta ne craignait pas de le formuler.

« Vous appelez la France à vous donner des hommes et de l'argent », s'écriait le député de Belleville. Que nous aurions beau jeu si nous voulions retourner aujourd'hui ces paroles contre celui qui les a prononcées. Il seyait bien au futur dictateur de Tours et de Bordeaux, à celui-là qui allait bientôt se montrer si prodigue du sang français et si peu parcimonieux de nos finances, de se permettre de pareilles critiques !

Mais les exigences de M. Gambetta allaient plus loin encore. Ce qu'il osait demander au Gouvernement et à la Commission ce n'était pas « la dépêche de M. Benedetti, ni la dépêche d'un de nos agents, c'était la note qui avait été envoyée par M. le comte de Bismarck à tous les cabinets de l'Europe ».

M. E. Ollivier croyait devoir répondre à ces extravagantes prétentions :

« C'est la première fois, disait le garde des sceaux, qu'on rencontre dans une Assemblée française, d'un certain côté, tant de difficultés à expliquer une question d'honneur.

» ..... Que serions-nous donc, si, en présence de l'Europe, dont nous invoquons le témoignage, nous avions eu la sottise et l'impudeur d'alléguer comme prétexte un fait inexact ? Mais pour qui nous prenez-vous donc ? Vous me parlez de dépêche, je vous parle d'un acte connu de l'Europe entière.

» J'ai fait passer sous les yeux de la Commission qui l'atteste les pièces authentiques. »

« Parfaitement ! » s'écrient à la fois MM. d'Albuféra, de Talhouët et de Kératry.

« *Nous avons eu*, ajoutait le rapporteur de la Commission, *les dépêches de quatre ou cinq de nos représentants qui reproduisent ce document presque exactement dans les mêmes termes* »

On nous permettra de trouver au moins étrange qu'après ces affirmations géminées, émanant d'hommes aussi considérables, M. Saint-Marc Girardin ait cru pouvoir écrire les lignes suivantes à la fin du chapitre vii de son rapport :

« Cette dépêche expédiée par M. de Bismarck à toutes les cours de l'Europe, cette dépêche dont la nouvelle reçue le 14 au soir en conseil des ministres avait bouleversé toutes les résolutions pacifiques et décidé brusquement la déclaration de guerre, le gouvernement français n'en avait point reçu de copie de ses agents du dehors. Il avait su seulement par leur entremise qu'elle existait et la commission du Corps législatif n'avait su non plus son existence que par la mention qu'en faisaient nos agents. »

Une pareille allégation nous autoriserait à conclure que M. Saint-Marc Girardin a négligé, avant de rédiger son rapport, de se reporter au compte rendu officiel des séances du Corps législatif, ou qu'il a cru pouvoir révoquer en doute les affirmations réitérées de MM. d'Albuféra, de Talhouët et de Kératry et de tous les membres de la commission choisie par la Chambre.

La discussion était désormais close et épuisée dans l'Assemblée. Il ne s'agissait plus que de procéder au vote sur les projets de loi déposés par le Gouvernement et approuvés à l'unanimité par la Commission.

Le ministre de la guerre avait demandé un crédit de 50 millions par son département. L'Assemblée le lui accorda par 245 voix contre 10. Les opposants étaient MM. Arago, Desseaux, Esquiros, Jules Favre, Gagneur, Garnier-Pagès, Glais-Bizoin, Jules Grévy, Ordinaire et Pelletan.

Les autres propositions relatives au crédit demandé par la marine, à l'appel à l'activité de la garde mobile et aux engagements volontaires étaient votés à l'unanimité moins une voix. Cette voix était celle de M. Glais-Bizoin. Les autres membres de la gauche avaient eu cette fois la pudeur de s'abstenir de prendre part au vote.

Nous avons vu plus haut avec quel enthousiasme presque délirant le Sénat avait accueilli la déclaration du Gouvernement dont M. de Gramont lui avait donné lecture le 15 juillet. Dans la séance du lendemain, les projets de loi du Gouvernement étaient adoptés à l'unanimité par la haute assemblée. Après un rapport de M. le président Rouher qui était ainsi conçu :

« Le ministre des Affaires étrangères, disait le président du Sénat, s'est rendu dans le sein de la Commission. Il lui a exposé avec étendue et en lui donnant lecture de toutes les dépêches importantes, la conduite des négociations entamées alors depuis le 6 juillet avec le roi de Prusse.

» Votre Commission a reconnu à l'unanimité que ces négociations avaient été suivies avec fermeté et modération de la part de la France. (*Assentiment.*) Tout les griefs signalés par la déclaration du Gouvernement lui ont paru à la fois fondés et légitimes. (*Nouvel assentiment.*) Elle a constaté notamment avec une émotion indignée, qu'une dépêche du ministre des Affaires étrangères de Prusse, communiquée aux diverses puissances, dénaturait une situation déjà tendue et regrettable en déclarant que le roi Guillaume aurait refusé de recevoir notre ambassadeur.

» Nous nous disposions à retracer les principaux points de ces faits diplomatiques, lorsque le bruit non officiel s'est répandu d'une violation par les troupes prussiennes de notre territoire à Sierck. (*Mouvement d'indignation, protestations énergiques.*)

» Disons qne la responsabilité de la guerre n'appartient pas à ceux qui la déclarent pour défendre leur dignité, mais à ceux dont l'ambition inquiète porte atteinte à la sécurité d'une autre nation et jette le trouble dans les intérêts du monde (*Applaudissements.*) »

On nous permettra maintenant de tirer du long exposé qui précède, les conclusions qu'il comporte.

La politique du gouvernement impérial a reçu de la part des Chambres françaises, l'adhésion la plus franche et la plus complète. Non contents d'avoir, après un examen scrupuleux des documents produits, hautement approuvé la conduite du cabinet, le Corps législatif et le Sénat allaient se rendre auprès du souverain et déposer aux pieds du trône l'hommage et l'expression de leurs vœux pour la réussite d'une entreprise à laquelle ils s'étaient si pleinement associés.

Nous verrons bientôt que la France, après ses représentants, avait accueilli les déclarations du Gouvernement avec un enthousiasme qui allait presque jusqu'au délire.

L'appel aux passions venait non du Gouvernement, mais, comme M. Saint-Marc Girardin a été obligé de le confesser dans son rapport, le cri de guerre était sorti des entrailles mêmes de la nation. « Ce n'est pas l'Empereur Napoléon III, disait le *Soir*, journal de M. About, ce n'est pas Napoléon III qui a déclaré la guerre actuelle, c'est nous qui lui avons forcé la main. »

Nous avons montré plus haut par quels moyens honteux et désavouables M. de Bismarck, qui voulait la guerre à tout prix, était parvenu à surexciter à ce point l'état des esprits en France. Le Gouvernement, placé entre ces courants dangereux, malgré ses intentions pacifiques indéniables, avait été fatalement entraîné à une guerre qu'il ne désirait pas et dont, dans tous les cas, sa politique n'avait nul besoin. Nous sommes donc plus autorisé que jamais à renvoyer à qui de droit, c'est-à-dire à la Prusse, la responsabilité de la guerre de 1870.

CHAPITRE IX

La candidature Hohenzollern devant la Presse française en 1870

> « Si la Prusse refuse de se battre, nous la contraindron‌s
> à coups de crosse dans le dos de passer le Rhin et de vi-
> der la rive gauche. »
>
> (Émile de Girardin. — *Liberté.* — Juillet 1870.)

> « Si un prince prussien était placé sur le trône d'Es-
> pagne ce n'est pas jusqu'à Henri IV seulement, c'est jus-
> qu'à François I‍er que nous nous trouverions ramenés en
> arrière. »
>
> (*Le Temps.* — Juillet 1870.)

> « Les Hohenzollern en sont venus à ce point d'audace
> qu'il ne leur suffit plus d'avoir conquis l'Allemagne, ils
> aspirent à dominer l'Europe. — Ce sera pour notre époque
> une éternelle humiliation que ce projet ait été, nous ne
> dirons pas entrepris, mais seulement conçu. »
>
> (François-Victor Hugo. — *Rappel.* — Juillet 1870.)

La presse a conquis, dans ces temps derniers, au sein
des nations civilisées un rôle prépondérant que des esprits sensés ont pu regretter, mais qu'il n'est plus permis de nier. En France surtout, où suivant le mot de
Balzac, « une petite phrase peut faire une grande révolution », le journalisme est arrivé à l'apogée de sa force et
de sa puissance. Le Français, en thèse générale, trouve
plus commode d'avoir un journal qu'une opinion. S'autorisant de ce travers national, chacun des nombreux

organes de publicité qui, chez nous, se disputent les faveurs de l'opinion publique; peut être considéré comme l'écho des aspirations d'une fraction quelconque du pays. Il arrive cependant parfois que, dans des circonstances graves et solennelles, le patriotisme impose silence aux passions politiques qui sont d'ordinaire une si grande cause de désaffection et de désunion entre les membres d'une même nation.

La presse devient alors l'interprète autorisé et retentissant des sentiments d'un peuple tout entier.

Ce phénomène, trop rare hélas ! s'est produit en France en juillet 1870. Il nous sera aisé d'en fournir la preuve par de nombreuses et intéressantes citations empruntées aux journaux français. Le présent chapitre n'a d'autre but que de dépeindre l'attitude de la presse française avant et après la renonciation du prince Léopold à la couronne d'Espagne.

LA PRESSE FRANÇAISE AVANT LA RENONCIATION DU PRINCE LÉOPOLD

« En admettant aujourd'hui que la Prusse dégage à la fois son intérêt et sa responsabilité dans la candidature du prince de Hohenzollern : c'est-à-dire, qu'elle prouve qu'elle n'y a pas trempé, qu'elle ne veut pas le soutenir et qu'elle le désavoue, LA FRANCE EST EN DROIT D'EXIGER PLUS. Se voyant berné, trompé, joué par la Prusse, le gouvernement français doit EXIGER DES GARANTIES... Le concours que le Gouvernement peut attendre du pays a été caractérisé par les applaudissements de la Chambre devant les déclarations de M. de Gramont. La gauche elle-même, qui le premier jour avait montré de la prudence et même de l'hostilité, a dû céder *devant la libre manifestation de l'opinion publique*. Et dans les paroles que M. Garnier-Pagès a prononcées samedi dernier, on a fort remarqué qu'il avait évité toute allusion au gouvernement français pour rejeter la responsabilité de la situation sur M. de Bismarck et le maréchal Prim. — *Jules Richard.* »   · (*Le Figaro.*)

« Nous espérions que le gouvernement français ne pourrait sans trahison vis-à-vis de la France supporter un jour de plus les agissements prussiens. On pourrait pardonner au cabinet d'avoir manqué à ses promesses, ravivé nos colères, on ne lui pardonnerait pas de n'avoir pas su être Français. »

(Le *Gaulois*. — Hector Pessard.)

« *Pour la première fois depuis le* **23** *février, le ministère a parlé aujourd'hui le seul langage digne d'un cabinet français,* digne du pays qui l'écoutait... Si nous avions supporté ce dernier affront, IL N'Y AVAIT PLUS UNE FEMME AU MONDE QUI EUT ACCEPTÉ LE BRAS D'UN FRANÇAIS.

» Aujourd'hui l'honneur est sauf ! Si la paix peut être maintenue, tant mieux. Mais si la guerre est le résultat de la combinaison Prim-Bismarck, tant mieux encore...» .

(*Le Gaulois.*)

L'HONNEUR EST SAUF ! (Article de M. Pessard.)

« Il n'y avait plus de gauche ouverte, il n'y avait plus de droite, il n'y avait plus de centres. Il n'y avait plus dans la Chambre que des Français !...

» Toute la Chambre se lève et bat des mains. Les tribunes elles-mêmes appuient la manifestation : les dames agitent leur mouchoir ; les hommes crient hourra ! — L'émotion est indescriptible.

» Si les intentions de M. de Bismarck sont pures... il n'en coûtera rien au monarque prussien de DONNER PU-

BLIQUEMENT LE DÉSAVEU QUE NOUS SOMMES EN DROIT D'AT-
TENDRE DE LUI. S'il résiste, s'il polémique, quelle preuve
plus décisive exigera-t-on de son parti pris de nous
blesser et de nous traiter comme des principicules tu-
desques ?

» Nous ne demandons rien que les précédents ne con-
sacrent. Rien de plus. Mais aussi *rien de moins*. —
H. Pessard. »

(*Le Gaulois*. — Echos des Chambres.)

Le cabinet des Tuileries avait des raisons de se montrer susceptible que le cabinet de Berlin ne saurait invo-
quer. Si M. de Gramont n'avait pas parlé, on aurait pu
croire, à la fin, que toute la politique de la France était
dans la résignation et dans l'effacement. — *H. Depasse.* »

(*Le Journal de Paris*).

« Nous ne sommes pas de l'avis du *Constitutionnel*, nous
pensons qu'il resterait à la France et à l'Europe à demander au cabinet de Berlin des garanties qui le lient
étroitement. »   (*La Liberté*. — L. Détroyat).

« Nous ne pouvons avoir de doute, car les hésitations
de la Prusse prouvent qu'elle ne cèdera que devant la
peur.

» Qu'attendons-nous donc ?

» Prenons un parti un parti énergique, c'est le seul qui
convienne à la France.

» Comme nous l'avons dit hier, comme nous le dirons
demain, s'il le faut, nous disons encore aujourd'hui :

» Finissons-en ! »   (*La Liberté*. — L. Détroyat).

« Mais plutôt que de compromettre l'œuvre de M. de
Bismarck, la Prusse refusera de se battre ?

» — Eh bien ! à coups de crosse dans le dos, nous la

contraindrons de passer le Rhin et de vider la rive
gauche. »   (*La Liberté. —* Emile de Girardin).

« Autant il nous a paru que nous devions nous montrer
réservés tant que l'action de la Prusse se renfermait en
Allemagne, autant nous devons nous montrer susceptibles dès que nous apercevons cette action s'exerçant
dans des conditions suspectes parmi le groupe des nations latines.

» En restant sur ce terrain, le Gouvernement peut tenir,
comme il a tenu en effet, un langage haut et ferme. Il
aura toute la France derrière lui... M. de Bismarck passe
toutes les bornes ; s'il veut conserver la paix, qu'il re-
cule. Quant à nous, nous ne le pouvons plus. — *Ad. Guéroult.*   (L'*Opinion Nationale*).

« La situation morale de la France atteinte déjà, déjà
diminuée par plus d'un échec, était hier menacée. Subir
et se taire, c'était abdiquer... Il y a des moments où
l'audace et le courage sont le comble de la prudence
pour ma part, je crois qu'hier nous en étions là. —
Ad. Guéroult. »

(L'*Opinion Nationale* de M. Guéroult).

« Nous sommes convaincus que la Prusse cédera... La
victoire morale sera donc complète. Si nous étions capables de plus de vanité que d'orgueil, le triomphe nous
serait facile. Notre diplomatie humiliée par nos agents
serait relevée par notre politique. Nous aurions interrompu cette période d'abaissement dans laquelle nous
étions entrés en 1866, et le résultat apparent dépasserait
l'espoir que nous avions conçu.

» Mais après ?

» Est-ce que les incidents de la politique peuvent s'isoler ? Est-ce que les prétentions du prince de Hohenzol-

lern ne se rattachent pas à l'affaire du Saint-Gothard, comme cette question se rapportait elle-même à la querelle du Luxembourg? Est-ce qu'elles n'annoncent pas, pour l'avenir, de nouvelles entreprises dictées par le même esprit de convoitise ? — *De La Ponterie.* »*

(La Presse).

« Les Hohenzollern en sont venus à ce point d'audace qu'il ne leur suffit plus d'avoir conquis l'Allemagne, ils aspirent à dominer l'Europe. Ce sera pour notre époque une éternelle humiliation que ce projet ait été, nous ne dirons pas entrepris, mais conçu. »

(Le Rappel de François-Victor Hugo.)

« Jeter la perturbation dans les affaires, inquiéter la France entière, sonner de la trompette, battre du tambour, armer son fusil, tout cela avant d'être certain qu'il y a lieu d'armer son fusil, de battre du tambour et de sonner de la trompette, cela est le comble de l'absurdité. « Ils sont fous, » *disait hier la Gazette de Cologne.* — *Lockroy.* »

(Le Rappel.)

«...... Parions que le Hohenzollern est un beau matin installé en Espagne, sans plus de tambours ni de trompettes que son cousin n'en a employés pour prendre possession de la Roumanie.

» Deux bien jolis succès : ça et le Saint-Gothard !

» *Mais vous êtes investis, mes braves gens !*

» La Prusse à Forbach, la Prusse derrière le Rhin, à Kèhl, la Prusse derrière les Alpes, la Prusse derrière les Pyrénées.

» Ceux qui aiment la Prusse peuvent se régaler, on en a mis partout.....

» Les éclats de rire rouleront à droite, à gauche, au

nord, au midi, à la frontière luxembourgeoise, derrière Wissembourg, sur le Rhin, sur les Alpes, sur les Pyrénées, partout.

» Si c'est cela la revanche de Sadowa, eh bien ! elle est complète...

» Ah ! nous les avons, vienne un revers, on fera appel à ce bon, à ce brave peuple, qui a toujours fait son devoir : on fera de belles proclamations. Mais le peuple se rappellera alors que vous l'avez canardé à Aubin, à la Ricamarie, cerné au Creuzot, assommé sur les boulevards et dans les faubourgs, qu'en ce moment même vous essayez de l'écraser avec l'*Internationale,* et, *dédaigneux il vous répondra :*

» — *Je ne vous connais pas !*

» Le peuple, lui, n'a rien à craindre.

» Le jour où il a la puissance entre les mains, il n'a pas plus besoin des finasseries diplomatiques que du déploiement des gros bataillons pour faire respecter la chose publique.

» Il a fait voir aux fameux tacticiens de l'école de Frédéric comment, avec des soldats improvisés, on battait les armées régulières.

» Mais quand il trouve ces élans irrésistibles, *ce n'est jamais pour sauver les dynasties qui croulent, c'est pour faire respecter sa république à lui.* »

(Le Réveil. — Article de M. Siebecker).

« Si M. de Gramont n'a pas en sa possession le dossier de l'affaire et que M. de Bismarck ainsi que le roi Guillaume lui répondent par une fin de non-recevoir ; s'ils déclarent qu'ils ne savent pas le premier mot des négociations, qu'ils ne les ont apprises, comme le gouvernement français, que par les informations des journaux, que répondra le cabinet des Tuileries ?

» La Prusse ne sera-telle pas dans son droit, en demandant une satisfaction *que le gouvernement français ne pourra lui refuser,* TOUS LES TORTS ÉTANT DE SON COTÉ ? — *E. Favre. »*   (*Le Réveil*).

« Malgré cela, nous pensons que, *comme son intérêt personnel* pourrait en souffrir, le chef de l'Etat *n'engagera pas facilement une guerre contre l'Europe entière,* unie contre nous dans un même sentiment, grâce aux habiletés de la politique bonapartiste, *et qu'il n'hésitera pas, comme après Sadowa, comme après l'affaire de Luxembourg,* à désavouer les trop belliqueuses déclarations de son ministre. Peu importe au ministère une humiliation de plus ou de moins ; et notre diplomatie, partout dupée depuis dix ans, n'aura que peu à perdre à ce nouvel échec. — *E. Richard. »*   (*Le Réveil.*)

« Nous savons aussi bien que personne que, fidèle aux traditions envahissantes de sa race, enivrée de ses faciles victoires de 1866, la maison de Hohenzollern aspire à fonder sa grandeur sur l'anéantissement de la liberté européenne, et qu'elle ne poursuit pas d'autre but en soumettant d'abord l'Allemagne entière à son hégémonie. *Aussi vienne le jour où ne relevant alors que d'elle-même, la France aurait à se défendre de ses attaques, et l'on verra si la Démocratie n'est pas la première au combat. Jusque-là, son unique, son impérieux devoir est de conjurer des conflits* préparés par les rois et dont l'issue, quelle qu'elle soit, ne peut être que défavorable à la liberté, puisque la victoire, où qu'elle se portât, ne servirait que le militarisme monarchique. — *Delescluze.»*   (*Le Réveil.*)

« La France enlacée sur toutes ses frontières par la Prusse et par les nations soumises à son influence se trouverait réduite à un isolement pareil à celui qui mo tiva les longues luttes de notre ancienne monarchie contre la maison d'Autriche. La situation serait à beaucoup d'égards plus grave qu'au lendemain des traités de 1815. »   (Le *Siècle.*)

« Quoi ! on permettrait à la Prusse d'installer un proconsul sur nos frontières d'Espagne ! mais alors nous sommes trente-huit millions de prisonniers. »
                                        (Le *Soir* de M. About.)

« Nous nous trouvons très souvent en communauté avec l'opposition de gauche. Nous poursuivons, croyons-nous le même but... aussi éprouvons-nous un vif chagrin chaque fois que nous devons, au nom du sens commun, nous séparer d'hommes dont nous partageons d'ailleurs les sentiments généreux.

» MM. Crémieux et Arago se sont trompés dans la séance d'hier sur le rôle réservé à l'opposition dans le Corps législatif, et aujourd'hui M. Glais-Bizoin a essayé de prouver qu'il serait en état de commettre les mêmes erreurs. Nous n'en avions jamais douté pour notre part. Le premier devoir pour l'opposition libérale en France est d'être D'ACCORD AVEC LE SENTIMENT POPULAIRE...... Il est inique et anti-national d'entraver l'action du Gouvernement, lorsqu'il semble décidé à tenir d'une main ferme le drapeau qui lui a été confié. Dans les attaques de cette nature, l'opposition aura peu d'écho sur notre sol. Ce sont des maladresses qui compromettent son recrutement et préparent les plébiscites impériaux de l'avenir.

» Le ministre des Affaires étrangères est venu faire une déclaration en termes très nets, très catégoriques sur un fait brutal, dans le plus bref délai. L'opinion n'a pas eu le temps d'être saisie de la question, que déjà les représentants du pays étaient prévenus officiellement des intentions du Gouvernement. Cette manière d'agir est

nouvelle pour nous, *et comme c'est là ce que nous deman-
dions, il y a peu de jours encore* avec plusieurs organes
de la gauche, nous avons lieu de nous montrer très satisfaits. — *Louis Outrebon.* »   (*Le Soir.*)

» *Quoi qu'il arrive*, tout est pardonné. Le *Soir* l'a dit et
les députés qui sont là, jugent que le *Soir* a bien raison :
il faut soutenir les ministres ! M. Emile Ollivier et M. de
Gramont sont deux hommes de cœur qui ont enfin parlé
français !

» Sauf deux ou trois « citoyens du monde » (entre autres
M. Crémieux) tout le monde est pour le cabinet. *Dans la
gauche même on dit aujourd'hui comme hier que les deux
ministres ont tenu le seul langage qui fût honorable en un
pareil moment.* Les gens raisonnables sont convaincus
que si la guerre peut être évitée, elle le sera par l'énergie
du gouvernement français. *La moindre hésitation et l'on
perdait tout.* Mais c'est dans ces occasions que le vrai
Ollivier se retrouve. Il a bien mérité de la patrie (9 juillet).

» Un mot du Gouvernement, un signe, et la France
entière marchera, sauf M. Garnier-Pagès, le père du
peuple !

» *La gauche se tue depuis deux jours.* Elle a beau faire,
tous les députés, sauf sept ou huit, voient clair dans son
jeu et répètent à tout venant que la gauche eût crié au
déshonneur si le ministère avait cédé. Le Gouvernement
résiste, elle crie à la témérité. Dans un pareil moment,
c'est pitoyable ! Un peu d'union et la paix était faite. Si
la guerre éclate, la gauche l'aura certainement provoquée. Ces prétendus héritiers de la Convention sont singulièrement loin de leurs pères !

» Et les journaux ! Avez-vous lu ces attaques violentes,
avez-vous lu ces apologies formelles de la politique
prussienne ? Cela fait lever le cœur à ceux qui en ont,
comme on dit. *Avez-vous aperçu l'alliance subite du rou-*

hérisme et de la politique des trois tronçons avec l'eunu-
chisme traditionnel de certaines feuilles majestueusement
viles ? Prim est un héros, Bismarck est un Dieu ; mais nos
ministres sont des sots et pis que cela ; M. de Gramont
un sot ; M. Emile Ollivier un sot ; et nous autres chauvins,
de parfaits imbéciles. Nous voulons que notre pays sub-
siste, nous voulons que la France compte, nous combat-
tons non pas même pour l'honneur, mais pour la vie.
Evidemment nous sommes des fous et ces gens d'esprit
nous plaisantent (9 juillet). »

(*Le Soir*. — Echos de la Chambre).

« Si un prince prussien était placé sur le trône d'Espagne, ce n'est pas jusqu'à Henri IV seulement, c'est
jusqu'à François Iᵉʳ que nous nous trouverions ramenés
en arrière. »   (*Le Temps*.)

« Cette déclaration, était hier au soir dans les cercles
et dans les lieux publics, l'objet de toutes les conversations : le ferme langage du Gouvernement était unanimement approuvé et même applaudi. Nos ministres ont été
dans cette circonstance les organes contenus de l'opinion
publique. »   (L'*Union*.)

« Cette déclaration était hier soir, dans les cercles et les
lieux publics, l'objet de toutes les conversations. Le
ferme langage du gouvernement *était unanimement ap-*
prouvé et même applaudi. Les agents prussiens pourront
donc faire savoir à S. M. Guillaume et à M. de Bismarck
que nos ministres ont incontestablement été, dans cette
circonstance, *les organes* CONTENUS *de l'opinion générale.* »

(L'*Univers* de M. Veuillot.)

« Nous sommes de ceux qui applaudissent à la ferme

attitude adoptée par le Gouvernement. Nous sommes soulagés de nous sentir enfin redevenus Français. Toutes les âmes patriotiques ont salué comme la Chambre la déclaration du pouvoir en y retrouvant avec joie le vieil accent de la fierté nationale. Si l'on réfléchit que les sentiments dont l'explosion vient de retentir étaient comprimés depuis quelques années dans toutes les poitrines, on ne s'étonnera pas que le Gouvernement lui-même ait cédé à l'entraînement universel. »

(Le *Correspondant*. — Léon Lavedan.)

LA PRESSE FRANÇAISE APRÈS LA RENONCIATION
DU PRINCE LÉOPOLD.

Nous avons vu avec quelle insistance et quelle amertume M. Thiers, au cours de la séance du 15 juillet, reprochait au Gouvernement de ne s'être point contenté du retrait de la candidature Hohenzollern tel qu'il s'était produit. Nous allons établir maintenant combien le sentiment public était différent de celui de l'éminent orateur sur cette grave question.

La France ne désire pas la guerre, mais elle ne la redoute pas.

On l'a, par une provocation, fait sortir de son calme et de son assiette. Elle veut des garanties. Le ministère comprendrait mal le caractère français si, après avoir ressenti si vivement et si promptement l'injure faite à la France, il se contentait, comme on le dit ce soir, de satisfactions banales, évasives et sans certitude d'avenir.

Le ministère ne doit être ni guerrier, ni pacifique, ni cassant, ni facile. Il doit être Français et agir en Français. D'ailleurs, tandis que les Prussiens ont intérêt à gagner du temps, nous avons intérêt à n'en pas perdre. — *J. Richard.* (*Le Figaro.*)

Etait-il donc besoin de mettre en jeu l'honneur national ? — Non. D'ailleurs, que le cabinet et que le chef de l'Etat y songent, si l'accord se fait entre la France et la Prusse, sans autre satisfaction pour la première fois que l'abandon par le prince Hohenzollern de sa candidature au trône de l'Espagne, la Prusse y gagnera l'adhésion de la France aux infractions qu'elle a faites au traité de Prague. — *J. Richard.* (*Le Figaro*).

Que fera le ministère aujourd'hui ?

La guerre ou la paix ?

Ni la paix ni la guerre. Si nous sommes bien informé, et nous croyons l'être, si l'indignation qui prend tous les Français au cœur devant les incapables et les naïfs qui, dans un jour de folie, ont rêvé de gouverner leur pays, n'éclaire pas en haut, demain le cabinet du 2 février déclarera que, sans être satisfait des événements, il n'en est pas mécontent, que la Prusse s'est exécutée sur le seul point qu'on lui eût indiqué, qu'il n'y a donc pas lieu de continuer l'incident... L'honneur et le sort de la France sont confiés désormais au patriotisme et à la prudence du Corps législatif et du Sénat.

Nous ne comptons plus, pour terminer l'affaire honorablement, que sur les grands corps et le chef de l'Etat... et sur la nation.— *J. Richard.* (*Le Figaro.*)

Si le gouvernement ne s'est pas contenté d'un désistement qui étouffait comme en secret cette candidature, et s'il a demandé à la Prusse de ROMPRE OUVERTEMENT le dessein auquel il avait eu tort de mettre la main, il n'y a encore dans cette démarche rien que l'Europe ne doive comprendre et *approuver*. — *Thureau-Dangin.*

(*Le Français.*)

Paris a donné hier, la France donnera aujourd'hui le spectacle d'une grande nation plongée *dans la stupeur*, par une nouvelle qu'on salue ordinairement par des cris de joie.

Le maintien possible de la paix a produit l'impression qu'on ressent en apprenant que la guerre vient d'être déclarée.

Les cœurs se sont serrés.

Pourtant, en fait, une apparente satisfaction semble nous être donnée.

Nous avons interdit à la Prusse de placer ses princes sur les trônes vacants. Le prince de Hohenzollern se désiste, et malgré la hauteur de nos déclarations, le roi Guillaume cédera, dit-on, si ce n'est déjà fait.

C'est une victoire, disent les ministériels, une victoire morale, c'est Sadowa entamée, c'est la France ayant repris un certain rang dans le monde.

Et on est triste et sombre !

C'est que les masses, dix fois plus intelligentes que nos gouvernants, comprennent avec leur instinct profond que cette victoire pacifique coûtera, par ses conséquences fatales, PLUS DE SANG A LA FRANCE QUE DIX BATAILLES RANGÉES.

Bien des heures se sont déjà écoulées depuis le moment où la dépêche annonçant le désistement du prince de Hohenzollern a été communiquée aux députés et aux curieux qui assiégeaient le Corps législatif. Chacun a pu, depuis, rentrer en soi-même, s'interroger et examiner avec calme si la solution inattendue, communiquée par M. Emile Ollivier, n'était pas un bonheur pour tout le monde.

Eh bien, nous osons affimer que les consciences, en proie au plus douloureux combat, ont répondu que de tous les maux le moindre était encore la lutte à bref

délai, puisque la paix, si elle était faite dans les conditions annoncées aujourd'hui dans les couloirs du Corps
législatif, serait une paix sans lendemain.

Et puisque, pour une raison quelconque, par faiblesse
ou par imprudence, le cabinet n'a pas rempli sa mission,
nous espérons que le Corps législatif fera son devoir et
que le sentiment national, de son expression modérée,
ne sera pas blessé deux fois en deux jours. — *H. Pessard.*   (*Le Gaulois*).

Les conditions dans lesquelles triomphe le Gouvernement sont telles, que M. Emile Ollivier n'a pas cru devoir en parler hier à la tribune, c'est dans un couloir de
la Chambre et à la salle des Pas-Perdus qu'il a jeté aux
députés la nouvelle pacifique.

La salle des Pas-Perdus était bien, en effet, le meilleur
endroit pour proclamer ce résultat. Les pas et les démar-
ches qu'on a fait si anxieusement depuis huit jours
étaient bien inutiles, s'il ne s'agissait que d'obtenir le
simple désistement du prince Charles, confirmé par son
père Antoine et accueilli par le roi de Prusse.

La France entière pensait que le Gouvernement, ayant
résolu de prendre sa revanche de Sadowa, croyait le moment venu d'engager une partie sérieuse contre la
Prusse; on prenait le différend hispano-prussien pour
un prétexte, car il en faut toujours un, et l'on croyait à
une guerre prompte, *énergique et réparatrice...*

Mais il faut rendre cette justice à M. le comte de Bismarck : toutes les nouvelles arrivées depuis trois jours à
Paris affirmaient que le ministre prussien n'a pas douté
un seul instant de la paix. Il a jugé du premier coup nos
hommes d'Etat à l'œuvre; il sait ce qu'on peut attendre
d'eux, en dépit des apparences.

C'est très fort. — *G. Janicot.*
                         (*La Gazette de France*).

Puisque le point unique de nos réclamations nous est acquis, à savoir, que le prince Léopold ne sera pas roi d'Espagne de quoi peut-il être encore question? Evidemment, ou M. de Gramont n'a pas tout dit, ou on ne négocie plus que pour la forme et pour obtenir de la Prusse une déclaration *qui confirme le caractère définitif* de la renonciation, du prince Léopold. Cette déclaration, *la Prusse qui n'a aucun intérêt, pas même un intérêt de dignité, à la refuser, n'hésitera pas à le faire,* et M. de Gramont l'apportera, sans doute, demain au Sénat et au Corps législatif, avec la pensée d'en tirer parti pour donner le change à l'opinion publique sur la déplorable façon dont toute cette affaire Hohenzollern a été conduite.

Mais l'opinion publique ne se laissera pas facilement abuser. — *G. Janicot.*   (*La Gazette de France*).

M. Arago disait hier : « Si les questions posées par le Gouvernement sont complexes et de nature à soulever d'autres discussions que l'incident Hohenzollern, nous serions malheureusement obligés de les considérer comme offrant d'autres prétextes une déclaration de guerre. »

Le mot de prétexte employé par M. Arago a le sens que voici : Le gouvernement veut la guerre. Le conseil donné par M. Arago équivaut à celui-ci : L'incident Hohenzollern doit rester isolé.

Nous ne partageons pas cet avis.

Nous qualifiions hier de maladresse l'acte de la Prusse autorisant le prince Léopold à accepter le trône d'Espagne, parce que cet acte a fourni à la France l'occasion de s'occuper d'affaires qui lui étaient habilement closes jusqu'ici. — *H. Vrignault.*   (*La Liberté.*)

A qui restera la victoire? Au roi de Prusse, si le cabinet ne tombe pas. A la France, si le cabinet tombe.

Après la double déclaration faite par M. le duc de Gramont devant le Sénat et ls Corps législatif, après l'accueil glacial dont le langage du Gouvernement a été l'objet de la part des deux Assemblées, le bruit s'est répandu de la démission partielle du cabinet.   (*La Liberté.*)

Les journaux *prussiens* continuent à célébrer la victoire remportée par le cabinet du 2 janvier.
(*La Liberté.*)

La renonciation du prince de Hohenzollen est-elle une solution? Nous ne le croyons pas... La candidature Hohenzollern était une injure ajoutée à d'autres injures, c'était la goutte d'eau qui fait déborder le verre. La goutte d'eau est retirée, mais le verre reste plein, plein des bravades de la Prusse, de ses menaces contre la paix de l'Europe et l'honneur de la France, et tant que le verre ne sera pas vidé jusqu'à la dernière goutte le danger sera imminent. Nous désirons la paix plus que personne; c'est pour cela que nous la voulons certaine, glorieuse et fortifiée des garanties qui en assurent la durée... A la déclaration faite par M. de Gramont, toute la France avait répondu. Les partis avaient, spectacle rare, oublié leurs querelles... Les occasions perdues ne se retrouvent pas. Voilà pourquoi nous sommes en droit de *demander au Gouvernement* de ne pas cette fois se contenter de promesses, d'espérances, mais d'EXIGER DES GAGES . — *A. Ravelet.*   (*Le Monde.*)

Ainsi le roi de Prusse refuserait de rassurer la France, de rassurer l'Europe par une déclaration nette et précise; nous n'avons pas besoin de dire à quel point cette déclaration serait grave, combien ce refus rendrait illusoire la renonciation du prince Léopold et *combien, en pareil cas, la guerre serait inévitable.* — *G. Seigneur*
(*Le Monde.*)

7

La France manifeste pour la guerre un enthousiasme extraordinaire. Partout, au Sénat, au Corps législatif, à LA BOURSE, AU PALAIS, DANS LES ÉCOLES, dans la rue, les mêmes sentiments se manifestent, les mêmes cris retentissent... Le sentiment populaire est là puissant, s'échauffant d'heure en heure et FORMANT UN COURANT IRRÉSISTIBLE. (*Le Monde.*)

C'est une paix *sinistre* que celle dont on nous parle depuis vingt-quatre heures.

Pourquoi ne nous parle-t-on pas de cette réponse prussienne, puisqu'elle est arrivée ?

Pourquoi ne la publie-t-on pas aussi bien que le télégramme du père Antoine ?

Pourquoi, par ce silence singulier, laisser croire que cette réponse est taillée sur le patron des derniers articles des feuilles prussiennes ?

Pourquoi laisser supposer que le roi Guillaume n'a pas d'explications à donner sur un fait qui n'existe plus.

Espère-t-on que la joie que le pays va éprouver par suite de la prudence montrée par le père Antoine n'en demandera pas davantage, et passera facilement sur les termes de la réponse, qui porte probablement des traces de la griffe de M. de Bismarck ?

Non ! le pays ne se laissera pas leurrer.

Il veut la paix, mais il veut une paix solide et assurée.

Il ne veut plus d'une paix armée et ruineuse telle que celle que lui impose l'ambition prussienne. (*Le National.*)

Depuis hier, toutes les feuilles amies du Gouvernement répètent à l'envi que la paix est faite, que le différend est terminé, et qu'il faut se réjouir; cependant personne ne se réjouit personne n'est rassuré. Ce drame qui commence par une tragédie, pour finir comme une opérette, *ne satisfait personne.* L'opinion demeure *triste, désappointée, inquiète.*

Après avoir porté solennellement à la tribune les griefs de la France, avoir surexcité la susceptibilité nationale, avoir fait entrevoir une lutte terrible, puis, finir par emprunter à l'agence Havas le désistement du père Antoine, sans même que la Prusse ait consenti à sortir de son attitude de neutralité affectée, tout cela est triste, et, disons-le, un peu ridicule. — *Ad. Guéroult.*

(L'Opinion Nationale.)

En voyant le gouvernement français repousser avec tant de hauteur et de fermeté, l'intrigue Hohenzollern, nous nous étions dit : la France ne veut plus de la politique de concessions. Elle renonce à une patience mal récompensée, et veut profiter d'une mine éventée à propos, pour régler ses comptes avec la Prusse, et la faire rentrer, de gré ou de force, dans l'observation des traités.

La France presque entière, croyons-nous, l'avait compris de la sorte. *De là l'adhésion donnée à la crânerie du cabinet, et l'espèce d'allégresse avec laquelle on allait audevant d'une guerre dont la gravité, pourtant, n'échappait à personne.*

On nous dit aujourd'hui que nous avons la paix. Quelle paix? Qu'avons-nous obtenu de la Prusse ? Quel désaveu du passé ? quelles garanties pour l'avenir? Rien. Le candidat prussien lui-même reste dans la coulisse ; c'est son papa qui vient nous annoncer son désistement. — *Ad. Guéroult.*   (*L'Opinion Nationale.*)

Qui diable se serait douté que nous aboutirions à ce joli résultat !

Quoi ! tant de rodomontades pour sortir par le trou de de la serrure?

M. de Bismarck nous a encore joués par-dessous jambe. Heureusement que nous y sommes habitués.

Evidemment la candidature espagnole était pour le gouvernement français une occasion excellente, et qui ne se retrouvera plus, de rappeler à la Prusse qu'il existe une France frémissante depuis Sadowa.

Mais si l'on voulait arriver à un résultat pratique, il fallait, dès le début, agrandir la question et la faire prussienne en même temps qu'espagnole. Vous nous jetez un candidat de votre famille dans les jambes, nous profitons de l'incident pour vous demander un règlement de comptes.

A une question ainsi posée, la Prusse était obligée de répondre par un *oui* ou par un *non*. Nous avions une paix assurée ou la guerre immédiate; dans l'un et l'autre cas, c'était une solution...

Si quelque chose m'étonne, c'est qu'après le triomphe diplomatique qu'il vient d'obtenir, le cabinet tout entier ne soit pas appelé à d'autres fonctions.

(Paris-Journal.)

Cette fois, c'est trop. Le gouvernement actuel *lui-même* ne pouvait supporter en silence un pareil affront... Bismarck s'est trompé. Nous ne sommes plus en 1866. Si l'Empereur peut déclarer la guerre ou conclure la paix sans notre permission, la France tout entière le regarde...

Si la guerre s'ensuit, c'est un mal épouvantable, mais nécessaire...

Les homélies de M. Garnier-Pagès font honneur à sa naïveté et à la douceur de ses mœurs, mais elle n'empêcheront pas M. de Bismarck de nous faire partout des ennemis, de préparer continuellement la guerre et de nous réduire par degrés à n'être plus qu'une puissance de troisième ordre, aussi peu comptée en Europe que la Saxe et le Wurtemberg.

La France républicaine ne le supporterait pas ; la France monarchique ne doit pas le supporter davantage. — *Alfred Assollant.*   (*Paris-Journal*).

Cette victoire, « qui ne coûte ni une larme, ni une goutte de sang », dont parle le *Constitutionnel*, cette victoire serait pour nous *la pire des humiliations et le dernier des périls.* Que la Chambre intervienne donc. Qu'elle retrouve un de ces élans par lesquels elle a accueilli la déclaration du 5 juillet. Elle a soutenu la politique de la France quand cette politique était hardie et nationale. Qu'elle relève maintenant ceux qui voudraient faiblir.

Le 4 juillet nous avions à choisir entre la prudence et l'audace. Nous nous sommes prononcés pour l'audace. Aujourd'hui nous n'avons plus le choix qu'entre l'audace ET LA HONTE. *Quel est l'orateur, à la tribune, ou l'écrivain, dans un journal,* QUI NOUS CONSEILLERA D'HÉSITER ?...

Est-ce que la renonciation de ce prince diminue en rien les forces de la Prusse? Est-ce que la situation de l'Europe en est modifiée? Est-ce que les conséquences des événements de 1866 s'en développeront avec moins d'énergie !...

Au lieu de sommer la Prusse de comparaître sur un champ de bataille, ou d'abdiquer ses ambitions, nous nous condamnerions à attendre son heure. — *De la Ponterie.*   (*La Presse.*)

Le courage est devenu notre véritable sagesse. Aucune faute ne serait plus lourde ni plus redoutable que de nous contenter aujourd'hui de satisfactions dérisoires. Il ne suffit pas qu'un colonel prussien renonce à quelque ambition ridicule. Il faut que la Prusse, par un acte de son gouvernement, reconnaisse les principes du droit public ; qu'elle les proclame et qu'elle fasse entrevoir ainsi la réparation de toutes les violences sur lesquelles elle a cherché, dequis quatre ans, à fonder sa grandeur... *(id. — id.)*

C'est parce que certaines paroles échappées à M. le garde des sceaux ont pu nous faire redouter des satisfactions dérisoires, *que l'émotion d'hier a été si universelle et si poignante.* *(id. — id.)*

Nous contenter de l'effet que nous avons produit ; nous montrer fiers de cette émotion générale de l'Europe, comme si nous étions surpris que l'on nous crût encore capables de quelque audace ; être des acteurs et hésiter ensuite à devenir des soldats ; c'est là, nous le répétons, une politique inacceptable pour nous, et c'est la politique que les deux Chambres ont entendu condamner hier.

Nous croyons que le Gouvernement est appelé à délibérer encore sur l'issue possible des négociations. Qu'il ne dépasse pas la justice, mais qu'il tienne compte *de la force de l'opinion.* *(id. — id.)*

Quoi qu'il en soit des intentions secrètes de nos gouvernants, il nous paraît impossible qu'ils ne se déclarent pas satisfaits. Nous sommes même très portés à croire qu'ils vont monter au Capitole et entonner un chant de triomphe. C'est d'ailleurs ce que fait déjà ce matin le *Constitutionnel.*

Quant à nous qui avons souhaité ardemment le maintien de la paix, nous ne pouvons que nous réjouir de voir s'éloigner les perspectives de guerre.

Mais notre satisfaction, disons-le toutefois, n'est pas sans mélange...

Qui nous répond que dans trois mois, dans six mois, la question du Nord-Sleswig, la question des rapports entre l'Allemagne du Nord ne nous condamneront pas aux mêmes alarmes ? — *E. Ténot.* (*Le Siècle*).

La France repousse toute solidarité avec les hommes qui peuvent à ce point la compromettre. La paix pouvait être honorable ; ils feront si bien qu'elle sera ridicule et éphémère. — *L. Jourdan.* (*Le Siècle*).

La perspective d'une issue pacifique de la lutte n'est pas accueillie avec grand enthousiasme par les journaux. Petit est le nombre de ceux qui se déclarent absolument satisfaits et célèbrent ce résultat comme une victoire de la politique française. *Les fanfares du Constitutionnel n'ont pas trouvé d'échos.*

Nous comprenons très bien les regrets de ceux qui, résignés à la guerre, la jugeant inévitable pour un jour plus ou moins prochain, se disaient qu'après tout, mieux valait en finir, à tous risques, que de perpétuer une situation intolérable par l'état d'insécurité où elle nous force à vivre.

Cette manière de voir n'est pas la nôtre : nous ne pensons pas qu'une lutte armée entre la France et l'Allemagne soit le moyen d'en finir avec le malaise dont l'Europe est redevable aux violences prussiennes de 1866 ; nous croyons que la guerre ne résoudrait rien ; mais, répétons-le, ceux-là du moins sont dans la logique qui se plaignent de voir le Gouvernement menacer de tirer l'épée pour un motif futile, et la rengaîner ensuite sans avoir obtenu satisfaction pour les griefs sérieux. — *E. Ténot.*

(*Le Siècle*).

L'enthousiasme est grand à la Chambre. S'il y a une déclaration aujourd'hui, le Corps législatif croulera sous les applaudissements...

Si la déclaration n'arrive pas, ce sera plus qu'un désappointement, plus qu'une déception, ce sera un immense éclat de rire, et le cabinet restera noyé dans son silence. Hier, quand on était à la paix, on donnait déjà à cette paix un assez joli nom. Les historiens l'appelaient *boiteuse*, comme celle qui précéda la Saint-Barthélemy ; mais les ignorants l'appelaient tout simplement une paix... non, il est impossible de vous dire comment ils appelaient cette paix-là. C'est un très vilain mot, qui a cours dans les marchés forains, mais qui ne se dit à la Chambre qu'en petit comité, en très petit comité, et dans les couloirs...

Entre M. Maurice Richard. On le questionne, il interroge. Evidemment il veut se rendre compte par ses propres yeux. S'il rapporte exactement ce qu'il a vu, il peut dire à l'Empereur que la Chambre est une immense bouteille de Leyde.　　(*Le Soir*. — Echos des Chambres).

Le *Constitutionnel* dit qu'il accueille avec orgueil cette solution pacifique. Voilà un orgueil qui ne sera pas contagieux... Notre pays a regardé en face cette œuvre de 1866 dont il paraissait avoir détourné les yeux, et qui se dresse comme une domination menaçante. Il a senti qu'il existe de l'autre côté du Rhin quelque chose qu'il faut abattre, et l'on se disait dans un premier accès de fièvre héroïque : faisons aujourd'hui ce qu'il faudra faire un jour ou l'autre pour ne pas encourir une déchéance immédiate. Voilà pourquoi la satisfaction que nous donne le prince Antoine ne répond pas à la grandeur des griefs ni à l'excitation des âmes. — *Poujoulat.*

　　　　　　　　　(*L'Union.*)

La renonciation des princes de Hohenzollern aura pour résultat, si elle est acceptée comme valable, de riculiser nos réclamations... Que faire ? Ne faudrait-il pas parler net et dire tout haut que la candidature du prince de Hohenzollern, bien qu'habilement retirée, a montré l'ambition de la Prusse et de son devoir d'isoler la France, de l'entourer d'ennemis ; que, devant de tels projets, nous devons *tout au moins exiger la stricte observation du traité de Prague* et que nous l'exigeons ? — *E. Veuillot.*   (*L'Univers.*)

Le *Moniteur* se joint au *Constitutionnel*, au *Journal des Débats* et au *Temps* pour proclamer que nous avons la paix. Ce journal étant l'écho de M. Ollivier, on ne saurait s'en étonner ; mais la situation ne tourne pas à la paix, ET L'ON NE PEUT NIER QUE L'OPINION NE SOIT PRESQUE UNANIME A RÉCLAMER AU CONTRAIRE UNE ACTION ÉNERGIQUE.   (*id.*)

Une guerre avec la Prusse serait *populaire* en France : les griefs anciens sont nombreux, l'intérêt actuel est certain et le droit suffisant. L'enthousiasme patriotique a pris les devants sur la diplomatie. Les négociations étaient à peine engagées entre les puissances intéressées au conflit que déjà les préparatifs militaires avaient lieu ; on traitait de la paix, et l'on ne parlait que de guerre.

L'opinion publique serait déçue si l'affaire venait à s'arranger par la diplomatie. On ne raisonne pas contre un sentiment, et ces froids dissertateurs qui ont entrepris de discuter les raisons d'une guerre contre la Prusse, ont perdu leur temps et CHOQUÉ L'OPINION. Il y a des moments où la sagesse consiste à se taire ou à parler comme tout le monde.

La guerre paraît donc probable parce qu'elle répond aux tendances du pays. Prétexte ou raison, l'occasion est bonne. La France ne peut pas laisser la Prusse s'agrandir davantage ; pour l'en empêcher, il faut l'amoindrir. C'est une question politique posée entre les deux peuples et qui ne peut se résoudre que par les armes. Mieux vaut aujourd'hui que demain.

Il est certain que la guerre eût déjà éclaté et que le Gouvernement n'aurait pas imposé de délai à l'IMPATIENCE DU PAYS si nous eussions été assurés tout d'abord du concours ou du moins de l'assentiment des autres puissances de l'Europe. (*id.*)

Nous bornerons là des citations que nous pourrions multiplier à l'infini et dans lesquelles se reflète avec tant d'éclat l'opinion des esprits, en France, au mois de juillet 1870. Nous nous garderons bien de déflorer par l'analyse ou par des commentaires des appréciations qui se produisaient de toutes parts sous une forme aussi énergique, aussi impérative même. Nous nous contenterons de renvoyer à la lecture et à la méditation de ce chapitre, ceux qui ne craignent pas de déclarer aujourd'hui que personne en France, l'Empereur et son entourage exceptés, ne désirait la guerre avec la Prusse en juillet 1870.

CHAPITRE X

Les Chambres chez l'Empereur. — La déclaration de guerre

> « La guerre où nous entrons n'est pour la France, ni l'œuvre d'un parti, ni une aventure imposée par le souverain. La nation s'y donne de plein cœur. »
>
> (*L'Univers*. — Juillet 1870.)

> « Ce n'est pas l'Empereur Napoléon III qui de son chef a déclaré la guerre actuelle ; c'est nous qui lui avons forcé la main. »
>
> (*Le Soir*. — Juillet 1870.)

> « S'il est vrai que le véritable auteur de la guerre n'est pas celui qui la déclare, mais celui qui l'a rendue nécessaire, il n'y aura qu'une voix parmi les peuples des deux mondes pour en faire retomber la responsabilité sur la Prusse. »
>
> (*M. Schneider à l'Empereur*. — 21 juillet 1870.)

> « Une guerre est légitime lorsqu'elle se fait avec l'assentiment du pays et l'approbation de ses représentants. »
>
> (*L'Empereur à M. Schneider*. — 21 juillet 1870.)

Le 16 juillet, une députation du Sénat, sous la présidence de M. Rouher, s'était rendue à Saint-Cloud. Nous extrayons de l'allocution prononcée par l'illustre président de cette Assemblée les passages suivants :

« ... Se refusant à des impatiences hâtives, animé de cette calme persévérance qui est la vraie force, l'Empereur a su attendre, mais depuis quatre années, il a porté à sa plus haute perfection l'armement de nos soldats, élevé à sa toute-puissance l'organisation de nos forces militaires.

» Grâce à vos soins, la France est prête, Sire, et par son enthousiasme, elle prouve que comme vous elle est résolue à ne tolérer aucune entreprise téméraire. »

« ... Que l'Empereur reprenne avec un juste orgueil et une noble confiance le commandement de ses légions agrandies de Magenta et de Solférino, qu'il conduise sur les champs de bataille l'élite de cette grande nation. »

« ... Bientôt la patrie reconnaissante donnera à ses enfants les honneurs du triomphe. »

L'Empereur répondait :

« J'ai été heureux d'apprendre avec quel enthousiasme le Sénat a reçu la déclaration que le ministre des Affaires étrangères a été chargé de lui faire. Dans toutes les circonstances où il s'agit des intérêts et de l'honneur de la France, je suis sûr de trouver dans le Sénat un appui énergique. Nous commençons une lutte sérieuse. *La France a besoin de tous ses enfants.* Je suis bien aise que le premier cri patriotique soit parti du Sénat : il aura dans le pays un grand retentissement. »

La réponse du souverain était sobre et mesurée dans le fond aussi bien que dans la forme. Après avoir remercié le Sénat de l'accueil qu'il avait fait à la déclaration du Gouvernement; après avoir rendu hommage à l'enthousiasme patriotique de la haute Assemblée ; l'Empereur exprimait son sentiment dans une phrase des plus significatives « nous commençons une lutte sérieuse », « la France a besoin de tous ses enfants ». Ces préoccupations et ces inquiétudes que le souverain ne prenait même pas la peine de dissimuler, nous les verrons croître et s'accentuer dans les discours et dans les proclamations qu'il allait être appelé à faire avant de quitter Paris.

Quelques jours plus tard, le Corps législatif était à son tour reçu aux Tuileries par l'Empereur. M. Schneider, son président, s'exprimait ainsi :

« Sire,

» Le Corps législatif vient de terminer ses travaux. Il a unanimement voté tous les subsides et toutes les lois qu'exigeait la défense du pays, donnant ainsi un témoignage éclatant de son patriotisme.

» S'il est vrai que le véritable auteur de la guerre n'est pas celui qui la déclare mais celui qui l'a rendue nécessaire, il n'y aura qu'une voix parmi les peuples des deux mondes pour en faire retomber la responsabilité sur la Prusse, qui, enivrée par des succès inespérés, encouragée par notre patience et notre désir de conserver à l'Europe les bienfaits de la paix, a cru pouvoir conspirer contre notre sécurité et porter atteinte à notre honneur.

» Dans ces cas la France sait remplir son devoir.

» Sire, les vœux les plus ardents vous suivent à l'armée dont vous allez prendre le commandement, accompagné de votre fils, qui, devançant les devoirs de son âge, apprendra à vos côtés, comment on sert son pays.

» Derrière vous, derrière notre armée habituée à porter si haut le drapeau de la France, toujours prête à la recruter, se tient debout la nation tout entière.

» Remettez sans inquiétude la régence entre les mains de notre auguste souveraine. A l'autorité que lui assurent les grandes qualités qu'elle a déjà déployées, l'Impératrice ajoutera la force que donnent les institutions libérales si glorieusement inaugurées par Votre Majesté.

» Sire, le cœur de la nation est avec vous et avec notre vaillante armée. »

Le temps nous presse trop pour nous permettre de relever les généreuses illusions qui émaillent les harangues des présidents de nos deux grandes assemblées. Les événements se sont chargés d'ailleurs d'en faire justice mieux que nous ne saurions le faire nous-même.

L'Empereur répondit à M. Schneider :

« J'éprouve une grande satisfaction à la veille de mon départ pour l'armée de pouvoir vous remercier du concours patriotique que vous avez donné à mon gouvernement. Une guerre est légitime lorsqu'elle se fait avec l'assentiment du pays et l'approbation de ses représentants.

» Vous avez bien raison de rappeler les paroles de Montesquieu :

« Le véritable auteur de la guerre n'est pas celui qui » la déclare mais celui qui la rend nécessaire. »

» Nous avons fait tout ce qu'il dépendait de nous pour l'éviter et je puis dire que c'est la nation tout entière, qui dans son irrésistible élan a dicté nos résolutions. Je vous confie en partant l'Impératrice qui vous appellera autour d'elle, si les circonstances l'exigent. Elle saura remplir constamment les devoirs que sa position lui impose.

» J'emmène mon fils avec moi, il apprendra au milieu de l'armée à servir son pays.

» Résolu à poursuivre avec énergie la grande mission qui m'est confiée, j'ai foi dans les succès de nos armes ; car je sais que la France est debout derrière moi et que Dieu la protège ! »

« Je vous confie en partant l'Impératrice qui vous appellera autour d'elle, si les circonstances l'exigent, » disait l'Empereur. On eût dit qu'il avait déjà le secret pressentiment des malheurs qui allaient fondre sur nous.

Avant de clore sa session, le Corps législatif avait eu à examiner quelques nouvelles propositions du Gouvernement. Le 19 juillet notamment la discussion avait porté sur un projet de loi relatif à l'interdiction du compterendu des mouvements et des opérations militaires. Cette proposition marquée au coin de la plus vulgaire prudence avait rencontré quelque opposition dans l'Assemblée. Plusieurs députés avaient cru devoir voter contre son admission. Nous citerons parmi les opposants MM. Arago, Crémieux, Dorian, Bethmont, Esquiros, Jules Ferry, Gambetta, Garnier-Pagès, Glais-Bizoin, Pelletan et Jules Simon.

Le 20 juillet M. le duc de Gramont était monté pour la dernière fois à la tribune et avait notifié officiellement au Corps législatif la déclaration de guerre adressée à la Prusse par le gouvernement français.

« L'exposé qui vous a été présenté dans la séance du 15, avait dit le ministre des Affaires étrangères, a fait connaître au Corps législatif les justes causes de guerre que nous avons contre la Prusse.

» Conformément aux règles d'usage et par ordre de l'Empereur j'ai invité le chargé d'affaires de France à notifier au cabinet de Berlin notre résolution de poursuivre par les armes les garanties que nous n'avons pu obtenir par la discussion. (Très bien !)

» Cette démarche a été accomplie et j'ai l'honneur de faire savoir au Corps législatif, qu'en conséquence l'état de guerre existe a partir du 19 juillet entre la France et la Prusse. (Bravo ! Vive l'Empereur ! et applaudissements.)

» Cette déclaration s'applique également aux alliés de la Prusse qui lui prêtent contre nous le secours de leurs armes. (Très bien !)

La guerre était donc déclarée. Il s'agissait dorénavant de se préparer, en toute hâte, à la lutte que la Prusse nous offrait. Pendant que le ministre de la guerre s'occupait des mouvements de troupes et de l'organisation de l'armée, l'Empereur adressait à la nation et à l'armée les proclamations suivantes :

Proclamation au peuple français. (21 juillet 1870.)

« Français,

» Il y a dans la vie des peuples des moments solennels où l'honneur national, violemment excité, s'impose comme une force irrésistible, domine tous les intérêts et prend seul en main la direction des destinées de la patrie. Une de ces heures vient de sonner pour nous.

» La Prusse, à qui nous avons toujours témoigné pendant et depuis la guerre de 1866 les dispositions les plus conciliantes, n'a tenu aucun compte de notre bon vouloir et de notre longanimité. Lancée dans une voie d'envahissement, elle a éveillé toutes les défiances, nécessité partout des armements exagérés et fait de l'Europe un camp ou règnent l'incertitude et la crainte du lendemain.

» Un dernier incident est venu révéler l'instabilité des rapports internationaux et montrer toute la gravité de la situation. En présence des nouvelles prétentions de la Prusse nos réclamations se sont fait entendre. Elles ont été éludées et suivies de procédés dédaigneux. Notre pays en a ressenti une vive irritation et aussitôt un cri de guerre a retenti d'un bout de la France à l'autre. Il ne nous reste plus qu'à confier nos destinées au sort des armes.

» Nous ne faisons pas la guerre à l'Allemagne dont nous respectons l'indépendance. Nous faisons des vœux pour que les peuples qui composent la grande nationalité germanique disposent librement de leurs destinées.

» Quant à nous, nous réclamons l'établissement d'un état de choses qui garantisse notre sécurité et assure l'avenir. Nous voulons conquérir une paix basée sur les vrais intérêts des peuples et faire cesser un état précaire où toutes les nations emploient leurs ressources à s'armer les unes contre les autres.

» Le glorieux drapeau que nous déployons encore une fois devant ceux qui nous provoquent est le même qui porta à travers l'Europe les idées civilisatrices de notre grande Révolution. Il représente les mêmes principes, il inspirera les mêmes dévouements.

» Français,

» Je vais me mettre à la tête de cette vaillante armée qu'anime l'amour du devoir et de la patrie. Elle sait ce qu'elle vaut car elle a vu dans les quatre parties du monde la victoire s'attacher à ses pas.

» J'emmène mon fils avec moi, malgré son jeune âge. Il sait quels sont les devoirs que son nom lui impose et il est fier de prendre sa part dans les dangers de ceux qui combattent pour la patrie.

» Dieu bénira nos efforts. Un grand peuple qui défend une cause juste est invincible.

» Napoléon. »

Proclamation à l'armée (28 juillet.)

« Soldats !

» **Je vais me mettre à votre tête pour défendre l'honneur et le sol de la patrie.**

» *Vous allez combattre une des meilleures armées de l'Europe*, mais d'autres qui valaient autant qu'elle n'ont pu résister à votre bravoure. Il en sera de même aujourd'hui. *La guerre qui commence sera longue et pénible* car elle aura pour théâtre des lieux hérissés d'obstacles et de forteresses ; mais rien n'est au-dessus des efforts persévérants des soldats d'Afrique, de Crimée, de Chine, d'Italie et du Mexique. Vous prouverez une fois de plus ce que peut une armée française, animée des sentiments du devoir, mais tenue par la discipline et enflammée par l'amour de la patrie.

» **Quel que soit le chemin que nous prenions hors de nos frontières, nous y trouverons les traces glorieuses de nos pères. Nous nous montrerons dignes d'eux.**

» **La France entière vous suit de ses vœux ardents et l'univers a les yeux sur vous. De nos succès dépend le sort de la liberté et de la civilisation. Soldats, que chacun fasse son devoir et le Dieu des armées sera avec nous.**

» Quartier général de Metz.

» NAPOLÉON. »

La marine qui, au cours de nos désastres, allait ajouter une page si glorieuse à ses annales déjà si bien remplies n'avait pas été oubliée par l'Empereur.

L'Impératrice s'était rendue à Cherbourg et y avait

donné lecture de la proclamation suivante rédigée à Saint-Cloud, le 23 juillet :

« Officiers et marins !

» Quoique je ne sois pas au milieu de vous, ma pensée vous suivra sur ces mers où votre valeur va se déployer.

» La marine française a de glorieux souvenirs, elle se montrera digne de son passé.

» Lorsque loin du sol de la patrie, vous vous trouverez en face de l'ennemi, songez que la France est avec vous, que son cœur bat avec le vôtre et qu'elle appelle sur nos armes la protection du ciel.

» Pendant que vous combattrez sur mer, vos frères de l'armée de terre lutteront avec la même ardeur pour la même cause que vous. Secondez réciproquement vos efforts que couronnera le même succès.

» Allez, montrez avec orgueil nos couleurs nationales. En voyant le drapeau tricolore flotter sur nos vaisseaux, l'ennemi saura que partout il porte dans ses plis l'honneur et le génie de la France.

» NAPOLÉON. »

Lorsque l'Empereur traçait ces lignes il était loin de se douter que c'était sur le sol même de la patrie que la marine allait rencontrer un ennemi auquel elle devait opposer une si vaillante résistance.

CHAPITRE XI

L'Empereur Guillaume et ses proclamations

> « Le grand justicier c'est le roi Guillaume. Ce souverain est moins un homme qu'un principe. Il est le justicier, la miséricorde, il est la loi vivante et l'amour : il est le châtiment et la bénédiction. »
>
> (*Caro. — La morale de la guerre. — 1870.*)

> « Il faut qu'il (Guillaume) fasse la guerre aux ennemis de la Prusse qui sont les ennemis du ciel. Soldat de Dieu, il exécutera sa consigne. »
>
> (*Id., id.*)

> « Comme moi mon peuple sait que la rupture de la paix et les hostilités ne peuvent nous être imputées. »
>
> (*Guillaume à son peuple. — 31 juillet 1870.*)

> « Mue par un sentiment unanime l'Allemagne entière se lève en armes contre un Etat voisin qui nous a déclaré inopinément une guerre sans motifs. »
>
> (*Guillaume à l'armée. — 9 août 1870.*)

La Providence, dont les desseins sont impénétrables et qui se plaît parfois à élever les individus et les nations pour donner à leur chute un caractère plus profond et plus retentissant, n'avait point fait assez pour la Prusse en lui donnant M. de Bismarck, elle a mis le comble à ses faveurs pour cette nation en lui donnant le roi Guillaume. Ces deux personnalités semi-sauvages et déjà presque légendaires s'appellent et se complètent l'une l'autre.

Doué d'une de ces natures mystiques et fanatiques qui croient honorer la divinité en l'associant aux actions et aux entreprises les moins avouables, les plus abominables même, le roi Guillaume, habilement dirigé et conseillé, pouvait devenir un instrument merveilleux d'exécution pour la politique du Chancelier.

Celui-ci n'eut garde de combattre ce précieux travers qu'il chercha au contraire à développer. Guillaume, convaincu désormais, ou feignant de l'être, « que les ennemis de la Prusse étaient les ennemis du ciel » les combattit sans grâce ni merci. Le moment n'est pas venu de retracer les horreurs et les atrocités qui marquent chacune des phases du règne sanglant de l'exécuteur des hautes œuvres de M. de Bismarck.

On nous permettra de rappeler en ce moment combien peu franche et peu loyale surtout avait été l'attitude du roi de Prusse au cours des négociations suivies en juillet 1870. Nous ne reproduirons pas ici les subtilités et les arguties dont ce souverain s'était alors montré si prodigue et qu'il allait rééditer, en les accentuant, à la face de l'Europe dans les proclamations que nous devons citer.

Guillaume s'adresse d'abord au peuple allemand :

« Au peuple allemand !

» De toutes les branches de la patrie allemande, écrit-il, de toutes les classes du peuple allemand, même d'au delà des mers, il m'a été adressé, à l'occasion de la lutte qui va s'ouvrir pour l'honneur et l'indépendance du pays, de si nombreux témoignages de dévouement, d'esprit de sacrifice pour la commune patrie, de la part de communes, de corporations, d'associations ou de simples particuliers que j'éprouve un irrésistible besoin de reconnaître publiquement cet accord de l'esprit allemand et d'ajouter à l'expression de ma royale gratitude l'assurance que je rendrai au peuple allemand confiance pour confiance et que je la maintiendrai immuable. L'amour de la patrie, l'élan unanime de toutes les branches allemandes, de leurs princes ont effacé toutes les divergences, ont fait disparaître toutes les oppositions. Réconciliée, unie comme elle ne l'a jamais été, l'Allemagne peut prétendre à trouver dans son accord comme dans son droit, la garantie que la guerre lui procurera une paix durable et que de cette semence de sang Dieu fera une moisson bénie de la liberté et de l'unité allemande !

» Mayence, 26 juillet.

» GUILLAUME. »

« A mon peuple !

» Au moment de rejoindre l'armée afin de combattre avec elle pour l'honneur de l'Allemagne et pour la conservation de nos biens les plus précieux, je veux en considération de l'élan unanime de mon peuple accorder une amnistie pour les crimes et les délits politiques. J'ai chargé mon ministre d'Etat de me soumettre un décret dans ce sens.

» Comme moi, mon peuple sait que la rupture de la paix et les hostilités ne peuvent nous être imputées.

» Mais provoqués, nous sommes résolus, comme nos pères et, avec une entière confiance en Dieu, à entreprendre la lutte pour sauver la patrie.

» Berlin, 31 juillet.

» GUILLAUME. »

Enfin le 2 août, arrivé au grand quartier général à Mayence, Guillaume disait à son armée :

« Mue par un sentiment unanime, l'Allemagne entière se lève en armes contre un État voisin qui nous a déclaré

inopinément une guerre sans motifs. Il s'agit de défendre
notre patrie menacée, notre honneur, nos foyers. Je
prends à partir d'aujourd'hui le commandement en chef
de toutes les armées et j'engage avec assurance cette
lutte que jadis nos pères ont glorieusement soutenue.

» Comme moi la patrie entière met en vous une pleine
confiance. Dieu sera avec notre juste cause.

» GUILLAUME. »

Il y a entre le langage tenu par les deux souverains, au
seuil des hostilités, des différences et des dissemblances
qu'on nous permettra de relever.

En acceptant la guerre comme une nécessité désormais
inévitable, l'Empereur rappelait « le bon vouloir et la
longanimité » dont son gouvernement ne s'était jamais
départi vis-à-vis de la Prusse depuis 1866 et les « procédés dédaigneux » avec lesquels cette puissance avait accueilli nos justes réclamations en 1870.

Après avoir fait des vœux, qui dans sa bouche ne pouvaient être suspects, pour l'indépendance de l'Allemagne,
Napoléon III indiquait le but éminemment avouable et
louable même qu'il poursuivait en en appelant au sort
des armes. Il voulait conquérir une paix durable en faisant cesser cet « état précaire où toutes les nations emploient leurs ressources à s'armer les unes contre les autres. »

Enfin l'Empereur rendait par avance justice à l'armée
prussienne, « une des meilleures de l'Europe ».

Le roi Guillaume ne daignait parler de la France que
pour la charger du poids d'une guerre qu'il avait eu tant
de peine à acheminer et à faire aboutir : « Comme moi
le peuple sait que la rupture de la paix et les hostilités
ne peuvent m'être imputées », osait-il écrire. Après quoi
il ajoutait : « L'Allemagne entière se lève en armes contre

un Etat voisin qui nous a déclaré inopinément une guerre sans motifs. »

Nous ne discuterons plus désormais ces allégations mensongères qui sont si familières au gouvernement prussien. Nous ne poursuivrons pas plus loin non plus un parallèle qui serait par trop désavantageux à notre royal adversaire.

CHAPITRE XII

La dernière session du Corps législatif de l'Empire

« Que font nos ministres? que nous donnent-ils? Des paroles, mais aucun acte. Nous n'avons en eux aucune confiance et si vous, membres de la majorité, vous n'êtes pas de cet avis, nous irons porter votre réponse à qui de droit. »

(M. Ernest Picard. — Séance du 7 août.)

Napoléon III n'a pas su conduire nos armées à la victoire, qu'il cède sa place au patriotisme du Corps législatif. »

(M. de Kératry. — Même séance.)

« L'acte qui vient de s'accomplir devant vous est un commencement de révolution donnant la main à un commencement d'invasion. Les Prussiens vous attendaient. Lorsque Bourmont, d'odieuse mémoire, vendit sa patrie, il ne fit rien de plus que vous. »

(M. de Cassagnac à la gauche. — Même séance.)

Les débuts de la guerre ne furent point heureux pour nous. Après une série de défaites triomphantes à l'envi des victoires, l'armée française, écrasée par un ennemi dix fois supérieur en nombre, avait été obligée de battre en retraite. Il n'entre point dans le plan de cette étude de retracer les péripéties de cette lutte inégale qui ne fut point sans éclat pour nos armes. Les héros de Wissembourg, de Wœrth, de Spickeren ont trouvé grâce d'ailleurs devant leurs vainqueurs eux-mêmes, qui se sont plu à célébrer le courage et l'intrépidité de leurs adversaires malheureux.

Le Gouvernement, donnant à ceux qui allaient le précipiter du pouvoir un salutaire exemple qu'ils n'ont pas jugé à propos de suivre, s'était empressé de renseigner l'opinion publique, avec la plus scrupuleuse exactitude, sur les premières péripéties de la lutte engagée avec l'Allemagne.

Bien que la situation fût loin d'être désespérée, après les premiers échecs infligés à nos armes, le cabinet adressait au peuple français la proclamation qu'on va lire :

« Français,

» Jusqu'à cette heure nous vous avons toujours donné sans réserve toutes les nouvelles certaines que nous avons reçues. Nous continuons à le faire.

» Cette nuit nous avons reçu la dépêche suivante :

« Metz, minuit 1/2.

» Mac-Mahon a perdu une bataille sur la Sarre ; Fros-
» sard a été obligé de se retirer ; cette retraite s'opère en
» bon ordre. Tout peut se rétablir.

» Napoléon. »

« Metz, 7 août, 3 h. 30, matin.

» Mes communications étant interrompues avec Mac-
» Mahon, je n'ai pas eu de nouvelles de lui jusqu'à hier.
» C'est le général de l'Aigle qui m'a annoncé que Mac-

» Mahon avait perdu une bataille contre des forces con-
» sidérables et qu'il se retirait en bon ordre.

» D'un autre côté, sur la Sarre, un engagement a com-
» mencé vers une heure. Il ne paraissait pas très sérieux,
» lorsque, petit à petit, les masses ennemies se sont accrues
» considérablement, cependant sans obliger le 2ᵉ corps
» à reculer. Ce n'est que vers six heures ou sept heures
» du soir que les masses ennemies revenant toujours
» plus compactes, le 2ᵉ corps et les régiments qui le sou-
» tiennent se sont retirés sur les hauteurs. La nuit a été
» calme. Je vais me placer au centre de la position.

» Napoléon. »

« Metz, 7 août, 4 h. 20, matin.

» Après une série d'engagements dans lesquels l'ennemi
» a déployé des forces considérables, Mac-Mahon s'est
» replié en arrière de sa première ligne.

» Le corps de Frossard a eu à lutter hier pendant deux
» heures contre une armée ennemie tout entière. Après
» avoir tenu dans ses positions jusqu'à six heures, il a
» opéré sa retraite en bon ordre. »

» Les détails de nos pertes manquent. Nos troupes
sont pleines d'élan. La situation n'est pas compromise,
mais l'ennemi est sur notre territoire et un sérieux effort
est nécessaire. Une bataille paraît imminente.

» En présence de ces graves nouvelles notre devoir est
tracé. Nous faisons appel au patriotisme et à l'énergie de
tous.

» Les Chambres sont convoquées.

» Nous mettons d'urgence Paris en état de défense.
Pour faciliter l'exécution des projets militaires, nous déclarons Paris en état de siège.

» Pas de défaillances ! pas de divisions ! Nos ressources

sont immenses. Luttons avec fermeté et la patrie sera
sauvée.

> » Emile Ollivier.
> » Duc de Gramont.
> » Chevandier de Valdrôme.
> » Segris.
> » Dejean.
> » Louvet.
> » Rigaut de Genouilly.
> » Plichon.
> » Mège.
> » Maurice Richard.
> » De Parieu. »

De son côté, l'Impératrice adressait la proclamation
suivante au peuple français.

« Français,

» Le début de la guerre ne nous a point été favorable,
nous avons subi un échec.

» Soyons fermes dans ce revers et hâtons-nous de le
réparer. Qu'il n'y ait parmi nous qu'un seul parti, celui
de la France ; qu'un seul drapeau, celui de l'honneur national.

» Je viens au milieu de vous. Fidèle à ma mission et à
mon devoir, vous me verrez la première au danger pour
défendre le drapeau de la France.

» J'adjure tous les bons citoyens de maintenir l'ordre.
Le troubler serait conspirer avec nos ennemis. »

Cette proclamation portait la signature de l'Impératrice
et était contresignée par tous les ministres.

A la suite de ces proclamations, le *Journal officiel* promulguait trois décrets: le premier convoquant les Chambres pour le 9 août ; le second mettant le département de la Seine en état de siège ; et le troisième relatif à l'incorporation à la garde nationale de tous les citoyens valides de 30 à 40 ans.

Le 8 août, à la veille de la rentrée des Chambres, le conseil des ministres adressait au peuple français et aux Parisiens les deux proclamations suivantes :

Proclamation au peuple français :

« Français !

» Nous vous avons dit toute la vérité. Maintenant à vous de remplir votre devoir : qu'un même cri sorte de toutes les poitrines d'un bout de la France à l'autre.

» Que le peuple entier se lève frémissant, dévoué, pour soutenir le grand combat !

» Le même souffle intrépide anime toujours l'armée.

» Soutenons-la !

» A l'audace momentanément heureuse, opposons la ténacité qui dompte le destin ! Replions-nous sur nous-mêmes et que nos envahisseurs se heurtent contre un rempart invincible de poitrines humaines.

» Comme en 1792, comme à Sébastopol, que nos revers ne soient que l'école de nos victoires.

» Ce serait un crime de douter un instant du salut de la patrie, et surtout de ne pas y contribuer.

» Debout ! donc, debout !

» Et vous, habitants des contrées du Nord et du Midi, sur qui ne pèse pas le fardeau de la guerre, accourez d'un élan unanime au secours de vos frères de l'Est. Que la France, unie dans les succès, se retrouve plus unie encore dans les épreuves !

» Et que Dieu bénisse nos armes ! »

8.

Proclamation au peuple de Paris :

» Parisiens !

» Notre armée se concentre et se prépare à un nouvel
effort. Elle est pleine d'énergie et de confiance. S'agiter à
Paris, ce serait combattre contre elle et affaiblir, au moment décisif, la force morale qui lui est nécessaire pour
vaincre. Nos ennemis y comptent. Voici ce qu'on a saisi
sur un espion prussien amené au quartier général :
« Courage ! Paris se soulève, l'armée française sera prise
entre deux feux ! »

» Nous préparons l'armement de la nation et la défense de Paris.

» Demain le Corps législatif joindra son action à la
nôtre.

» Que tous les bons citoyens s'unissent pour empêcher les rassemblements et les manifestations.

» Ceux qui sont pressés d'avoir des armes n'ont qu'à se
présenter au bureau d'engagement : on les enverra tout
de suite à la frontière. »

L'attitude du cabinet Ollivier, après nos premiers désastres est des plus correctes. « La situation n'était pas
compromise », comme le télégraphiait le maréchal Le
Bœuf avec un optimisme qui, cette fois, n'avait rien d'exa-
géré. Le ministère n'avait cependant pas hésité un instant à rappeler les Chambres. On nous permettra de lui
tenir compte, en passant, d'une attitude que le gouvernement de Septembre ne jugea pas à propos d'imiter
pendant son séjour aux affaires. On sait, en effet, avec
quel persévérant dédain ce dernier a refusé jusqu'au bout

le droit de voter à ces Français qu'il envoyait si légèrement à la mort.

La seconde proclamation du cabinet au peuple français est traversée par un souffle patriotique dont les auteurs contenaient mal les élans. La forme déclamatoire et presque lyrique sous laquelle elle se présentait au public tranchait singulièrement avec le ton calme et froid de sa devancière. Peut-être eussions-nous préféré que M. Ollivier et ses collègues ne se fussent point départis de leur première manière en laissant à MM. Gambetta et consorts la spécialité de ces phrases sonores et de ces « rengaines emphatiques » si contestables au double point de vue du tact et de l'à-propos.

Les inquiétudes qui perçaient dans les paroles que le Gouvernement adressait plus spécialement aux Parisiens étaient malheureusement fondées.

Sans les bonnes dispositions dont l'armée était alors animées, « le 9 août aurait été un 4 septembre » a dit M. Piétri, mieux renseigné, en ce moment, que qui ce fût sur les dispositions d'une partie de la population parisienne. Le complot organisé contre l'Empire et le Corps législatif qu'on lui savait dévoué, M. Saint-Marc Girardin l'atteste dans son rapport, était déjà formidable à ce moment. « Les indices, les faits, les preuves abondent, a écrit l'honorable président de la commission. Là il n'y a pas seulement un complot, il y en a plusieurs ayant divers degrés et divers buts. »

Le parti démagogique, on le voit, n'avait pas perdu son temps. Attentif à ce qui se passait sur notre frontière, où on ne le vit jamais pas plus que plus sur d'autres champs de bataille, il épiait dès alors une proie que les nouvelles victoires de la Prusse allaient bientôt l'aider à saisir.

La journée du 9 août, à laquelle nous sommes arrivé, est marquée par la rentrée des Chambres et la chute du cabinet Ollivier.

Dès l'ouverture de la séance au Corps législatif, le garde des sceaux était monté à la tribune et y avait fait au nom du Gouvernement la déclaration suivante :

« L'Empereur vous a promis que l'Impératrice vous appellerait si les circonstances devenaient difficiles. Nous n'avons pas voulu attendre pour vous réunir que la situation de la patrie fût compromise.

» Nous vous avons appelés au commencement des premières difficultés.

» Quelques corps de notre armée ont éprouvé des échecs, mais la plus grande partie n'a été ni vaincue ni même engagéc.

» Celle qui a été repoussée ne l'a été que par des forces quatre ou cinq fois plus considérables et elle a déployé dans le combat un héroïsme sublime qui lui vaudra une gloire au moins égale à celle des triomphateurs. Tous nos soldats qui ont combattu, comme ceux qui attendent l'heure de combattre sont animés de la même ardeur et du même élan, du même patriotisme, de la même confiance dans une revanche prochaine.

» Aucune de nos défenses naturelles ni de nos forteresses n'est entre les mains de l'ennemi; nos ressources immenses sont intactes. Au lieu de se laisser abattre par des revers que cependant, il n'attendait pas, le pays sent son courage grandir avec les épreuves. Nous vous demandons de nous aider à organiser la levée en massc de tout ce qui est valide dans le pays.

» Tout est préparé. Paris va être mis en état de défense et son approvisionnement est assuré pour longtemps. La garde nationale sédentaire s'organise partout, les régiments de pompiers de Paris, les douaniers sont réunis à l'armée active.

» Tous les hommes de l'inscription maritime qui on plus de six ans de service sont rappelés.

» Nous abrégeons les formalités auxquelles sont assujettis les engagements volontaires.

» Nous comblons, avec nos forces disponibles, les vides de notre armée et pour pouvoir les combler plus complètement et réunir une nouvelle armée de 450,000 hommes, nous vous proposons d'abord d'augmenter la garde nationale mobile en y appelant tous les hommes non mariés, de 25 à 30 ans et de nous accorder la possibilité d'incorporer la garde mobile dans l'armée active et d'appeler sous les drapeaux tous les hommes disponibles de la classe de 1870. Ne reculant devant aucun des devoirs que les événements nous imposent, nous avons mis hier en état de siège Paris et les départements que l'ennemi menace.

» Aux ressources dont ils disposent contre nous, les Prussiens espèrent ajouter celles qui naîtraient de nos discordes civiles et ils considèrent le désordre à Paris comme leur valant une armée. Cette espérance impie ne se réalisera pas. Non, l'immense majorité de Paris conservera son attitude patriotique. Quant à nous, nous ferons appel pour nous aider, non seulement à la garde nationale courageuse et dévouée de Paris, mais à la garde nationale de la France entière, et nous défendrons l'ordre avec d'autant plus de fermeté d'âme que, dans cette occasion surtout, l'ordre c'est le salut. »

Cet exposé de la situation avait été accueilli d'une façon plus que glaciale par l'Assemblée. A peine quelques députés avaient-ils cru devoir souligner d'interruptions assez vives certains passages du discours du garde des sceaux. « C'est l'incurie du ministère qui a compromis la Patrie ! » s'était écrié M. Latour-Dumoulin. « L'armée a été compromise par l'ineptie de son chef ! » avait dit quelques instants plus tard M. Jules Favre.

MM. Pelletan et Rampont avaient énergiquement protesté lorsque M. E. Ollivier avait fait allusion aux discordes civiles sur lesquelles les Prussiens se croyaient autorisés à compter. « C'est une indignité ! » avait dit M. Pelletan, et M. Rampont s'était joint à lui pour « sommer le ministre de retirer le mot. »

La chute du cabinet Ollivier était désormais arrêtée, cela était évident, dans l'esprit de la majorité de l'Assemblée. La Chambre ne devait lui tenir aucun compte de ses louables, mais tardifs efforts.

Son indifférence n'avait même pu être ébranlée par des concessions qui avaient dû coûter énormément à ceux qui les avaient faites. On se rappelle que le cabinet, par l'organe du maréchal Le Bœuf, avait énergiquement combattu, dans la séance du 16 juillet, la proposition de M. Latour-Dumoulin relative au rétablissement de la garde nationale dans toutes les communes de l'Empire. « Mon opinion, avait dit le ministre de la guerre, est que la garde nationale organisée sur tout le territoire serait plutôt un affaiblissement qu'une augmentation de force, ce serait une dissémination des ressources. » Quelques jours après ces déclarations catégoriques, M. E. Ollivier offrait l'encens du cabinet à cette même garde nationale que son collègue de la guerre avait naguère si vivement répudiée.

La réponse de M. Latour-Dumoulin à la communication du Gouvernement est aussi laconique que significative. Elle est tout entière dans la proposition que l'on va lire :

« *Les députés soussignés demandent que la présidence du*

Conseil des ministres soit confiée au général Trochu et qu'il soit chargé de composer un ministère.

> » Latour-Dumoulin.
> » D'Andelarre.
> » Carré-Kérisouet.
> » Lefebvre-Pontalis.
> » De Guiraud.
> » D'Yvoire, etc., etc. »

M. Jules Favre donna ensuite lecture à la Chambre des propositions suivantes :

» Considérant que l'ennemi a envahi le sol de la France ;

» Que si notre armée debout et toujours dévouée est prête à le repousser, il est du devoir de chaque citoyen de s'unir à ses efforts ;

» Qu'il est en droit de réclamer une arme pour l'accomplissement de ce devoir ;

» Considérant que de l'aveu même du ministre de la guerre, l'ennemi marche sur Paris ;

» Qu'en présence d'un tel péril ce serait un crime de refuser à chaque habitant de la capitale le fusil qui lui est nécessaire pour la défense de son foyer ;

» Que la population tout entière demande à être armée et organisée en garde nationale élisant ses chefs ;

» La Chambre arrête :

» Il sera immédiatement distribué aux maires de chaque arrondissement de la ville de Paris des fusils destinés à tous les citoyens valides inscrits sur les listes électorales.

» La garde nationale sera organisée en France dans
es termes de la loi de 1851.

> » ARAGO.
> » PICARD.
> » PELLETAN.
> » GUYOT-MONTPAYROUX.
> » DORIAN.
> » STEENACKERS.
> » J. GRÉVY.
> » KÉRATRY.
> » CRÉMIEUX.
> » J. SIMON.
> » GLAIS-BIZOIN.
> » GARNIER-PAGÈS.
> » GAMBETTA.
> » J. FAVRE.
> » ETC., ETC. »

« Considérant que malgré l'héroïsme de notre armée,
le sol de la patrie est envahi ; que le salut de la France,
le devoir de la défendre jusqu'à la dernière extrémité
commandent au Corps législatif de prendre la direction
des affaires,

» La Chambre décide qu'un comité exécutif de quinze
membres choisi dans son sein, sera investi des pleins
pouvoirs du Gouvernement pour repousser l'invasion
étrangère.

> » GAMBETTA.
> » CRÉMIEUX.
> » GARNIER-PAGÈS.
> » J. FERRY.
> » ARAGO.
> » STÉNACKERS.
> » KÉRATRY.
> » GLAIS-BIZOIN.
> » PELLETAN.
> » DORIAN.
> » J. SIMON.
> » J. GRÉVY.
> » PICARD.
> » LE CESNE.
> » ETC., ETC »

M. le président Schneider ne pouvait laisser passer cette dernière proposition sans protester.

Il le fit en constatant que « la proposition faite par M. Jules Favre avait un caractère essentiellement inconstitutionnel. »

M. Granier de Cassagnac se chargea de répondre à M. J. Favre.

« L'acte qui vient de s'accomplir devant nous, dit l'orateur, est un commencement de révolution donnant la main à un commencement d'invasion.

» Les Prussiens vous attendaient. Quand Bourmont, d'odieuse mémoire, vendit sa patrie, il ne fit rien de plus que vous. Au moins Bourmont était un soldat qui avait vu en face et de près les ennemis de son pays, tandis que vous, abrités ici derrière vos privilèges (mouvement), vous proposez de détruire le gouvernement de qui? de l'Empereur qui est en face de l'ennemi. Nous sommes venus ici sous la condition de notre serment qui constitue notre caractère et crée notre inviolabilité.

» M. PELLETAN. — Il n'y a pas de serment devant le parjure.

» M. GUYOT-MONTPAYROUX. — A l'ordre! M. de Cassagnac!

» M. J. SIMON. — C'est vous qui déchaînez la guerre civile.

» M. ARAGO. — Conduisez-nous devant un conseil de guerre.

» Lorsque, par un acte révolutionnaire, continuait M. de Cassagnac, on reprend son serment, on perd à la fois l'inviolabilité et le caractère qui en découlent pour rester de simples factieux et, je vous le déclare, si j'avais l'honneur de siéger au banc du gouvernement, vous tous signataires, vous seriez ce soir devant un conseil de guerre.

» Nous sommes prêts à y aller au conseil de guerre !
si on veut nous fusiller, nous sommes prêts ! vous n'avez
qu'à venir ! » disait M. Jules Simon.

» Ne fusillons personne, répondait M. de Piré, mais
envoyons à Charenton ceux qui, en France, manqueraient
de patriotisme. »

Cette parole, marquée au coin de l'ironie, l'arme française par excellence, met le comble au tumulte, que le
président cherche en vain à dominer. Désespérant de
pouvoir ramener le calme dans l'Assemblée, M. Schneider est obligé de se couvrir et la séance est suspendue.

Profitons de cette suspension pour apprécier la nouvelle attitude que certains membres du Corps législatif
avaient cru devoir prendre au milieu de circonstances
aussi graves que critiques. Les plus modérés parmi les
nombreux adversaires du cabinet Ollivier avaient signi-
fié au ministère du 2 janvier qu'il devait se retirer et céder la place au général Trochu, dont le concours effectif
était dès lors acquis aux adversaires de l'Empire. Bor-
nons-nous pour le moment à saluer en passant l'apparition de cet astre nouveau qui va briller d'un si lugubre
éclat sur notre malheureux pays. MM. Jules Favre et consorts étaient plus exigeants. La chute du cabinet les laissait indifférents. Ils proclamaient la déchéance de l'Empereur, alors « en face de l'ennemi » comme le leur
rappelait M. de Cassagnac, et ils demandaient des armes
pour les habitants de la capitale. Des fusils devaient être
distribués dans les mairies de chacun des arrondisse-
ments à tous les citoyens inscrits sur les listes électorales. L'expérience de ces dernières années nous a montré quel usage l'électeur parisien sait faire de ce bulletin
de vote qui, dans ses mains, devient l'un des plus puissants engins de destruction. Nous verrons bientôt s'il a

su faire un meilleur usage de l'arme que l'opposition allait bientôt lui confier.

La première proposition de M. Jules Favre était au moins dangereuse ; la seconde, ainsi que M. Schneider le lui faisait observer, était « essentiellement inconstitutionnelle. « M. de Cassagnac, avec une sûreté de vue que la vivacité de son langage avait rendu plus saisissante encore, avait admirablement et très justement qualifié l'attitude de l'opposition quand il s'écriait : « L'acte qui vient de s'accomplir devant vous est un commencement de révolution, donnant la main à un commencement d'invasion. Les Prussiens vous attendaient. »

Si, à la rigueur, il était difficile alors comme aujourd'hui de retrouver les traces d'un concert et d'une entente entre les membres de l'opposition à la Chambre et les Prussiens, nos envahisseurs, il serait non moins difficile de justifier cette simultanéité plus qu'étrange dans les entreprises abominables des ennemis du dedans et des ennemis du dehors. M. de Cassagnac était donc l'écho autorisé de l'indignation qui débordait de toutes les consciences honnêtes, lorsqu'il fustigeait et flétrissait si énergiquement M. Favre et les collègues qui s'étaient associés à ses propositions. La menace qu'il lançait à la face de ces derniers en descendant de la tribune n'avait qu'un défaut : c'était d'être prématurée. Qui oserait en effet la trouver excessive après les paroles suivantes que M. E. Picard, d'ordinaire plus réservé, ne craignait pas de prononcer à la reprise de la séance :

« Il n'y a pas d'émeutiers à Paris, disait M. E. Picard, *il y a une population dont nous partageons tous les sentiments et qui a dit : Les Prussiens marchent sur Paris, Paris se défendra.* Or, pour que Paris se défende, il faut qu'on organise la garde nationale qui a existé au moment de la

paix, et c'est un crime de ne pas l'organiser en temps de guerre.

» Que font les ministres ? que nous donnent-ils ? Des paroles, mais aucun acte. Nous n'avons en eux aucune confiance... *et si vous, membres de la majorité, vous n'êtes pas de cet avis, dites-le, nous irons porter votre réponse à qui de droit.* »

Ces paroles pleines de défis et de menaces n'ont pas besoin de commentaires. Nous les retiendrons pour les opposer à MM. Picard et *tutti quanti* lorsque, plus tard, ils viendront nier énergiquement toute participation au coup de main de Septembre.

M. le président Schneider essaye en vain de calmer l'orateur en lui faisant remarquer que « dans l'état actuel, il assume une immense responsabilité. » M. Picard ne tient aucun compte de ce salutaire avertissement : « Quant à moi, ajoutait-il, je dis que si la Chambre, accuse sa confiance aux ministres, si aux citoyens qui veulent défendre Paris, elle refuse des armes, mon avis est que la population devra s'en procurer par tous les moyens. » Cet appel à l'insurrection, au moment où l'ennemi « marchait sur Paris », comme venait de le déclarer M. J. Favre, restera désormais attaché, comme une tache indélébile, au nom de M. Picard. C'est en vain que l'on essayerait de mettre sur le compte de l'emportement ou de la passion cette coupable intempérance de langage. M. Picard a tenu à protester à l'avance contre toute interprétation de ce genre. « J'accepte, s'est-il écrié en terminant son discours, j'accepte devant les plus modérés et devant l'opinion publique de mon pays, la responsabilité entière de mes paroles. » Que M. Picard se rassure, la conscience publique, dans l'avenir aussi bien que dans le passé, s'empressera de lui donner acte de cet aveu et elle inscrira à son bilan l'effroyable « responsabilité » qu'il n'a pas craint d'assumer dans un des moments les plus critiques de notre histoire.

M. de Kératry avait, on se le rappelle, au cours de la séance du 15 juillet, abandonné ses collègues de l'opposition pour approuver hautement et publiquement la conduite du Gouvernement que MM. Thiers et J. Favre venaient de cribler des épigrammes et des critiques les plus amères. La désertion avait été publique, elle ne pouvait être réparée que par un désaveu également public. M. de Kératry, qui avait hâte de reconquérir les bonnes grâces de ses anciens amis, s'empressa de faire amende honorable à la tribune et il réussit à effacer le mauvais effet produit par son attitude patriotique du 15 juillet à l'aide de quelques-unes de ces violences de langage qui ont toujours été fort goûtées dans le milieu dans lequel il lui tardait de reparaître. Après avoir confessé humblement son erreur, qu'il attribuait aux déclarations mensongères faites par le maréchal Le Bœuf devant la commission à laquelle il appartenait, il s'attaquait à l'Empereur lui-même. « Napoléon III, disait-il, n'a pas su conduire nos armées à la victoire. Selon la proposition que nous avons déjà déposée, qu'il cède sa place au patriotisme du Corps législatif. »

Cette motion essentiellement inconstitutionnelle valait à son auteur un rappel à l'ordre.

Le succès était plus complet que M. de Kératry n'aurait osé le désirer. Le front ceint de cette nouvelle auréole, il s'empressait d'aller reprendre place au milieu de la gauche dont le pardon lui était désormais assuré.

Cependant la dernière heure du cabinet Ollivier avait sonné. M. Clément Duvernois avait déposé un ordre du jour ainsi conçu :

« La Chambre, décidée à soutenir un cabinet capable d'organiser la défense du pays, passe à l'ordre du jour. »

M. le garde des sceaux avait déclaré que le Gouvernement n'acceptait pas cet ordre du jour qui avait ensuite été mis aux voix et adopté par la Chambre.

M. Ollivier et ses collègues, à la suite de ce vote, s'étaient empressés d'adresser leur démission à l'Impératrice.

A la fin de la séance, M. le garde des sceaux était monté à la tribune et y avait fait la déclaration suivante :

« Après le vote de la Chambre, les ministres ont présenté leur démission à l'Impératrice-Régente qui l'a acceptée et je suis chargé par Elle de vous déclarer, qu'avec l'assentiment de l'Empereur, Elle a chargé le comte de Palikao de former un cabinet.

» J'ajoute que, pendant les quelques heures qui nous séparent de la formation du ministère, nous continuerons à remplir notre devoir, et que le nouveau ministère quel qu'il soit, peut compter de notre part sur l'appui le plus ardent, le plus fidèle et le plus dévoué. »

Nous n'avons pas à juger l'œuvre politique accomplie par le cabinet dont nous venons d'enregistrer la chute. Notre tâche est heureusement plus modeste. Nous avons examiné avec la plus scrupuleuse impartialité l'attitude du ministère du 2 janvier au cours de l'incident Hohenzollern. Nous n'avons rien à ajouter ni à retrancher à nos appréciations à cet égard. Si la guerre qu'il avait été conduit à déclarer à la Prusse avait été heureuse pour nos armes, le cabinet Ollivier aurait été en droit de revendiquer la plus grande part de nos succès. La fortune ayant trahi nos efforts, il devenait la première victime de l'opinion publique qui n'accepte jamais pour elle aucune responsabilité.

Rendons à M. Ollivier et à ses collègues une dernière

justice en reconnaissant que leur chute n'était dépourvue ni de dignité, ni de noblesse. Le Corps législatif, avant nous, a tenu à honneur de donner sa haute approbation aux dernières paroles prononcées par le garde des sceaux au nom du ministère qui disparaissait de la scène politique.

CHAPITRE XIII

La dernière session du Corps législatif de l'Empire.

(SUITE)

> « Eh quoi ! l'ennemi a repoussé une de vos armées et vous gardez ici 25,000 hommes pour servir vos fausses et folles terreurs ! Eh bien ! laissez-moi vous le dire en terminant, ce sont là des terreurs qui ressemblent à une trahison vis-à-vis de la patrie. »
>
> (M. Jules Ferry. — Séance du 10 août.)

> « Comme membre de l'opposition, comme membre de la Commission chargée de l'examen de la loi sur la garde nationale, il est de mon honneur de déclarer que j'ai été profondément touché et reconnaissant de la confiance et de l'enthousiasme que j'ai rencontrés dans les déclarations de M. le général de Palikao, et j'ajouterai que cette confiance je l'ai comme lui. »
>
> (M. Bethmont. — Séance du 11 août.)

Au début de la séance du 10 août, le Corps législatif, après avoir entendu le rapport de M. de Forcade de La Roquette, avait voté à l'unanimité l'appel sous les drapeaux des hommes de 25 à 35 ans. Il avait également adopté quelques autres projets de loi auxquels les circonstances donnaient un caractère d'urgence incontestable. Après ces votes, M. le comte de Palikao était monté à la tribune et, au nom de l'Impératrice, avait fait con-

naître à la Chambre la composition du nouveau ministère
que nous devons reproduire ici :

Guerre. — LE COMTE DE PALIKAO.
Intérieur. — HENRI CHEVREAU.
Finances. — MAGNE.
Justice. — GRANDPERRET.
Commerce. — CLÉMENT DUVERNOIS.
Marine. — RIGAUT DE GENOUILLY.
Travaux publics. — JÉROME DAVID.
Affaires étrangères. — DE LA TOUR D'AUVERGNE.
Président du Conseil d'État. — BUSSON-BILLAULT.
Instruction publique. — JULES BRAME.

L'opposition était revenue ensuite avec une nouvelle
insistance sur la question de l'armement de Paris.

« La question de l'armement de Paris, comme le disait
M. Picard est une question de salut public », disait
M. Gambetta.

« Vous ne voulez pas armer la nation ! »

« Non ! Ils ne veulent pas de l'armement de la patrie »,
ajoutaient MM. J. Favre et Crémieux.

M. Raspail, renchérissant, suivant son habitude, sur
les violentes exclamations de ses collègues, s'écria à son
tour :

« Ils ont plus peur de la garde nationale que des
Prussiens ! »

Dieu nous garde de reprendre après son sénile auteur
ce parallèle au moins injurieux pour la garde nationale !

L'Assemblée avait ensuite été appelée à se prononcer
sur une proposition déposée par M. Cochery et soixante-
dix de ses collègues. Cette proposition, qui avait été rejetée par 117 voix contre 117, était ainsi conçue : « La

Chambre déclare que tant que l'ennemi sera sur le sol de la France, c'est un devoir patriotique pour elle de rester en permanence. »

Après le scrutin, M. Jules Ferry était monté à la tribune pour interpeller le Gouvernement au sujet de la suppression du *Réveil*, que le cabinet Ollivier avait décrétée avant de quitter les affaires. Le député de la Seine déplorait amèrement cette mesure « arbitraire » « prise sans motifs » en vertu des pouvoirs conférés par l'état de siège. » « Portant la question plus haut, dit M. Ferry, je demande au cabinet s'il croit conforme à la grandeur et à la gravité de la situation de maintenir le décret d'état de siège. »

L'opposition, on le voit, ne désarmait pas et tous les prétextes lui semblaient bons pour attaquer le Gouvernement.

« Je vous l'atteste, continuait M. Ferry, sur mon honneur et ma conscience, cette population de Paris n'a qu'un cri, qu'un vœu : des armes pour repousser l'étranger. Si donc Paris n'est pas en insurrection, je demande à quoi sert l'état de siège ? A quoi servent les régiments qui seraient beaucoup mieux à la frontière ?

» Eh quoi ! l'ennemi a repoussé une de vos armées et vous gardez ici 25,000 hommes pour servir vos fausses et folles terreurs ! Eh bien ! laissez-moi vous le dire en terminant, ce sont là des terreurs qui ressemblent à une trahison vis-à-vis de la patrie. »

Suivant en cela l'exemple du Gouvernement, nous ne ferons pas à cette diatribe l'honneur d'une réponse. Nous nous bornerons à constater qu'il eût été difficile à M. Delescluze lui-même d'être plus violent que celui qui s'était constitué son défenseur.

Le début de la séance du 11 août fut marqué par le

dépôt d'une proposition émanée de **M. de Kératry** et ainsi conçue :

« Une Commission d'enquête parlementaire sera instituée d'urgence : elle appellera à sa barre le maréchal Le Bœuf, tous les fonctionnaires de l'intendance et de l'administration militaire qu'elle jugera convenable. »

Cette proposition était au moins étrange dans la bouche d'un ancien militaire. A supposer que l'organisation de l'intendance et de l'administration militaire fût aussi défectueuse que M. de Kératry semblait le croire, le remède qu'il indiquait était vraiment par trop radical. La plupart de tous ces fonctionnaires qu'il englobait si légèrement dans une seule et même accusation, avaient alors leur place marquée devant l'ennemi et non devant des commissions parlementaires.

La proposition de M. Kératry était tellement exorbitante que M. Thiers lui-même crut devoir la combattre :

« Pour ma part, dit-il, j'aurais repoussé la proposition de M. de Kératry pour deux raisons : la première, c'est que dans l'état présent, au milieu de l'émotion que nous éprouvons, nous ne pouvons être justes ! La seconde, c'est que le maréchal Le Bœuf, dont j'honore la personne, mais dont je déplore le fatal aveuglement, n'est plus major-général, mais est au feu devant l'ennemi ! Silence pour le moment ! »

Après avoir ainsi couvert de sa pitié le maréchal Le Bœuf, M. Thiers éprouvait le besoin d'appeler l'attention sur sa personne et de donner à ses paroles du 15 juillet un sens et une portée qu'il ne nous aurait jamais été donné de découvrir si les débuts de la guerre avaient été heureux pour nos armes.

« Eh bien, aujourd'hui, dit-il, je puis vous avouer que lorsqu'il y a quelques jours je vous suppliais de réfléchir avant de déclarer la guerre, il y avait une chose que je ne vous disais pas parce que je ne pouvais pas la dire, c'est que la France n'était pas prête. »

A ces paroles de M. Thiers, la droite presque tout entière bondit et proteste énergiquement.

« Je ne demande aucune sévérité contre les individus, continua M. Thiers, Dieu m'en préserve ! Je demande seulement qu'on n'affaiblisse pas la situation morale de la France devant le monde et que nous la laissions subsister tout entière parce qu'elle est l'explication qu'il donne de nos derniers échecs : insuffisance de nos préparatifs, incapacité absolue de la direction. »

L'opinion publique qui se paie si volontiers de mots a été la dupe des conclusions tardives et imprévues que M. Thiers, dans des vues d'ambition personnelle, qui n'échapperont à personne, s'est permis de tirer, le 11 août seulement, des deux harangues prononcées par lui le 15 juillet précédent.

Chacun s'est plu à célébrer la clairvoyance et la perspicacité de cet homme d'État qui, seul, avait à distance, apprécié sainement la situation et prédit des revers qui devaient être si funestes à la France. Ces prétendues prophéties de M. Thiers n'ont qu'un défaut, c'est de s'être produites et révélées après les événements qu'elles devaient annoncer. Rien, absolument rien , dans les deux discours du 15 juillet ne justifie et ne peut même laisser pressentir de la façon la plus lointaine, la conclusion que l'illustre orateur en a déduite près d'un mois après dans la séance du 11 août.

Le 15 juillet, M. Thiers, à deux reprises différentes,

avait attaqué avec la dernière violence la politique du
cabinet qui, à son sens, avait mal commencé les négociations, les avait mal suivies et les avait mal terminées.
Les négociations, suivant lui, avaient été mal commencées,
parce qu'au début on avait tenu un langage trop agressif
et trop hautain ; elles avaient été mal suivies, parce qu'il
fallait s'arrêter après le désistement du prince Léopold ;
elles avaient été mal terminées, parce que la faute une fois
commise, il fallait, en continuant les armements et les
préparatifs de guerre, laisser à l'Europe le temps d'intervenir. La thèse soutenue par M. Thiers consistait donc à
établir et à démontrer que nous avions la guerre par la
faute du cabinet et à rejeter tout entier sur le Gouvernement la responsabilité de cette grave détermination. Le
patriotisme le plus vulgaire faisait à l'orateur un devoir
d'exposer alors ses craintes et ses appréhensions sur l'insuffisance de nos forces militaires. M. Thiers ne l'a pas
fait et il ne pouvait pas logiquement et raisonnablement le
faire. Quelques jours auparavant, en effet, le 30 juin, il
constatait à cette même tribune que nous étions « forts »
et « imposants » « Savez-vous, avait-il dit, pourquoi la paix
a été maintenue ? c'est parce que vous êtes forts. Ce qui
maintient la paix, c'est la bonne opinion que l'on a de
l'armée française. Si donc vous voulez la paix, restez
forts » et plus tard il avait ajouté : « Je suis pour la paix,
mais pour que nous la conservions il faut que nous restions imposants. » M. Thiers ne faisait d'ailleurs, en tenant ce langage, que rééditer des déclarations que nous
retrouverions souvent sur ses lèvres si nous voulions nous
donner la peine de remonter le cours des sessions dans
lesquelles il ne se fit pas faute de les reproduire. Qu'on
nous permette seulement de faire un seul emprunt au
discours mémorable qu'il prononça, dans la séance du
31 décembre 1867.

« *On vous présentait l'autre jour,* disait **M.** Thiers, *des chiffres de* 1,200, *de* 1,300, *de* 1,500,000 *hommes comme étant ceux que les différentes puissances peuvent mettre sous les armes.* EH BIEN ! CES CHIFFRES-LA SONT PARFAITEMENT CHIMÉRIQUES... *La Prusse, selon M. le ministre d'Etat, nous présenterait* 1,300,000 *hommes ; mais, je le demande, où a-t-on vu ces forces formidables? La Prusse, combien d'hommes a-t-elle portés en Bohême en* 1866 ? 300,000 *environ... C'est que, messieurs, il ne faut se fier à cette fantasmagorie des chiffres...* CE SONT LA DES FABLES QUI N'ONT JAMAIS EU AUCUNE ESPÈCE DE RÉALITÉ. DONC QU'ON SE RASSURE, NOTRE ARMÉE SUFFIRA POUR ARRÊTER L'ENNEMI. *Derrière elle, le pays aura le temps de respirer et d'organiser tranquillement les réserves. Est-ce que vous n'aurez pas toujours deux ou trois mois, c'est-à-dire plus qu'il ne vous en faudra pour organiser la garde nationale mobile et utiliser ainsi le zèle des populations ? D'ailleurs les volontaires afflueront. Vous vous défiez beaucoup de votre pays...* »

Nous pourrions nous arrêter là et conclure que le 31 décembre 1867, comme en beaucoup d'autres circonstances que nous pourrions rappeler, la clairvoyance de M. Thiers, à défaut de sa veine prophétique, était singulièrement en défaut. Nous aimons mieux rappeler en terminant les appréciations que le même orateur émettait le 11 juillet 1870 sur la situation de la Prusse au point de vue militaire.

« On s'imagine, disait-il, que la Prusse est sur le pied de guerre, qu'elle possède en ce moment une armée extraordinaire et qu'elle est plus forte qu'elle ne l'était avant la guerre. Non, ce n'est pas plus vrai pour elle que pour nous » ; et plus loin, il rendait hommage à la politique sage et modérée de M. de Bismarck qui savait « ne pas céder au sentiment de sa force et de ne pas se laisser entraîner à de nouvelles ambitions. »

« Aujourd'hui, ajoutait-il, **M. de Bismarck est pour la paix**. S'il montrait aujourd'hui les ambitions qu'il a fait éclater il y a trois ans, le Sud serait contre lui et c'est pour cela qu'il est pacifique. »

La conclusion logique et naturelle que nous pouvons tirer des deux citations précédentes, c'est qu'en juillet 1870, la Prusse ne pouvait mettre en ligne que tout au plus les 300,000 hommes qu'elle avait portés en Bohême en 1866, puisque, d'après M. Thiers, cette nation n'était pas en 1870 plus forte qu'en 1866.

Voilà quelle était, au 30 juin 1870, de même qu'au 31 décembre 1867, l'opinion de M. Thiers sur l'armée française et sur l'armée prussienne. Qu'on juge après cela du mérite et de la valeur de ses prédictions faites après coup. Elles ont pu merveilleusement servir les projets ambitieux de leur auteur et lui ouvrir à quelque temps de là le chemin du pouvoir. Elles ne sauraient trouver grâce devant l'histoire qui ne retiendra, pour l'apprécier comme il le mérite, que l'aveuglement coupable et persistant de ce pseudo-prophète.

La Chambre avait ensuite voté à l'unanimité le projet de loi relatif au rétablissement de la garde nationale dans tous les départements. Un député de la gauche, membre de la Commission qui avait été chargée d'examiner ce projet, avait saisi cette occasion pour rendre un juste et légitime hommage à l'attitude du nouveau ministre de la guerre.

« Comme membre de l'opposition, avait dit M. Bethmont, comme membre de la Commission chargée de l'examen de la loi sur la garde nationale, il est de mon honneur de déclarer que j'ai été profondément touché et reconnaissant de la confiance et de l'enthousiasme que j'ai rencontrés dans les déclarations de M. le général de

Palikao et j'ajouterai que cette confiance, je l'ai comme lui. »

L'Assemblée avait couvert ces paroles de ses applaudissements.

Le reste de la séance avait été consacré à l'examen du projet de loi relatif au cours forcé des billets de la Banque de France. Après le rapport de M. Argence et un discours très clair et très lucide du nouveau ministre des finances, M. Magne, le projet du Gouvernement avait été adopté par 247 voix contre une. Le dissident était M. des Rotours.

Au commencement de la séance du 12 août, M. le général de Palikao avait pris la parole et avait fait à la Chambre la communication suivante : « J'ai l'honneur de donner au Corps législatif communication de la dépêche que je viens de recevoir de Metz :

« J'ai accepté la démission du maréchal Le Bœuf de » major-général.

« NAPOLÉON. »

Le ministre de la guerre avait ajouté :

« Deux corps d'armée de 35,000 hommes chacun, constituant un effectif de 70,000 hommes, avant quatre jours seront devant l'ennemi. »

M. Gambetta, cédant à un élan de patriotisme trop rare pour ne pas être relevé, adressait au ministre de la guerre les paroles suivantes :

« Monsieur le général, je vous remercie, ces assurances seront répandues et accueillies avec satisfaction dans toute la France. Vous avez une gloire à conquérir. C'est celle de délivrer le territoire, j'ai l'espoir, mettant toute

opinion de côté, que vous vous mettrez à la hauteur de
cette-noble mission. »

Le général Palikao s'était alors retiré au milieu des applaudissements unanimes de l'Assemblée. Après quoi
MM. Pelletan et Raspail avaient successivement interpellé le Gouvernement, l'un sur la détention de M. Rochefort, l'autre sur les mesures d'expulsion prises contre
les Allemands résidant en France. Voici en quels termes
M. Pelletan plaidait la cause des sujets du roi Guillaume :

« Le Gouvernement a commis deux fautes, la première
c'est de n'avoir pas laissé sortir les Allemands, quand ils
demandaient à partir, c'est une violation du droit des
gens. La seconde ce serait de les expulser dans les circonstances présentes, car apparemment, quand les étrangers sont mis sous la protection des ambassades améri-
caine et anglaise, vous entendez respecter le droit des
gens et le faire respecter. »

M. Pelletan aurait peut-être mieux fait de réserver ses
sympathies pour d'autres que ces Allemands qui allaient
faire si bon marché de ce droit des gens qu'il revendiquait en leur nom.

Le *Journal officiel* du 13 août contenait les trois décrets
suivants, dont deux au moins, ont une importance capitale. Par deux décisions, en date du 12 août, rendues par
l'Impératrice sur la proposition du ministre de la guerre,
M. le général Trochu était nommé commandant du
12e corps, en voie de formation à Châlons, et M. le général Vinoy, commandant du 13e corps, en voie de formation à Paris.

Un décret rendu à Metz le 7 du même mois, et exceptionnellement signé par l'Empereur, nommait le maréchal Bazaine commandant en chef des 2e, 3e et 4e corps de

l'armée du Rhin. Le général Decaen remplaçait le maréchal Bazaine dans le commandement du 3e corps.

Pour des raisons qu'il serait très délicat d'essayer de démêler, mais auxquelles le mérite de ces deux généraux semble être resté complètement étranger, le maréchal Bazaine et le général Trochu étaient depuis quelque temps déjà très en faveur auprès des membres de l'opposition dans le Parlement. Dès le 9 août, jour de la rentrée des Chambres, M. Latour-Dumoulin avait proposé M. Trochu comme ministre de la guerre et président du conseil, et M. Jules Favre lui-même n'avait pas craint de prononcer le nom du maréchal Bazaine, derrière lequel il s'était abrité pour attaquer l'Empereur de la façon la plus odieuse et la plus injuste. Sans aller aussi loin que semblait le désirer l'opposition, en ce qui concernait le général Trochu, le Gouvernement avait cru cependant devoir lui faire cette double concession. MM. Bazaine et Trochu, ces idoles du moment, devaient bientôt expier cruellement un engouement passager.

Au cours de la séance du 13 août, le général Palikao s'était vu obligé d'expliquer lui-même la portée du décret relatif au maréchal Bazaine. Il avait ainsi fourni à la gauche l'occasion d'acclamer son nouveau protégé. « Plusieurs d'entre vous, disait le comte de Palikao, ont paru émus d'une insertion qui a figuré ce matin à l'*Officiel*. Le décret nommant le maréchal Bazaine, est daté du 9, tandis que la démission du maréchal Le Bœuf est du 12. C'est dans cet intervalle de trois jours que le maréchal Bazaine a été investi du commandement en chef, ce qui n'implique aucun commandement en dehors du sien. »

« Aucun commandant supérieur ? » s'étaient écriés M. Guyot-Montpayroux et plusieurs de ses collègues. « Aucun commandement ni au-dessus, ni à côté, » avait répondu le général de Palikao.

« De tous les corps d'armée? » avait-on ajouté à gauche.

« De tous les corps d'armée ! » avait encore répondu le ministre.

La gauche s'était enfin déclarée satisfaite et l'un de ses membres, M. Barthélemy-Saint-Hilaire avait dit en son nom :

« Cela rassurera le pays. »

Pour dissiper, et au besoin prévenir de nouvelles équivoques, le *Journal officiel* du 17 août, enregistrait un décret impérial rendu à Metz le 12 août, en vertu duquel le maréchal Bazaine était nommé commandant en chef des 2e, 3e et 4e corps de l'armée du Rhin. Le général Jarras, aide-major général, était nommé chef d'état-major-général de ladite armée. Craignant de n'avoir pas encore assez fait pour ce favori de la gauche, le général de Palikao, dans la séance du 16 août, annonçait au Corps législatif qu'il constituait une armée considérable qui pourrait avant peu donner la main à l'armée du Rhin et qui se trouverait naturellement sous les ordres du maréchal Bazaine, « le véritable, le seul général en chef de l'armée du Rhin. »

Le Gouvernement s'était livré à un luxe de décrets et de communications · capable de satisfaire les plus exigeants. Cependant plus il élevait et surélevait le maréchal Bazaine, plus la situation qu'il avait faite au général Trochu paraissait inférieure et insuffisante surtout.

Un décret rendu à Châlons le 17 août et publié au *Journal officiel* du 18, nommait le général Trochu gouverneur de Paris et commandant en chef de toutes les forces chargées de pourvoir à la défense de la capitale.

L'Empereur lui-même avait signé ce décret qui était contresigné par le général de Palikao. Procédant comme il avait fait pour le maréchal Bazaine, le ministre de la guerre expliquait à la Chambre, dans la séance du 18 août, la nouvelle situation qui était faite au général Trochu.

« Permettez-moi, disait-il, de vous donner quelques explications sur un fait auquel on a attribué une gravité qu'il n'avait réellement pas et qui n'a rien que de très simple et de très naturel dans l'état des choses : il s'agit de la nomination du général Trochu au commandement supérieur de Paris.

» Auparavant, j'avais donné le commandement d'un corps d'armée à M. le général Trochu, dont je connais et apprécie la valeur. Cherchant, comme je vous le disais, un homme intelligent, actif, énergique, capable de réunir dans sa main tous les pouvoirs nécessaires pour effectuer l'armement de Paris, j'ai songé à M. le général Trochu et je l'ai rappelé moi-même du camp où il pouvait être remplacé par un autre général.

» Voilà le motif qui m'a fait rappeler à Paris le général Trochu, il n'y en a pas d'autre : nous n'avons pas la moindre inquiétude pour le moment, au contraire. »

Pour dissiper les ombrages vraiment incroyables des patrons du général Trochu et s'épargner leurs appréciations plus ou moins déplaisantes, le ministre de la guerre s'excusait presque de n'avoir pas encore assez fait pour le gouverneur de Paris. Après l'avoir comblé d'honneurs et de dignités, il l'en voulait accabler. Le 17 août, en effet, il lui donnait la présidence du comité de défense des fortifications de Paris. Le maréchal Vaillant que les égards dus au rang et à la science, à défaut des règles inflexibles d'ordinaire de la hiérarchie militaire, désignaient pour ces hautes fonctions, s'était modestement effacé et avait cédé la première place au général Trochu. Nous verrons bientôt comment ce dernier a cru devoir répondre à tant de confiance et à tant de déférence.

CHAPITRE XIV

La dernière session du Corps législatif de l'Empire.

(SUITE)

« Il y a des Prussiens dans la population de Paris, et
je puis vous le prouver. C'est donc contre l'ennemi extérieur et contre l'ennemi intérieur que nous dirigeons tous
nos efforts, et nous ne cesserons que quand la patrie sera
délivrée de l'ennemi extérieur, et que nous aurons réduit
à l'impuissance l'ennemi à l'intérieur. »

(Général de Palikao. — Séance du 24 août.)

« Non, celui qui guetterait la défaite pour asseoir sur
les ruines nationales les bases de ses espérances, celui-là
serait un citoyen qui devrait être trois fois maudit! »

(M. J. Favre. — Séance du 24 août.)

« Je disais tout à l'heure que depuis que la Chambre est
assemblée, la politique semble avoir subi une déviation
singulière : il n'en est plus question de telle sorte que la
nation française ne sait pas pour qui elle va mourir. »

(M. J. Favre. — Séance du 24 août.)

« Je reçois à l'instant un document qui m'est envoyé
par d'honorables citoyens de Belleville qui se sont présentés pour avoir des armes... Messieurs, vous trouvez
étonnant que les citoyens de Belleville veuillent défendre
leur patrie ; c'est par des rires, c'est par des murmures
que leurs réclamations patriotiques sont accueillies ! En
vérité j'ai le droit de m'en étonner, et je pourrais me servir d'un terme plus sévère. »

(M. J. Favre. — Séance du 30 août.)

Le décret relatif au comité de défense, et à propos duquel des discussions assez vives allaient être soulevées à

la Chambre, avait paru au *Journal officiel* du 21 août et était conçu dans les termes suivants :

Article 1ᵉʳ. — Le comité de défense des fortifications de Paris est composé :

> du général Trochu, président,
> du maréchal Vaillant,
> du baron Jérôme David,
> du général de Chabaud La Tour,
> du général Guiod,
> du général d'Autemarre d'Ervillé,
> du général Soumain.

Article 2. — Le comité de défense est investi, sous l'autorité du ministre de la guerre, des pouvoirs nécessaires pour l'exécution des décisions qu'il prendra.

Article 3. — Pour l'exécution de ces décisions le ministre de la guerre attachera au comité de défense les généraux intendants militaires et officiers de tout grade qui seront nécessaires.

Article 4. — Le comité de défense se réunira chaque jour au ministère de la guerre. Il se fera rendre compte quotidiennement, de l'état des travaux, de celui des armements de l'état des munitions, et de celui des approvisionnements en vivres.

Article 5. — Le comité rendra chaque jour compte de ses opérations au ministre de la guerre qui en fera rapport au conseil des ministres.

Dans la séance du 24 août, M. de Kératry déposait la proposition suivante :

« Neuf membres élus par le Corps législatif seront adjoints au comité de défense de Paris. »

La Chambre consultée, avait prononcé l'urgence récla-

mée par l'auteur de cette proposition, lorsque M. le gé
néral de Palikao monta à la tribune et y tint le langag
suivant :

« Au nom du Gouvernement tout entier, nous repous
sons la proposition qui vient d'être faite.

» Nous avons la responsabilité de nos actes, nous vou
lons avoir les moyens de la soutenir.

» Nous avons réduit le comité de défense, nous avon
éloigné de ce comité des officiers qui, par leur position
leur instruction, étaient capables de donner d'excellent
avis dans le conseil.

» Il y en a un notamment qui a travaillé à l'établisse
ment des forteresses de Paris, cependant nous l'avon
éloigné parce que nous avons craint qu'un trop grand
nombre de membres dans le conseil vînt gêner et entra
ver ses opérations.

» Quelque confiance que nous ayons dans les mem
bres de la Chambre, nous avons la responsabilité, nou
voulons l'avoir tout entière. »

Après avoir entendu le ministre de la guerre, la
Chambre se retira dans ses bureaux jusqu'à 6 heures. A
la reprise de la séance, M. Thiers, qui avait été nommé
rapporteur de la commission chargée d'examiner la pro
position de M. de Kératry, sollicita et obtint de l'assem
blée l'ajournement au lendemain.

Le 23 août, avant que le rapporteur de la commission
ait pu prendre la parole, M. Glais-Bizoin avait entretenu
la Chambre d'une de ces propositions au moins étranges,
dont il a eu longtemps le monopole, peu enviable d'ail
leurs, dans nos assemblées délibérantes.

« Je veux dire au Gouvernement que, non seulement il
doit dégager Paris des bouches inutiles, mais qu'il ne

doit pas permettre ce qui se pratique actuellement, avait dit M. Glais-Bizoin. Si je suis bien renseigné, aujourd'hui, dans Paris, on amène des blessés qui ne sont pas parisiens, on organise des ambulances.

» Je demande qu'on dégage Paris des bouches inutiles, mais quand les blessés ne sont pas Parisiens, il faut les envoyer dans les départements voisins. »

L'honorable député breton, à force de sollicitude, tombait presque dans le ridicule. Rendons-lui pourtant cette justice que sa motion était complètement désintéressée. M. Glais-Bizoin eût été en effet singulièrement embarrassé si, pour la première fois, la Chambre avait fait à une de ses propositions l'honneur de la considérer comme sérieuse. Il se serait cru sans doute obligé, dans ce cas, de partager l'ostracisme qu'il voulait faire décréter contre « les bouches inutiles » et la France n'aurait pas eu le triste avantage de le compter parmi ses dictateurs.

L'attention, un instant distraite par la proposition de M. Glais-Bizoin, avait été bientôt ramenée à l'importante question qui, la veille, avait si vivement agité les esprits à la Chambre. Au nom de la commission dont il était rapporteur, M. Thiers s'était exprimé en ces termes :

« La commission m'a chargé de vous déclarer quel était l'état actuel de son travail, il n'est point terminé.

» Elle a repoussé la déclaration Kératry pour deux motifs : le premier c'est que le cabinet s'y opposait et que la commission, à l'unanimité, était d'avis qu'une crise ministérielle serait actuellement un malheur.

» Le second est celui-ci : c'est qu'il ne fallait pas augmenter outre mesure le nombre des membres du comité de défense, soit nommés par le Gouvernement, soit élus par la Chambre. Elle est donc arrivée à un essai de tran-

saction consistant dans l'élection de trois membres seu-
ment.

» Cette proposition a elle-même rencontré des difficultés. Nous étions occupés à les lever. Je tromperais la
Chambre si je lui disais que c'était avec une complète
espérance d'y réussir.

» Nous vous demandons la remise à demain. »

Le lendemain, 24 août, la commission faisait par l'organe de son rapporteur la déclaration suivante :

« La commission, persistant à ne vouloir proposer
aucune résolution qui pût en ce moment amener une
perturbation ministérielle conclut au rejet des diverses
propositions qui ont été soumises à son examen. »

M. de Kératry ne jugea pas à propos d'imiter cette
attitude patriotique de la commission. Prenant la question de plus haut, le député de la gauche alla jusqu'à
contester au ministre de la guerre le droit qu'il s'était
arrogé de nommer un comité qui, par sa nature et sa
destination, rentrait dans les attributions du général
Trochu.

Ce n'était donc point assez pour ce dernier d'avoir été,
au mépris des règles de la hiérarchie, porté à la présidence du comité de défense, il se plaignait par l'organe
de M. de Kératry qui se faisait l'écho si complaisant de
ses injustes récriminations, « qu'on lui faisait subir ce
comité dont il n'avait que faire et qu'on ait laissé, par un
manque d'égards inqualifiable, au *Journal officiel* le soin
de lui révéler cette création aussi inutile que gênante. Il
faut citer les paroles de M. de Kératry dont l'analyse ne
pourrait qu'affaiblir le fiel et l'âpreté :

« Le comité de défense, disait l'orateur, comment a-t-il

été constitué? Il a été constitué par ceux qui n'avaient
pas le droit de le faire. Quand un général ou un officier
quelconque est investi surtout en état de siège, de tous
les pouvoirs, il commande seul une place, il est seul responsable de la défense. Le général Trochu se trouvait ici
dans des conditions différentes, mais seulement en ce
qui concernait la politique. Il avait à recevoir des ordres
de M. le ministre de la guerre, parce que Paris est le
siège du Gouvernement. A part cela vous n'avez nullement à lui faire subir un conseil de défense.

» Le mot subir vous semble dur, eh bien ! je vous dirai
que le général qui commande ici, seul à Paris, a appris
la création du comité par l'*Officiel.* »

Le Gouvernement ne pouvait laisser passer sans protester de pareilles imputations.

« Le comité, répondait M. C. Duvernois, est antérieur
à la nomination du général Trochu, ce dernier en a
connu l'existence et l'a pleinement accepté. Je pourrais
entrer à cet égard dans des détails décisifs. M. le maréchal Vaillant, apprenant la nomination du général Trochu comme gouverneur de Paris, avait pensé qu'il devait
s'effacer comme président du comité de défense et immédiatement, spontanément il s'était adressé à M. le général
Trochu pour lui dire : Voulez-vous prendre la présidence
du comité ? »

» Voilà comment le comité de défense a été constitué
contre M. Trochu ! »

Nous ne ferons à M. de Kératry l'injure de supposer
qu'il ait cru devoir s'abriter derrière le nom et la personnalité du général Trochu pour exposer à la tribune
des critiques et des griefs qui lui étaient personnels. On

nous permettra donc de regretter que M. Duvernois n'ait pas jugé opportun « d'entrer dans ces détails décisifs » qu'il eût été si intéressant de connaître. Il nous eut peut-être ainsi été possible de démêler dès alors le double jeu auquel le général Trochu allait se prêter si complaisamment.

M. le comte de Palikao crut devoir intervenir à son tour dans le débat.

« J'ai accepté, dit-il, le pouvoir dans les conditions les plus défavorables et, en acceptant cette tâche, j'ai compté sur toute votre bienveillance et sur votre concours. »

Le ministre de la guerre poursuivait avec une franchise toute militaire dont, pour notre part, nous ne saurions trop lui savoir gré :

« Il y a des Prussiens dans la population de Paris et je puis vous le prouver. C'est donc contre l'ennemi extérieur et contre l'ennemi intérieur que nous dirigeons tous nos efforts et nous ne cesserons que quand la patrie sera délivrée de l'ennemi extérieur et que nous aurons réduit à l'impuissance l'ennemi à l'intérieur.

» Vous pouvez compter sur une fermeté inébranlable de ma part. J'ai en main tous les moyens nécessaires pour réprimer les désordres qui pourraient se produire et je réponds à la Chambre de la tranquillité de Paris. »

« Il y a des Prussiens dans la population de Paris et je puis vous le prouver ! » avait dit le comte de Palikao. Quel terrible rapprochement nous pourrions faire entre cette trop grave déclaration et les paroles que M. Pelletan prononçait quelques jours auparavant, dans la séance du 12 août, lorsqu'il accusait, avec tant de véhémence, le Gouvernement d'avoir commis « une violation du droit des gens » en voulant expulser les Allemands « dans les circonstances actuelles. » L'opposition apportait décidément un soin jaloux à n'éluder aucune responsabilité, quelque lourde qu'elle fût !

L'attitude résolue et déterminée du Gouvernement n'était pas de nature à satisfaire l'opposition. M. Jules Favre, en son nom, se chargea de donner la riposte au ministre de la guerre. Ses premières paroles sont marquées au coin du patriotisme le plus pur et resteront comme la condamnation la plus éclatante de la révolution de Septembre à laquelle il n'allait pas se faire faute de prendre part. Il appartenait à l'un des principaux auteurs de ce crime de lèse-nation de le flétrir par avance avec autant d'énergie que d'autorité.

« Que la politique, disait M. Jules Favre, soit écartée en ce sens qu'aucun parti ne veuille se jeter dans la mêlée pour essayer de faire prévaloir ses idées... *Non, celui qui guetterait la défaite pour asseoir sur les ruines nationales les bases de ses espérances, celui-là serait un citoyen qui devrait être trois fois maudit.* »

Notons en passant, détail curieux et piquant, que ces paroles de M. J. Favre, étaient accueillies par les applaudissements les plus vifs de la gauche. Avant que la droite ait eu le temps de mêler ses applaudissements à ceux des amis de M. J. Favre ce dernier avait subitement changé de ton et d'allure.

Après un début aussi imprévu, sans transition aucune, l'orateur se livrait aux dernières violences de langage.

« Mais, poursuivait-il, que de cette extrémité que je condamne hautement, on aille jusqu'à cette autre qui ne serait que la persévérance dans un système qui nous a perdus, c'est ce que je ne saurais admettre...

» Je disais tout à l'heure que depuis que la Chambre est assemblée, la politique semble avoir subi une déviation singulière ; il n'en est plus question, de telle sorte que la nation française ne sait pas pour qui elle va mourir. »

Ces dernières paroles de l'orateur produisaient une vive agitation dans la Chambre.

« Nous armons le pays, et vous le désarmez par vos paroles » « ne découragez pas l'armée ! » s'étaient écriés à la fois MM. H. Chevreau et de Palikao et M. le président Schneider avait mêlé sa voix autorisée à la leur pour protester.

Sans se laisser arrêter par les interruptions et les protestations, M. J. Favre terminait ainsi son discours :

« Je supplie la Chambre d'affirmer que le pouvoir est dans le pays et que la nation est appelée à défendre à la fois son territoire et sa liberté, qu'elle défendra ces biens précieux jusqu'à la mort, jusqu'à ce que l'étranger ait été repoussé du sol et alors, dans sa souveraineté, elle jugera ceux qui l'ont plongée dans de pareils malheurs. »

La Chambre ne pouvait laisser sans réponse un discours contre lequel elle s'était presque unanimement insurgée. Un membre de l'ancien cabinet, l'honorable M. Buffet, se chargea de protester en son nom contre les théories subversives émises à la tribune par M. J. Favre.

« Le gouvernement parlementaire, dit M. Buffet, a dans une grande crise nationale à faire ses preuves. En face de l'ennemi, le gouvernement de discussion est un gouvernement d'action, il faut qu'il prouve que, pendant la guerre, il est propre à défendre le pays, comme à discuter, dans la paix, ses intérêts. En présence de l'ennemi, malgré les divisions, malgré les partis qui peuvent exister, qui existent légitimement dans cette Chambre, c'est à nous, partisans de ce régime libéral, de montrer que nous avons une seule aspiration, un seul désir, une seule passion : l'union de tous les sentiments et de toutes les énergies vers un même but, vers un même résultat : chasser l'étranger. »

L'orateur descendait de la tribune au milieu des acclamations et des applaudissements répétés de l'Assemblée.

Le 26 août, soit que le Gouvernement se fût ravisé, soit qu'il voulût donner un nouveau gage de conciliation à la Chambre, l'Impératrice, sur la proposition du ministre de la guerre, nommait membres du comité de défense MM. Béhic et Mellinet, sénateurs, et MM. Daru, Dupuy de Lôme et de Talhouët, députés. Un décret spécial conférait le même titre à M. Thiers. Ce dernier avait éprouvé plus d'étonnement que de satisfaction, lorsque le *Journal officiel* lui avait apporté cette nouvelle au moins inattendue. Il crut devoir, à l'ouverture de la séance du 26 août, entretenir la Chambre de l'embarras qu'il éprouvait et des scrupules qui l'empêchaient d'accepter la mission qu'on lui confiait.

« Ce matin, dit-il, l'*Officiel* m'a appris, à mon grand étonnement, que j'étais membre du comité de défense. Il m'est impossible, sans explication préalable, d'accepter la tâche dont le Gouvernement a bien voulu m'honorer et m'accabler.

»... Quant à moi, je ne croyais pas pouvoir me charger d'une tâche pareille sans une délégation de la Chambre. Ce matin, j'ai été averti par l'*Officiel* seul de la nomination qui me concernait.

» J'ai été vivement affecté, non seulement par la gravité de la tâche, mais aussi pour la position un peu équivoque que cette nomination, tout à fait inattendue pour moi, allait me faire dans le pays.

» Les hommes peuvent valoir quelque chose par les facultés petites ou grandes que Dieu leur a départies. Ils valent surtout par leur autorité morale, et leur autorité morale tient à la sincérité, à la suite, à la persévérance qu'ils mettent dans leurs opinions, leurs actes, leur vie tout entière.

» J'ai donc besoin de bien établir devant le pays que ce n'est pas la politique qui me rattache à l'œuvre dont le comité de défense est chargé.

» Tout le monde le sait, je suis resté étranger au Gouvernement depuis qu'il existe, non pas à cause des personnes, mais à cause de sa politique.

» J'étais étranger à lui, je le suis encore, car cette politique à mes yeux, a amené de trop douloureux résultats pour que ce soit aujourd'hui le cas de faire acte d'union avec elle.

» ... Pour ce qui est de mon concours officieux, dévoué, quelle que soit la situation difficile où puissent se trouver placés les membres du comité, on peut y compter. J'accepte la tâche. Quant au titre, à la responsabilité, il me faudrait, pour les accepter, l'appui de la Chambre. »

On nous permettra de faire ressortir le désintéressement avec lequel M. Thiers entretenait la Chambre de « sa modeste personnalité ». Il avait, dans les jours précédents, comme rapporteur de la commission, conclu au rejet de toutes les propositions qui avaient pour but d'associer la Chambre d'une manière quelconque à la formation du comité de défense. Il trouvait alors sage et patriotique de laisser au Gouvernement l'initiative pleine et entière qu'il avait revendiquée. Il n'avait pas prévu que le Gouvernement, avec un tact qui l'honore, se serait empressé de recourir à ses lumières et de l'attacher à ce comité. Cette attention délicate l'avait remplie d'étonnement. La tâche lui- paraissait « bien lourde » et surtout pouvait le compromettre aux yeux du pays. C'est pourquoi il considérait comme nul et non avenu le décret du Gouvernement s'il n'était ratifié par une délégation spéciale de cette même Chambre à laquelle, la veille encore, il contestait et refusait le droit d'intervenir dans la composition du comité de défense.

M. Thiers trouvait peut-être l'occasion bonne pour tirer une revanche éclatante de ces mêmes députés qui, le 15 juillet précédent, l'avaient si durement malmené. Après avoir pris soin de dégager sa personnalité politique qu'il dressait tout entière devant le pays, il promettait « son concours officieux » à la condition que la Chambre se joindrait au Gouvernement pour le lui demander. La condition était dure, humiliante peut-être. La Chambre, plus patriotique que M. Thiers, crut cependant devoir l'accepter.

« Je crois devoir constater que toute la Chambre vous le demande » dit M. le président à l'orateur. Et comme si ce n'était pas encore assez, le Gouvernement, après la Chambre, tint à honneur de payer son tribut à la vanité de M. Thiers. Il le fit dans les termes suivants par l'organe de M. H. Chevreau :

« M. Thiers a prononcé hier dans cette Chambre les paroles les plus patriotiques et les plus conciliantes. Il a déclaré que dans la crise que nous traversons, tout bon citoyen devait faire abstraction de son opinion politique et se dévouer à la défense, c'est pourquoi le Gouvernement a pensé que M. Thiers, qui a attaché son nom à la grande œuvre des fortifications de Paris, était naturelle-

ment désigné pour concourir à leur défense, et il le remercie du concours qu'il veut bien leur prêter. »

La flatterie est mauvaise conseillère. Aussi les raisons
données par M. H. Chevreau étaient-elles plus que contestables. Si le nom de M. Thiers était aussi indissoluble-
ment lié à la « grande œuvre des fortifications de Paris »
on s'explique peu que le Gouvernement l'ait appelé si
tardivement à faire partie du comité de défense. Il serait
plus difficile encore de justifier les remerciements que le
ministre croyait devoir adresser à M. Thiers, au nom du
Gouvernement, pour une acceptation si pleine de réserves et d'hésitations.

Nous en aurions fini avec un incident auquel la personnalité de M. Thiers a donné une importance que les
circonstances critiques au milieu desquelles il se produisait ne comportaient pas, si nous ne voulions souligner au
passage certaines paroles que le président de la République, avait sans doute oubliées ou désavouées en 1871.

« Les hommes, disait M. Thiers, peuvent valoir quelque
chose par les facultés que Dieu leur a départies. Ils valent surtout par leur autorité morale, et leur autorité morale tient à la sincérité, à la suite, à la persévérance qu'ils
mettent dans leurs opinions, leurs actes, leur vie tout
entière. »

On nous permettra d'appliquer plus tard ces paroles à
leur auteur. Ce sera la seule vengeance que nous voulions
tirer de lui.

On se rappelle que dans la séance du 24 août, M. de
Kératry s'était abrité derrière le nom du général Trochu
pour faire pièce au Gouvernement, et avait failli ainsi provoquer une crise ministérielle que M. Thiers lui-même
avait cherché à conjurer « comme un malheur ». S'ins-

pirant de ce détestable précédent, dans la séance du 27 août, M. E. Picard essaya, sous le couvert du trop complaisant gouverneur de Paris, de livrer un nouvel assaut au Gouvernement.

« Nous demandons, dit l'orateur de la gauche, que le recensement et l'armement de la garde nationale de Paris soient dans les attributions exclusives du gouverneur de Paris. » M. le comte de Palikao fit à cette proposition la réponse brève et sèche qu'on va lire :

« Je n'ai qu'une seule réponse à faire, c'est que la position du général Trochu, d'après tous les règlements, n'est qu'une position militaire et nullement une position administrative. La délivrance des armes se fait par l'administration de la guerre et je n'admettrai jamais qu'un de mes inférieurs, placé sous mes ordres, usurpe des fonctions que je dois remplir. »

Il y a entre ces paroles et celles que le comte de Palikao adressait quelques jours auparavant à M. de Kératry, des nuances plus que significatives que le général Trochu, et, peut-être aussi ses nouveaux alliés, ont pu facilement saisir.

La gauche était décidément en veine d'interpellations. L'insuccès de la motion de M. E. Picard n'avait pu décourager M. Arago qui ne craignait pas d'adresser à M. le ministre de la guerre une question qu'à tout le moins on nous permettra de qualifier d'*épique*.

« Je demande, disait M. Arago, lorsque tous les journaux nous donnent chaque jour des renseignements contradictoires, si le ministre de la guerre peut ou non nous apprendre quelle est en ce moment la position des armées ennemies, à quelle distance elles sont de la capitale :

Paris le demande, il a le droit de le savoir, de l'apprendre officiellement. »

Le comte de Palikao infligea à l'auteur de cette question la verte et laconique riposte qu'il méritait :

« Si pendant que je suis ministre de la guerre, dit-il, un officier, de quelque grade qu'il soit, commettait l'indiscrétion que l'on me demande de commettre, je le ferais fusiller. »

Malgré le zèle et l'empressement que le Gouvernement apportait à l'organisation et à l'armement de la garde nationale, il était chaque jour en butte aux reproches impatients des membres de la gauche qui trouvaient que cette partie de la défense, la seule à laquelle ils daignassent s'intéresser, était conduite avec trop de mollesse et de lenteur. Dès le 20 août, M. Gambetta avait déposé sur le bureau de la Chambre, en les recommandant tout spécialement au ministre de la guerre, deux pétitions émanant de gardes nationaux de Paris, qui se plaignaient de ne pas recevoir d'armes. Le 24, M. J. Simon avait plaidé la cause des habitants du faubourg Saint-Antoine, qui formulaient les' mêmes plaintes. Le 30, M. J. Favre se faisait à la tribune l'écho des réclamations « d'honorables citoyens de Belleville » auxquels on avait osé refuser des armes.

« Je reçois à l'instant, disait-il, un document qui m'est envoyé par d'honorables citoyens de Belleville qui se sont présentés pour avoir des armes. Messieurs, vous trouvez étonnant que les citoyens de Belleville veuillent défendre la patrie ! C'est par des rires, c'est par des murmures que leurs réclamations patriotiques sont accueillies ! En vérité, j'ai le droit de m'en étonner et je pourrais me servir d'un terme plus sévère.

 » Je reprends : Des citoyens de Belleville, faisant partie de la garde nationale, se sont présentés pour demander des armes, le commandant du bataillon leur a répondu qu'ils n'en auraient pas, que les malheurs de la France étaient dus exclusivement à l'opposition.

» Le nom de ce commandant est écrit dans le document que j'ai entre les mains. Assurément, je ne le dirai pas en séance publique, mais je demande à M. le ministre de l'intérieur que justice soit faite et, si justice n'est pas faite, certainement les citoyens de Belleville auront le droit...

Interrompu à ce point de son discours par M. Dugué de la Fauconnerie qui s'écriait :

« Toujours le même système d'exciter à des barricades où vous ne serez pas. »

M. J. Favre terminait par ces paroles grosses de menaces:

« Il faut que le Gouvernement fasse justice. S'il ne fait pas justice, il en portera la responsabilité. »

Ainsi donc, l'ère des ménagements était close désormais. L'opposition qui sentait son heure prochaine, ne connaissait plus ni bornes, ni mesures. Elle affectait de harceler et de cribler le ministère d'interpellations, dont le moindre défaut était d'être complètement étrangères à l'œuvre patriotique de la défense. Elle n'abordait la tribune que la menace sur les lèvres, et ses paroles étaient pleines de défis et de provocations. Une pareille attitude et de semblables procédés peuvent parfois être couronnés par le succès, ils n'en sont pas pour cela moins coupables et moins condamnables.

Le 31 août, M. Keller donnait lecture à la Chambre d'une lettre qu'il recevait de Strasbourg, et qui contenait les détails les plus intéressants et en même temps les plus navrants, sur la population de cette malheureuse cité. L'orateur demandait à la Chambre de déclarer que la ville de Strasbourg avait bien mérité de la patrie.

La Chambre tout entière répondait à son invitation, et M. Keller la remerciait de son élan d'enthousiasme sympathique dans les termes suivants :

« Je vous remercie en ce moment, moi qui suis Alsacien et qui veux rester Français, de l'engagement que vous venez de prendre, Dieu en est témoin ! »

M. le comte de Palikao avait ensuite entretenu la Chambre des travaux accomplis par le ministère qu'il présidait. Il constatait avec une satisfaction qui, hélas ! ne devait pas être de bien longue durée, la situation difficile et onéreuse dans laquelle se trouvait l'armée prussienne.

« Depuis qu'ils ont pénétré en France, disait-il, les Prussiens ont perdu au moins 200,000 hommes; aussi, les frais de la guerre auxquels la Prusse doit faire face aujourd'hui, sont-ils estimés à 10,500,000 fr. par jour. »

On reste stupéfait lorsque l'on songe que ces paroles pleines d'espoir et de confiance étaient adressées à une assemblée qui ne devait plus se trouver réunie qu'après cette débâcle sans précédent dans l'histoire et qui a nom : Sedan.

CHAPITRE XV

La dernière session du Corps législatif de l'Empire.

(SUITE)

« Il ne faut pas qu'un pareil état de choses se continue.
Nous devons savoir où nous en sommes avec le gouvernement qui nous régit. Où est l'Empereur ? Communique-t-il avec ses ministres ? Leur donne-t-il des ordres ? »

(M. Jules Favre. — Séance du 3 septembre.)

« Je tiendrai mon serment jusqu'à la mort et vous, songez à tenir le vôtre ! Il n'y a pas deux manières d'observer la religion du serment : on le tient ou on le trahit. Au suffrage universel seul, appartiendrait, le cas échéant, le pouvoir de nous en relever. »

(Marquis de Piré. — Séance du 3 septembre.)

L'héroïsme de nos soldats n'avait pu ramener la victoire sous nos drapeaux. L'armée française, après des prodiges de valeur, venait d'être successivement battue à Beaumont et à Sedan. La nouvelle de cette double défaite était parvenue à Paris avant l'ouverture de la séance du 3 septembre. Le Gouvernement ne devait en connaître les conséquences effroyables que dans la soirée. Le comte de Palikao ne s'était point laissé décourager par ces nouveaux revers et il exposait à la Chambre les mesures qu'il avait cru devoir prendre sous le coup de si funestes événements.

« En présence de ces événements, disait-il, notre premier soin a été d'abord d'organiser les forces vives que nous avions sous la main, c'est-à-dire la mobile et les anciens soldats. Malheureusement, nous ne les avons pas en assez grand nombre. Mais enfin, les gardes nationales mobiles sont constituées déjà au chiffre de 200,000 hommes. Ces gardes nationales sont appelées à Paris ; elles vont former dans Paris une armée qui, avec les autres forces qui y sont déjà établies, assurera d'une manière complète la défense et la sécurité de la capitale.

» Oui, Messieurs, je le répète, aujourd'hui nous appelons toutes les forces vives de la nation à défendre le territoire, nous mettrons toute l'énergie possible à leur organisation et nous ne cesserons nos efforts qu'au moment où nous aurons expulsé de la France la race des Prussiens. »

M. Jules Favre prenait ensuite la parole. Fidèle à sa tactique habituelle, il commençait son discours par des déclarations essentiellement modérées et patriotiques, destinées à lui concilier l'attention de l'assemblée.

« La déclaration de M. le ministre de la guerre, disait-il en débutant, est de celles qui ne doivent provoquer de la part d'aucun membre de cette Chambre d'autre réflexion que la résolution d'une étroite union dans le sentiment de la défense jusqu'au bout. Sur ce point, nous sommes tous unanimes. Tous aussi, nous avons à cœur, pour notre pays, pour nous-mêmes, pour notre responsabilité, de prendre les moyens les plus efficaces pour arriver au succès auquel nous nous dévouons. Or, jusqu'ici, avons-nous suffisamment fait ce que les événements nous imposaient comme une obligation sacrée?

»... L'armée française a été héroïque dans toutes les circonstances où elle s'est rencontrée en face de l'ennemi.

Tout à l'heure encore, on vous parlait de ces prodiges de valeur qui ont été accomplis par le maréchal Bazaine, essayant de percer le cercle de forces quadruples des siennes qui s'est formé autour de lui. Il n'a pas calculé le nombre, il a vu que la France avait besoin de son épée et à travers tous les obtacles, il a essayé de se faire jour.

» Devant lui, un officier général, non moins brave, se présentait pour l'aider dans cette entreprise de salut public, ce qui lui a manqué, c'est la liberté du commandement. »

« Non! non! » s'écriait M. de Palikao.

Sans tenir compte de cette dénégation, M. J. Favre continuait ainsi :

« Il n'est douteux pour personne qu'on lui a demandé des forces pour protéger l'Empereur.

» Il les a refusées et alors le Conseil des ministres a cru devoir prendre ces forces sur celles qui étaient destinées à défendre Paris. »

Pour satisfaire à ses instincts d'opposition qu'il ne se donnait même plus la peine de contenir, M. J. Favre se mettait en contradiction formelle avec un de ses collègues de la gauche qui, quelques jours auparavant, reprochait, avec la plus grande injustice, au Gouvernement, de retenir dans Paris, sous les prétextes les moins avouables, des troupes qui avaient leur place marquée à la frontière. « Eh quoi! disait M. Ferry..., vous gardez ici 25,000 hommes pour servir vos fausses et folles terreurs! Eh bien! laissez-moi vous le dire, ce sont là des terreurs qui ressemblent à une trahison vis-à-vis de la patrie!... »

M. J. Favre, de son côté, avec non moins d'amertume, reprochait au Gouvernement de s'être servi « des forces destinées à la défense de Paris » pour « protéger l'Empereur ».

Nous n'essayerons pas de mettre d'accord deux hommes aussi bien faits pour s'entendre que MM. J. Favre et J. Ferry. Nous nous nous bornerons à constater, combien, suivant que les circonstances et leur intérêt le leur commandaient, leur opposition au Gouvernement était souple en même temps que déloyale.

« Il ne faut pas qu'un pareil état de choses se continue, poursuivait M. J. Favre, nous devons savoir où nous en sommes avec le Gouvernement qui nous régit. Où est l'empereur ? Communique-t-il avec ses ministres ? Leur donne-t-il des ordres ? »

« Non ! » répondait le comte de Palikao à ce triple point d'interrogation.

L'orateur s'autorisant de cette réponse en concluait que « le gouvernement de fait » avait cessé d'exister et que les pouvoirs dont il était investi faisaient retour à la Chambre.

« Dans cette crise suprême, disait-il en terminant, je n'ai que deux mots à dire : que la France et que la ville de Paris directement menacées, unies dans une étroite solidarité, décidées à ne déposer les armes que lorsque l'ennemi sera chassé du territoire avisent elles-mêmes, car c'est sur elles-mêmes et sur elles seules, dans la liberté dont elles doivent jouir pour se défendre, que repose le salut de la patrie !

» Ce qu'il faut en ce moment, ce qui est sage, ce qui est indispensable, c'est que tous les partis s'effacent devant un nom représentant la France, représentant Paris, un nom militaire, le nom d'un homme qui vienne prendre en mains la défense de la patrie, ce nom, ce nom cher et aimé, il doit être substitué à tout autre.

» Tous les autres noms doivent s'effacer devant celui-là, ainsi que le fantôme de gouvernement qui a conduit la France où elle est aujourd'hui. Voilà mon vœu, je l'exprime à la face de mon pays ! Que mon pays l'entende ! »

Nous ne chercherons pas à expliquer comment et pourquoi M. J. Favre, qui n'avait pas ménagé d'abord son approbation au ministre de la guerre, lui signifiait tout à coup son congé. La logique a toujours été étrangère aux discours de l'opposition et c'est là leur moindre défaut.

Nous nous bornerons simplement à constater les progrès notables et sensibles qu'avait fait le général Trochu dans le clan de la gauche auquel il était inféodé depuis si peu de temps.

M. J. Favre n'était guère en avance que de vingt-quatre heures, lorsqu'il revendiquait la première place pour ce général « cher et aimé ».

M. le marquis de Piré protesta le premier, en quelques mots très dignes et très nobles, contre l'appel à l'insurrection que M. J. Favre venait d'adresser du haut de la tribune à la France et à la capitale :

« Je tiendrai, dit-il, mon serment jusqu'à la mort, et, vous, songez à tenir le vôtre ! Il n'y a pas deux manières d'observer la religion du serment : on le tient ou on le trahit. Au suffrage universel seul, appartiendrait, le cas échéant, le pouvoir de nous en relever. »

Après le marquis de Piré, le comte de Palikao s'exprimait ainsi :

« Je dirai à M. Jules Favre qu'il a fait allusion à un

homme, dont il n'a pas prononcé le nom, mais qu'il a désigné assez significativement pour que le doute ne soit possible pour personne, je lui dirai : j'ai trop de confiance dans la loyauté et l'honneur de celui que vous avez désigné pour croire un seul instant qu'il consentît à accepter, contrairement au serment qu'il a prêté, la position que vous voudriez lui faire. »

Nous verrons bientôt avec quelle facilité les hommes de Septembre eurent raison de ces honorables scrupules que le comte de Palikao prêtait si généreusement au général Trochu.

Cependant la lumière s'était faite sur la journée de Sedan et sur ses désastreuses conséquences. L'armée tout entière avait capitulé, et au moment même (étrange ironie du sort !) où M. J. Favre demandait au ministre de la guerre : « Où est l'empereur ? » le souverain de la France était le prisonnier de la Prusse !

A la nouvelle de ce grand désastre, le Conseil des ministres s'était réuni en toute hâte et avait adressé immédiatement la proclamation suivante au peuple Français :

« Français !

» Un grand malheur frappe la patrie. Après trois jours de luttes héroïques, soutenues par l'armée du maréchal de Mac-Mahon contre 300,000 hommes, 40,000 hommes ont été faits prisonniers.

» Le général de Wimpffen, qui avait pris le commandement de l'armée, en remplacement du maréchal de Mac-Mahon, grièvement blessé, a signé une capitulation.

» Ce cruel revers n'ébranle pas notre courage.

» Paris est aujourd'hui en état de défense.

» Les forces militaires du pays s'organisent.

» Avant peu de jours, une armée nouvelle sera sous les murs de Paris ; une autre armée se forme sur les rives de la Loire.

» Votre patriotisme, votre union, votre énergie sauveront la France.

» L'Empereur a été fait prisonnier dans la lutte.

» Le Gouvernement, d'accord avec les pouvoirs publics, prend toutes les mesures que comporte la gravité des événements. »

Cette proclamation portait la date du 3 septembre. Elle était revêtue de la signature de tous les ministres.

Répondant au vœu qui avait été formulé par un grand nombre de députés, M. le président Schneider avait immédiatement fait convoquer la Chambre pour une séance de nuit dont nous sommes obligé de renvoyer l'analyse après le récit de la capitulation de Sedan.

CHAPITRE XVI

SEDAN

« Je sais le désastre, je rends justice à l'armée; elle s'est assez sacrifiée, et c'est à mon tour de m'immoler; je suis résolu à demander un armistice. »

(*Napoléon III au général Douay*, 3 h. 1/2.)

« Les officiers, les chefs de l'armée française ne paraissaient pas avoir compris leur situation le 31 août au soir, car à ce moment, ils n'avaient plus que deux partis à prendre : ou se retirer avec toute l'armée en Belgique, ou se frayer un passage dans la direction de l'ouest. Ils auraient sans doute subi de grandes pertes, mais une partie de l'armée aurait passé. »

(*La Guerre franco-allemande, rédigée par la section du grand état-major prussien.*)

« Le général de Wimpffen a fait preuve de conceptions trop peu plausibles et justifiées pour ne pas avoir une grande partie de la responsabilité des funestes événements qui amenèrent la capitulation. »

(*Décision du conseil d'enquête sur la capitulation de Sedan.*)

« Il est certain en droit que l'Empereur n'avait pas le droit d'arborer le drapeau : en fait, il n'est pas moins certain, et ce sont d'illustres généraux qui nous l'ont dit, que ce drapeau n'a eu aucune espèce de conséquences sur les opérations militaires. Alors, que reste-t-il? Il reste une question d'humanité. Je ne dis peut-être pas assez, il reste une œuvre de charité. C'est peut-être le vrai mot, et devant ce sentiment-là, à quelque parti que nous appartenions, nous devons tous nous incliner. »

(*Résumé de M. le président Douët-d'Arcq. — Cour d'assises de la Seine. — 15 février 1875. Procès Wimpffen-Cassagnac.*)

La capitulation de Sedan, « cette sombre tache infligée à notre honneur militaire, » comme l'a appelée le général Ducrot, a précipité la chute de l'Empire et assuré l'avènement des hommes de Septembre. Le premier soin et la première préoccupation des émeutiers triomphants a été d'exploiter contre le régime déchu cette épouvantable catastrophe qu'il avait déjà si chèrement payée. L'odieux le dispute au ridicule dans les récits plus que fantaisistes que le gouvernement nouveau s'est cru autorisé à lancer dans le domaine de la publicité. Le *Journal officiel* de la nouvelle République française est devenu le propagateur complaisant et autorisé de ces légendes enfiellées et haineuses dont les vainqueurs furent si prodigues à l'endroit des vaincus.

La perfidie et le mensonge sont deux armes puissantes et terribles entre les mains des révolutionnaires. Grâce à leurs généreux efforts, la responsabilité de cet im. mense malheur est retombée tout entière sur un seul homme. Ils ont enrichi le vocabulaire, déjà si complet de leurs injures d'une de ces expressions insultantes que leur clientèle ordinaire : la tourbe accueille d'autant plus volontiers qu'elle vise plus haut et salit davantage. « L'Homme de Sedan » n'a opposé à ses insulteurs que la dignité et la sérénité, deux fois augustes, de la grandeur abaissée. Il est des circonstances solennelles où le silence des rois est aussi la leçon des peuples.

La calomnie n'avait accompli qu'une partie, la moins cruelle peut-être, de son œuvre abominable. La haine des révolutionnaires est à tous égards préférable à leur sympathie, elle est plus honorable dans tous les cas. Il s'est trouvé des hommes qui, après avoir été comblés de bienfaits par le souverain déchu, l'ont abreuvé d'outrages et ont revendiqué leur large part dans ce concert de malédictions qui s'abattaient sur lui. Une pareille attitude était odieuse, elle n'était pas nouvelle. Le Christ ne fut-il pas trahi et livré par celui de ses disciples qu'il avait laissé le plus souvent reposer sur son cœur !

L'heure de la justice est enfin venue, et la lumière s'est faite sur ce lugubre drame de Sedan. Les situations se sont modifiées et les responsabilités se sont déplacées. Les derniers venus parmi les lâches insulteurs, auquels nous faisions allusion tout à l'heure, n'ont pas porté long-temps le fruit de leur basse félonie. L'histoire, dont il sont eux aussi les justiciables, leur a demandé compte de leurs actes, et les a sévèrement jugés. La conscience publique, mieux renseignée, s'est aussi ravisée et les a cloués au pilori qu'ils avaient dressé pour un autre.

La diversion tentée par l'armée de Châlons pour voler au secours de Bazaine avait échoué. L'armée auxiliaire était, dès le 30 août, dans une situation assez critique pour que son chef songeât à la retraite. Après trois jour-nées de lutte héroïque, nos soldats, cernés presque de tous les côtés par l'ennemi, ne pouvaient espérer de salut qu'en se retirant par la seule voie qui leur fût en-core accessible et que les Prussiens n'allaient pas tarder à occuper.

Lorsque, dans la soirée du 30 août, le général Ducrot qui se trouvait en ce moment à Carignan, avait été averti, de la part du maréchal de Mac-Mahon, qu'il était obligé de se replier, il avait pris immédiatement les dis-positions nécessaires pour couvrir la retraite du com-mandant en chef. Ce dernier ayant été grièvement blessé le 1ᵉʳ septembre au matin, le commandement en chef passa entre les mains du commandant du 1ᵉʳ corps. Le général Ducrot était plus que tout autre de ses collègues convaincu de la situation critique de l'armée française, aussi n'hésita-t-il pas à prescrire immédiatement une retraite qu'il n'était déjà plus possible d'effectuer que par une route de montagnes dans la direction du nord. Le nouveau général en chef se trouvait près des bois de la

Garenne, présidant lui-même au mouvement qui s'accomplissait dans un ordre parfait, lorsqu'il reçut du général de Wimpffen l'ordre de s'arrêter et d'appuyer vigoureusement le général Lebrun.

La présence à l'armée du général de Wimpffen était restée ignorée de tous, DU MARÉCHAL DE MAC-MAHON LUI-MÊME. Arrivé au camp pendant la bataille de Beaumont, il n'avait pas jugé à propos de se révéler à ses collègues, ni au général en chef, qu'il était appelé à remplacer, le cas échéant. Le ministre de la guerre l'avait appelé du fond de l'Afrique à un commandement actif, et il avait rejoint l'armée de Châlons en toute hâte. Il était nanti d'une lettre de service qu'il ne crut devoir produire *ni à l'Empereur, ni au maréchal de Mac-Mahon*. Ce dernier, dont la succession lui était réservée, en cas d'accident, aurait pu lui communiquer ses projets et ses plans, et le renseigner d'une façon complète sur la situation de l'armée. Le général de Wimpffen s'était prudemment tenu à l'écart, et, lorsque, le 1er septembre, il avait connu un des premiers la blessure du général en chef, il avait laissé le général Ducrot prendre un commandement que quelques heures plus tard il venait lui disputer et lui ravir. Esclave de la discipline, le général Ducrot obéit à l'ordre que lui transmettait le général de Wimpffen. Il se mit immédiatement à la recherche du nouveau général en chef, et, lorsqu'il put l'atteindre, il le supplia de lui laisser continuer le mouvement de retraite qu'il avait commencé. Il y allait, suivant lui, du salut de l'armée. Alléché par le succès relatif remporté à Bazeilles par le corps du général Lebrun, le général de Wimpffen, avec plus de témérité que de sang-froid, avait rêvé une grande victoire. Il avait écrit aux chefs de corps pour leur notifier qu'il prenait le commandement en chef de l'armée, et *leur prescrire d'être victorieux*.

L'enthousiasme du nouveau général en chef ne connaissait plus de bornes. Le hasard l'ayant mis en présence de l'Empereur il lui disait : « PLUS ILS SERONT, TANT MIEUX ! NOUS LES F...... DANS LA MEUSE. »

Qui le croirait? Le général qui parlait et agissait avec tant de forfanterie et de jactance, n'avait pas de « PLAN ARRÊTÉ ! » Il a été obligé de le confesser lui-même depuis. Il s'était borné à arrêter le mouvement savamment combiné par son prédécesseur, le général Ducrot, et à ordonner aux chefs de corps de se battre là où ils étaient. Il n'avait écouté ni les objections, ni les conseils, ni les représentations de ses collègues, inquiets et alarmés à juste titre. A quoi bon consulter, écouter même « CES VANITEUX ET CES INCAPABLES », comme il s'est plu à les appeler depuis.

Le désastre prévu et annoncé par le général Ducrot, n'avait pas tardé à se produire. Nos troupes avaient été sur tous les points décimées par un ennemi vingt fois supérieur en nombre. Le mouvement tournant, cette manœuvre favorite de nos heureux adversaires, s'était terminé sans encombre pour eux. Enfermée dans un cercle de feu, l'armée française ne pouvait plus que se rendre ou passer en Belgique. Et, cependant, le général de Wimpffen refusait toujours de se placer en face de la réalité. Poursuivant jusqu'au dernier moment ses rêves et ses chimères, il conviait ses collègues, les chefs de corps, à venir l'appuyer dans le mouvement offensif qu'il tentait sur Carignan. Cette entreprise désespérée, qu'il eût été plus que téméraire de risquer au commencement de la journée, avec des troupes fraîches, il jugeait à propos de l'entreprendre vers trois heures de l'après-midi, alors que la déroute était si complète, que les généraux commandant les corps d'armée n'avaient même plus d'escortes à leur disposition.

Les sinistres pressentiments du général Ducrot s'étaient

rapidement réalisés. Lorsque, le matin de ce jour à jamais néfaste, le général de Wimpffen lui disait : « CE N'EST PAS UNE RETRAITE QU'IL NOUS FAUT, C'EST UNE VICTOIRE ; » Ducrot lui répondait : « NOUS SERONS BIEN HEUREUX SI NOUS AVONS UNE RETRAITE CE SOIR ! »

Le général de Wimpffen pouvait maintenant mesurer et apprécier les conséquences de son fatal et intempestif entêtement. Il était, lui aussi, obligé de prononcer ce mot de retraite, pour lequel il manifestait quelques heures auparavant une si profonde répulsion. Il donnait l'ordre de se replier sur Sedan, qui allait devenir le tombeau de cette héroïque armée de Châlons, à laquelle il avait, par un motif d'ambition personnelle, enlevé sa dernière chance de salut.

A partir de ce moment, la nécessité d'une capitulation s'imposait à tous, chefs et soldats. Si la responsabilité de cette immense catastrophe ne revient pas tout entière au général de Wimpffen, elle lui est imputable pour la plus grande partie. Le conseil d'enquête l'a proclamé avant nous, et nous ne pouvons que nous associer à sa sentence autorisée :

« LE GÉNÉRAL DE WIMPFFEN, a-t-il dit, A FAIT PREUVE DE CONCEPTIONS TROP PEU PLAUSIBLES ET JUSTIFIABLES POUR NE PAS AVOIR UNE GRANDE PARTIE DE LA RESPONSABILITÉ DES FUNESTES ÉVÉNEMENTS QUI AMENÈRENT LA CAPITULATION. »

Les collègues du général de Wimpffen s'étaient inclinés devant l'autorité du nouveau général en chef avec un esprit de discipline qui fait leur éloge. Ils avaient exécuté ses ordres plus que téméraires avec une abnégation et un patriotisme dont nous ne saurions trop les féliciter. Ils ont fait plus encore, ils ont su garder le silence sur les fautes énormes commises par leur chef. Il a fallu la double provocation du mensonge et de l'insulte pour les faire sortir de leur généreuse réserve. Il a plu au général de Wimpffen d'appeler la lumière et la publicité sur une question qu'il avait tout intérêt à ne point élucider. Le pamphlet qu'il a écrit pour sa justification, a fourni aux généraux qu'il traitait avec tant de morgue et de dédain, l'occasion de réfuter les diatribes et les calomnies accumulées contre eux et le souverain déchu de la France. Nous ne saurions trop remercier le général de Wimpffen de ce précieux concours qu'il nous a ménagé. Il nous permettra de mettre en relief les incorrections de conduite et les fautes commises par le général en chef avant comme après cette capitulation qu'il avait rendue inévitable.

Les généraux de l'armée de Châlons sont unanimes à condamner l'attitude plus que prudente que le général de Wimpffen avait cru devoir prendre lors de son arrivée au camp. Plus préoccupé de ses projets ambitieux que de l'intérêt de la France, M. de Wimpffen, avant de prendre une détermination, avait examiné et pesé avec soin les chances de succès que l'armée pouvait avoir. Ses calculs intéressés avaient été déjoués par une manœuvre habile des Prussiens, à laquelle il s'était laissé prendre. Le combat de Bazeilles n'était qu'une feinte et qu'une diversion tentées par l'ennemi qui voulait attirer notre attention de ce côté pendant que le gros de ses troupes achevait ce mouvement tournant qui, une fois encore, allait nous être si funeste. La bonne attitude du corps Lebrun, le succès relatif qu'il avait obtenu, avaient semblé de bon augure à M. de Wimpffen, qui avait trouvé le moment opportun pour s'emparer du commandement et s'attribuer le mérite d'une victoire qu'il croyait alors certaine. Si nous nous en référons au général Lebrun, qui peut, en cette circonstance, être considéré comme l'écho des impressions de ses collègues, tel serait le mobile qui aurait déterminé le général de Wimpffen à revendiquer un commandement qu'il avait cru devoir jusque-là laisser aux mains du général Ducrot.

Quant aux motifs, a dit le général Lebrun, qui ont pu le déterminer à ne réclamer ses droits de commander en chef que deux heures après sa nomination, eh bien ! ce long temps fait supposer que le général de Wimpffen s'était montré peut-être prudent à l'extrême en ne prenant pas le commandement au moment où la situation n'était pas belle. Plus tard, quand il a cru que c'était une victoire qui se préparait pour nous, alors il a réclamé le commandement.

Presque tous les généraux de l'armée de Châlons estiment, à l'encontre des prétentions de M. de Wimpffen, que la retraite commencée par le général Ducrot avait les plus grandes chances de réussir. Comme l'opinion *de ces sommités militaires* parmi lesquelles il regrettait de ne pas trouver *la moindre monnaie d'un de Moltke,* serait sans valeur pour M. de Wimpffen, nous y joindrons celle de cet homme *du plus haut mérite* dont l'éloge lui est si familier :

« Les officiers, les chefs de l'armée française, a écrit M. de Moltke, ne paraissaient pas avoir compris leur situation le 31 août au soir ; car, a ce moment ils n'avaient plus que deux partis a prendre ; ou se retirer avec toute l'armée en belgique, ou se frayer un passage dans la direction de l'ouest. Ils auraient sans doute subi de grandes pertes, mais une partie de l'armée aurait passé. »

L'empereur était resté sur le champ de bataille jusqu'à onze heures et demie. Les 1er et 2e corps avaient pu successivement admirer son calme et son sang-froid au milieu de la grêle d'obus qui tombaient de toutes parts. Quatre officiers avaient été blessés autour de lui, un général et trois officiers d'ordonnance. La Providence n'avait pas voulu accepter le sacrifice d'une vie qui pouvait être utile encore à l'armée et à la France.

Rentré à Sedan, l'Empereur avait reçu successivement les généraux Ducrot, Lebrun et Douay, que l'ennemi y avait refoulés. Cette ville, sur laquelle les Prussiens pouvaient désormais concentrer leurs efforts, était pleine de traînards et de blessés. Les instants étaient précieux. Il fallait prendre au plus vite une suprême détermination. L'Empereur n'hésita pas. — *J'ai vu le désastre*, dit-il au général Douay, *je rends justice à l'armée, elle s'est assez sacrifiée et c'est à mon tour de m'immoler : je suis résolu à demander un armistice.* Et il fit immédiatement hisser le drapeau blanc.

Le seul reproche admissible qu'on pouvait adresser à l'Empereur pour cet acte, que l'on a si odieusement travesti, c'était d'avoir généreusement usurpé une responsabilité qui devait retomber sur un autre que lui. Le général de Wimpffen n'a pas su reconnaître ce qu'il y avait de grand et de noble dans cet acte d'humanité, dans cet acte de charité. Il a essayé par tous les moyens de se soustraire et de se dérober aux conséquences terribles d'une situation désespérée qu'il avait créée. Il a tenté, à plusieurs reprises, de déposer ce commandement qu'il regrettait tant d'avoir revendiqué. Tantôt c'était à Lebrun, tantôt c'était à Ducrot, qu'il voulait, par sa démission, laisser l'odieux de la capitulation. N'ayant pu y réussir, il n'a pas craint de faire peser sur eux les accusations les plus graves. « SIRE, disait-il à l'Empereur, SI J'AI PERDU LA BATAILLE, SI J'AI ÉTÉ VAINCU, C'EST LA FAUTE DE VOS GÉNÉRAUX QUI N'ONT PAS EXÉCUTÉ MES ORDRES, QUI ONT REFUSÉ DE M'OBÉIR. »

Après avoir calomnié les chefs, il ne lui restait plus

qu'à abandonner ses soldats à leur malheureux sort ; c'est ce qu'il a fait. L'armée, qui allait être en proie à la misère, à la faim, et livrée à la brutalité d'un vainqueur impitoyable, ne devait plus revoir son général en chef. Ce dernier, au cours des négociations, « N'OUBLIAIT NI SES SERVITEURS, NI LES OFFICIERS ATTACHÉS A SA PERSONNE, PAS MÊME SES VIEUX CHEVAUX, IL N'OUBLIAIT QUE SES SOLDATS. »

L'ennemi, qui se montrait si dur et si intraitable pour nos officiers et nos soldats, ne savait rien refuser au général de Wimpffen et lui assignait pour résidence la ville de Stuttgard qu'il avait choisie lui-même. Avant son départ, qui eut lieu le 4 septembre, le général de Wimpffen avait laissé entre les mains de son chef d'état-major, le général Faure, son rapport sur la journée de Sedan. Ce premier rapport, signé de sa main, avait, suivant l'usage, été enregistré. Le 15 septembre, M. de Wimpffen envoyait, de Stuttgard, au gouvernement français, un second rapport dans lequel le rôle et la conduite de l'Empereur, pendant la journée de Sedan, étaient odieusement travestis et dénaturés. C'est à cette noble tâche qu'il avait consacré ses premiers loisirs. Après avoir visé si haut du premier coup, il n'a pas dédaigné ensuite de descendre jusqu'aux généraux qui furent ses collègues et qu'il a largement associés aux calomnies et aux injures qu'il avait commencé par diriger contre son souverain. Ni le maréchal Mac-Mahon, ni le maréchal Niel lui-même, n'ont pu trouver grâce devant ce critique envieux et implacable, qui n'a de louanges et de tendresses que pour le roi Guillaume, qu'il déclare de prime-saut « l'ÉGAL DE LOUIS XIV, » sinon son supérieur, et pour « LES GÉNÉ-RAUX SÉRIEUX ET INSTRUITS » qu'on ne rencontre que sur la rive droite du Rhin.

Telle est cette capitulation de Sedan que les capitulations

de Metz et de Paris n'ont pu faire oublier. Nous en avons déduit les causes et les conséquences, et nous avons cherché à faire à chacun la part de responsabilité qui lui revient dans ce désastre sans précédent. Si l'Empereur, dont le courage et l'abnégation firent en ce jour de deuil et de carnage l'admiration de tous ceux qui l'approchèrent, a péché, il n'a péché que par excès « d'HUMANITÉ » et de « CHARITÉ ».

Nous voudrions, pour l'honneur du nom français, pouvoir assigner une aussi noble cause aux fautes commises par d'autres, mais nous ne le pouvons pas. Sans user de représailles vis-à-vis d'un homme égaré par l'ambition et aigri par le malheur que les grandes âmes seules savent porter dignement, nous dirons, en terminant, au général de Wimpffen qu'il est permis à un général d'être vaincu, mais qu'il ne lui est jamais permis de salir et de déshonorer sa défaite (1).

(1) Voir l'appendice au mot SEDAN.

CHAPITRE XVII

La dernière session du Corps législatif de l'Empire.

(SUITE ET FIN.)

« La dignité du pays, la dignité de la Chambre qui est le seul pouvoir qui représente la nation veut que nous soyons gardés non pas par des gardes de Paris et des sergents de ville, mais par la garde nationale.

» Je m'étonne donc que M. le ministre de la guerre ait donné des ordres contraires à ceux du général Trochu et, par conséquent, je suis obligé de dire que le ministre de la guerre a forfait à son devoir. »

(*De Kératry. — Séance du 4 septembre.*)

« Citoyens, dans le cours de l'allocution que je vous ai adressée tout à l'heure durant la suspension de la séance, nous sommes tombés d'accord qu'une des conditions premières de l'émancipation d'un peuple, c'est l'ordre et la régularité ! Voulez-vous que nous fassions des choses régulières ? »

(*Gambetta. — Séance du 4 septembre.*)

La nouvelle de la capitulation de Sedan avait produit la plus vive et la plus profonde impression à Paris et dans la France entière. Jamais pareille humiliation n'avait été infligée à nos armes. Jamais non plus la fortune ne s'était montrée aussi dure et aussi impitoyable pour le courage et l'héroïsme de nos soldats.

Tous les cœurs auraient dû se confondre, « dans une immense et commune douleur pour porter dignement ce grand deuil. » Il n'en fut malheureusement pas ainsi et il s'est trouvé des Français qui ont applaudi à nos défaites et aux victoires de la Prusse qui leur ouvraient le chemin du pouvoir. Cette journée de Sedan, une des plus lugubres de notre histoire fut accueillie par une joie impie et mal dissimulée. Nos révolutionnaires modernes ont rayé le patriotisme de leur programme. Ils ont depuis longtemps répudié la devise d'un de leurs ancêtres : « Périsse ma mémoire mais que la France soit sauvée ! » La leur est désormais : « Périsse la France pourvu que la Républiqne triomphe avec nous ! »

Nous allons voir avec quel avide empressement ils ont, dans la journée du 4 septembre, escaladé le pouvoir dont ils devaient faire un si triste et si déplorable usage.

Au début de la première séance tenue par le Corps législatif dans la journée du 4 septembre M. le président Schneider prit la parole en ses termes :

« Une nouvelle douloureuse vous a été annoncée dans la soirée. Président élu de la Chambre, j'avais un devoir à remplir vis à-vis d'elle comme vis à-vis de la nation, j'ai dû vous convoquer répondant d'ailleurs en cela au vœu que m'avaient formulé un grand nombre de députés de toutes les fractions de la Chambre.

» La seule resposabilité que je n'aurais pas voulu accepter était celle qu'aurait pu entraîner pour moi devant le pays tout retard dans cette convocation qui est conforme aux engagements que j'avais pris vis-à-vis de vous. »

Le comte de Palikao eut alors la parole :

« L'armée, dit-il, après d'héroïques efforts a été refoulée dans Sedan. Elle a été environnée par une force tellement

supérieure qu'une résistance était impossible. L'armée a
capitulé et l'Empereur a été fait prisonnier. »

L'inévitable M. J. Favre apparut alors à la tribune.

« Si la Chambre, dit-il, est d'avis que dans la situation
douloureuse et grave que dessine suffisamment la communication du ministre, il est sage de remettre la délibération à midi, je n'ai aucun motif pour m'y opposer,
mais comme nous avons à provoquer des délibérations
sur le parti qu'elle a à prendre pendant la vacance des
pouvoirs, nous demandons la permission de déposer sur
son bureau une proposition ainsi conçue :

« Article 1er. -— Louis-Napoléon et sa dynastie sont
» déclarés déchus du pouvoir que leur a conféré la cons-
» titution.

» Article 2. — Il sera nommé par le Corps législatif
» une Commission de... membresqui sera investie de tous
» les pouvoirs de Gouvernement et qui a pour mission ex-
» presse de résister à outrance à l'invasion et de chasser
» l'ennemi du territoire.

» Article 3. — Le général Trochu est maintenu dans
» ses fonctions de gouverneur de Paris. »

Cette proposition, qui n'a pas besoin de commentaires
et qui n'était d'ailleurs que la conclusion du discours
prononcé la veille par l'orateur de la gauche était signée
par MM. J. Favre, Crémieux, Barthélemy-Saint-Hilaire,
Desseaux, Garnier-Pagès, Larrieu, Gagneur, Steenackers, Magnin, Dorian, Ordinaire, Arago, J. Simon, Pelletan, Wilson, E. Picard, Gambetta, de Kératry, Guyot-
Montpayroux, Tachard, Le Cesne, Rampont, Girault,
Marion, Javal, J. Ferry et Bethmont.

« Je n'ajoute qu'un mot, avait dit M. J. Favre, je livre cette proposition à vos sages méditations, et demain, ou plutôt aujourd'hui dimanche, à midi, nous aurons l'honneur de dire les raisons impérieuses qui nous paraissent commander à tout patriote son adoption. »

Une seule protestation était partie des bancs de la droite atterrée :

« Nous pouvons prendre des mesures provisoires, mais nous ne pouvons prononcer la déchéance », s'était écrié un ancien ministre de l'Empereur, l'honorable M. Pinard, député du Nord.

La Chambre s'était ensuite ajournée à midi, dernier délai que l'opposition impatiente avait bien voulu lui accorder.

A l'ouverture de la nouvelle séance du 4 septembre, M. de Kératry ouvrit le feu par une attaque en règle dirigée contre le ministre de la guerre. L'arrogance le dispute à l'impudence dans la motion que l'on va lire :

« La dignité du pays, disait M. de Kératry, la dignité de la Chambre, qui est le seul pouvoir qui représente la nation, veut que nous soyons gardés non par des gardes de Paris et les sergents de ville, mais par la garde nationale.

» Je m'étonne donc que M. le ministre de la guerre ait donné des ordres contraires à ceux du général Trochu et, par conséquent, je suis obligé de dire que le ministre a forfait à ses devoirs. »

Directement pris à parti par M. de Kératry, le comte de Palikao bondit à la tribune et, s'adressant à son accusateur, il lui infligea la réponse suivante :

« Je désire que personne ne manque à ses devoirs plus que moi, et je vais vous expliquer, monsieur le député, la position qui est faite à M. Trochu et à moi. »

« J'ai parlé au nom de l'opposition ! » s'écriait M. de Kératry, qui cherchait à se dérober comme ces Parthes qui s'enfuyaient après avoir lancé leur flèche empoisonnée.

« L'opposition ! poursuivait le comte de Palikao, je ne connais pas d'opposition dans cette Chambre, je ne connais que des députés.

» Il y a une distinction de pouvoirs entre ceux de M. Trochu et ceux du ministre de la guerre, distinction de pouvoirs parfaitement reconnue et parfaitement admise par le général Trochu. »

Après avoir établi nettement cette distinction et l'avoir rendue sensible et palpable par des exemples, le ministre de la guerre ajoutait :

« Maintenant, de quoi vous plaignez-vous ? que je vous fais la mariée trop belle ?

» Comment, je mets autour du Corps législatif un nombre de troupes suffisant pour assurer parfaitement la liberté de la discussion et vous vous en plaignez. Si je n'en mettais pas, vous vous plaindriez que je livre le Corps législatif à des pressions extérieures. »

M. le comte de Palikao n'avait qu'un tort, c'était de prendre au sérieux des griefs qui n'avaient qu'un but : attirer l'attention sur la remuante personnalité de leur auteur. M. de Kératry, avec un à-propos merveilleux, venait de poser sa candidature à l'un des emplois que la vacance des pouvoirs laissait libres.

12.

Par une amère ironie du sort, ces gardes de Paris et ces sergents de ville, dont la présence autour de l'Assemblée paraissait tant le choquer, allaient — le lendemain — devenir ses très humbles et très dévoués auxiliaires.

Avant de descendre de la tribune, le ministre de la guerre crut devoir traiter un sujet autrement grave que la proposition de M. de Kératry et faire connaître à la Chambre la nouvelle attitude que le Gouvernement croyait devoir prendre.

« Je viens vous dire que le Gouvernement a cru devoir apporter des modifications aux conditions actuelles du Gouvernement et qu'il m'a chargé de vous soumettre un projet de loi ainsi conçu :

« Article 1er. — Un Conseil de gouvernement et de » défense nationale est institué. Ce Conseil se com- » pose de cinq membres. Chaque membre de ce Con- » seil est nommé à la majorité absolue, par le Corps » législatif.

» Article 2. — Les ministres sont nommés sous le » contre-seing des membres du Conseil.

» Article 3. — Le général de Palikao est nommé lieu- tenant-général de ce Conseil. »

« Je demande l'urgence », dit en terminant le ministre de la guerre.

M. Thiers se présenta alors à la tribune et donna lecture de la proposition suivante :

« Vu les circonstances, la Chambre nomme une Commission de gouvernement et de défense nationale. Une Constituante sera convoquée dès que les circonstances le permettront. »

Ont signé : MM. Thiers, de Guiraud, Lefebvre-Pontalis, d'Andelarre, Gévelot, Millet, Josseau, Martel, Mathieu, Boduin, Carré-Kérisouët, Pinart, Eschassériaux, etc., etc.

M. le comte de Palikao déclara alors que le Gouvernement admettait parfaitement que le pays serait consulté lorsque l'on serait sorti des embarras du moment.

Les trois propositions présentées par MM. J. Favre, de Palikao et Thiers ayant été renvoyées à une seule et même commission, la séance fut suspendue.

Pendant que la commission délibérait, la salle et les abords de la Chambre étaient le théâtre d'une série d'incidents dont le compte rendu sténographique nous a conservé la physionomie.

« Pendant l'intervalle de la suspension, la foule stationnant sur le pont de la Concorde, envahit la cour, les couloirs et les escaliers de la Chambre, et se précipite dans les tribunes publiques en poussant les cris : « La déchéance ! » mêlés aux cris de : « Vive la France, vive la République ! » Douze ou quinze députés seulement sont dans la salle. M. de Palikao est au banc du gouvernement. M. Schneider monte au fauteuil et s'y tient longtemps debout en attendant que le calme et le silence s'établissent dans les tribunes.

M. Crémieux s'adressant au public des tribunes : « Mes chers et bons amis, j'espère que vous me connaissez tous ou au moins qu'il y en a parmi vous qui pourront vous dire ce que c'est que le citoyen Crémieux qui est devant vous. Eh bien, nous nous sommes engagés, nous, les députés de la gauche. » (Bruit. — Cris de : Vive la République !)

M. Gambetta se présente à la tribune, à côté de M. Crémieux dont la voix ne parvient pas à dominer le bruit :

« Citoyens, dans le cours de l'allocution que je vous ai adressée tout à l'heure, durant la suspension de la séance, nous sommes tombés d'accord qu'une des conditions premières de l'émancipation d'un peuple, c'est l'ordre et la régularité! Voulez-vous que nous fassions des choses régulières? (Oui! oui!) Puisque ce sont là les choses que vous voulez, puisque ce sont là les choses qu'il faut que la France veuille avec nous, si vous le voulez, il y a un engagement solennel qu'il ne faut pas prendre pour le violer à l'instant même. Cet engagement c'est de laisser la délibération qui va avoir lieu se poursuivre en pleine liberté! »

De nouveaux groupes paraissent dans les tribunes. Un drapeau tricolore portant l'inscription : 73e bataillon, 6e compagnie, est arboré par les nouveaux venus.

« Dans les circonstances actuelles il faut que chacun de vous maintienne l'ordre, il faut que dans chaque tribune chacun surveille son voisin.

» Vous pouvez donner un grand spectacle et une grande leçon. Le voulez-vous? Voulez-vous que l'on puisse attester que vous êtes à la fois le peuple le plus pénétrant et le plus libre?

» Eh bien! si vous le voulez, je vous adjure d'accueillir ma recommandation, que dans chaque tribune il y ait un groupe qui assure l'ordre pendant nos délibérations. »

M. le président Schneider. — « M. Gambetta qui ne peut être suspect à aucun de vous, et que je tiens quant à moi pour l'un des hommes les plus patriotes de notre pays, vient de nous adresser des exhortations au nom des intérêts sacrés du pays. Permettez-moi de vous faire en termes moins éloquents les mêmes abjurations. Croyez-moi, en ce moment, la Chambre délibère sur la situation la plus grave. (Approbation et murmures.) Je crois cependant pouvoir vous dire que j'ai donné à la liberté de mon pays assez de gages, pour qu'il me soit permis de vous adresser du haut de ce fauteuil les mêmes recommandations que M. Gambetta. Comme lui, je ne saurais trop vous dire qu'il n'y a de vraie liberté que celle qui est accompagnée de l'ordre.

» Je n'espère pas prononcer ici des paroles qui conviennent à tout le monde, mais j'accomplis un devoir de citoyen en vous conjurant de respecter l'ordre dans l'intérêt même de la liberté qui doit présider à nos discussions. »

Un député. « Si vous ne pouvez obtenir le silence des tribunes, levez la séance. »

En ce moment, M. de Palikao se lève et quitte la salle. Plusieurs députés qui étaient restés en séance imitent son exemple. M. Schneider se couvre et descend du fauteuil.

M. Glais-Bizoin. « Messieurs, on va prononcer la déchéance, prenez patience. »

M. Schneider, sur les instances de plusieurs députés, reprend place au fauteuil.

M. Girault veut parler et est interrompu.

MM. Gambetta et de Kératry paraissent en même temps à la tribune. — MM. Glais-Bizoin, Planat, d'Hésecques, Marion, Marmier, Le Hon, Wilson quittent leurs places et des pourtours, s'adressent aux citoyens des galeries.

M. Gambetta. « Citoyens, il est nécessaire que tous les députés présents dans les couloirs et les bureaux où ils ont délibéré sur la mesure de déchéance, aient repris leur place et soient à leur poste pour pouvoir prendre la mesure.

» Il faut ainsi que vous attendiez, dans la modération et dans la dignité du calme, la venue de vos représentants à leur place. On est allé les chercher, je vous prie de garder un silence solennel jusqu'à ce qu'ils rentrent. Ce ne sera pas long.

» Citoyens, vous avez compris que l'ordre était la plus grande des forces. Je vous prie de continuer à rester silencieux. Il y va de la bonne réputation de la cité de Paris. On délibère et on va vous rapporter le résultat de la délibération.

» Il va sans dire que nous ne sortirons pas d'ici sans avoir obtenu un résultat définitif. » (Applaudissements).

En ce moment, il est trois heures, un certain nombre de personnes se précipitent dans la salle par la porte qui fait face à la tribune. Des députés essayent en vain de les refouler. La salle est envahie. On crie : « Vive la République! » Le tumulte est à son comble.

M. Schneider. « Une délibération dans ces conditions est impossible ; je déclare la séance levée. »

Un grand nombre de gardes nationaux en uniforme et sans uniforme entrent dans la salle par toutes les portes. Une foule bruyante et agitée y pénètre en même temps, occupe les bancs et remplit les couloirs et l'hémicycle en criant : « La déchéance! Vive la République! »

M. Schneider quitte le fauteuil et se retire. »

Tel est le récit aussi instructif qu'intéressant que le compte rendu sténographique a consacré à l'envahissement de la Chambre dans la journée du 4 septembre.

La garde nationale avait fidèlement exécuté la consigne que M. de Kératry avait revendiquée pour elle. Elle avait pris d'assaut le Parlement qu'elle seule, au dire du député de la gauche, était digne de garder et de protéger. Nous rechercherons bientôt par suite de quelles coupables complaisances les portes du Palais-Bourbon s'étaient si facilement ouvertes devant l'émeute. Constatons pour l'instant l'à-propos avec lequel l'envahissement des tribunes d'abord et l'envahissement de la Chambre ensuite s'étaient accomplis. C'était au moment même où la Commission, nommée par la Chambre, était en séance et allait, suivant toute vraisemblance, donner satisfaction à une notable partie des exigences de l'opposition, si pas à toutes, que cette dernière rompait définitivement avec la légalité pour pactiser avec l'émeute.

Nous aurions trop beau jeu si nous voulions relever, les unes après les autres, les invraisemblances qui émaillent les harangues que M. Gambetta adressait au public des tribunes. Si l'orateur avait été réellement convaincu que l'une des conditions « de l'émancipation d'un peuple était l'ordre et la régularité », s'il avait « voulu faire des choses régulières » et assurer la liberté des délibérations de la Chambre, il aurait dû, ainsi que ses collègues de la gauche, mettre moins d'empressement à garnir les tribunes du Parlement de cette foule bruyante et surexcitée sur laquelle ses déclamations commençaient à produire moins d'effet.

MM. Gambetta et consorts avaient imaginé de donner à la déchéance un luxe de mise en scène imposant. Malheureusement pour eux, il s'est trouvé qu'au dernier moment les rôles avaient été renversés et que ceux-là qu'on avait conviés comme spectateurs, perdant toute patience, étaient devenus les acteurs principaux de ce drame aussi honteux que grotesque. Les organisateurs de cette lâche manifestation avaient été bien vite relégués au rang de comparses et peu s'en était fallu qu'ils ne perdissent le fruit de leur peine et de leurs efforts. Désespérant de pouvoir désormais contenir la populace qu'ils avaient déchaînée, MM. Jules Favre, Gambetta et *tutti quanti* surent se dérober à temps et laissant l'émeute triomphante à la Chambre qu'ils désertaient, ils coururent à l'Hôtel-de-Ville où nous allons bientôt les retrouver.

CHAPITRE XVIII

La journée du 4 Septembre.

« Non ! celui qui guetterait la défaite pour asseoir sur
es ruines nationales les bases de ses espérances, celui-là
erait un citoyen qui devrait être trois fois maudit ! »
(*J. Favre. — Séance du 24 août.*)

« MM. de Kératry, Glais-Bizoin, Steenackers, J. Ferry,
'approchaient des groupes qui stationnaient sur le quai,
arlementaient avec les officiers, engageaient la garde
municipale à se retirer et les gardes nationaux à avancer.»
(*Enquête sur le 4 Septembre. — Rapport Daru.*)

« J'ai l'honneur de vous apprendre que selon votre désir
j'envoie à l'Assemblée la garde nationale à midi. »
(*Lettre d'un maire à M. J. Simon.*)

« Il est bien clair que puisque cette manifestation a eu
lieu, un mot d'ordre avait été donné. »
(*Enquête sur le 4 Septembre. — Déposition
de M. J. Simon.*)

« J'ai vu, de mes yeux vu, je l'affirme et je l'atteste,
M. Gambetta faire un signe aux hommes qui avaient envahi les tribunes. Ils se mirent à descendre alors le long
des colonnes et ils envahirent la Chambre. »
(*Enquête sur le 4 Septembre. — Déposition
du comte de Palikao.*)

« Je déclare que, soit à l'intérieur, soit par mes rapports extérieurs, j'ai poussé autant que j'ai pu à l'insurrection. »
(*Enquête sur le 4 Septembre. — Déposition
de Étienne Arago.*)

Il s'est produit, à propos de la journée du 4 septembre,
un phénomène étrange. Les députés de l'opposition, que

l'insurrection avait portés au pouvoir, ont cru devoir répudier toute participation à une révolution dont ils avaient été les premiers bénéficiaires. Ces protestations fussent restées vaines et stériles si l'incendie de la préfecture de police, un des sinistres exploits de la Commune, n'avait fait disparaître des documents dont la production eût été décisive. Privé d'un secours aussi précieux, nous n'en parviendrons pas moins, et sans trop de difficultés à convaincre d'imposture ceux qui prétendent se faire aujourd'hui un rôle aussi facile que commode dans le grand débat qui nous occupe.

Nous ferons tout d'abord remarquer que les dénégations tardives et intéressées des hommes de Septembre contrastent singulièrement avec l'attitude et le langage qu'ils avaient à la Chambre dans les derniers temps de l'Empire. « Il paraît certain qu'une entente existait depuis longtemps entre les députés de l'opposition, la presse radicale et les délégués des réunions publiques et de l'Internationale. Depuis la défaite de Reischoffen notamment, des rassemblements nombreux stationnaient autour du Palais-Bourbon, et sans la ferme attitude de l'armée placée alors sous le commandement du maréchal Baraguey-d'Hilliers, ainsi que M. Piétri s'est cru autorisé à l'affirmer devant la Commission d'enquête, le 9 Août serait devenu un 4 Septembre. »

« On remarquait aussi, depuis la rentrée de la Chambre, la présence assidue, dans la salle des Pas-Perdus, de MM. Lavertujon, Chaudey, Et. Arago, Laurier, A. Picard, Miot, Millière et autres. Les premiers y représentaient la presse, les autres les réunions publiques dont ils étaient les orateurs ordinaires.

A ces symptômes significatifs, s'en ajoute un autre que nous avons déjà signalé dans les précédents chapitres. L'opposition qui, dans le principe, avait affecté de faire bon accueil au ministère Palikao, était tout d'un coup et sans que rien ne pût expliquer cette volte-face, devenue agressive et arrogante vis-à-vis de ce même ministère.

L'attitude ferme et énergique du comte de Palikao avait d'abord imposé aux membres de la gauche. Mais bientôt, sous le coup des fatals événements qui désolaient la France, ils avaient repris leur assurance et ils en étaient venus à traiter le brave et loyal général avec tout autant de dureté et d'injustice que M. E. Ollivier qui était le premier tombé sous leurs coups. C'est que l'heure du succès était proche et que les menaces formulées par M. E. Picard, dans la séance du 9 août, allaient enfin se réaliser.

La nouvelle de la capitulation de Sedan trouva les membres de l'opposition et leur triste clientèle complètement préparés pour le coup de main du 4 Septembre. Sans s'inquiéter des conséquences épouvantables que ce désastre pouvait et devait entraîner au point de vue de la défense de la France, le parti représenté à la Chambre par MM. Jules Favre, Gambetta et *tutti quanti* ne s'occupa exclusivement que d'une chose : asseoir la République sur les ruines fumantes de la patrie.

La manifestation du 4 septembre avait été arrêtée et résolue dans la nuit précédente dans le Comité de la rue de la Sourdière. La presse s'était chargée de l'annoncer. « Dans le journal *le Siècle*, écrit M. Daru dans son rapport, on remarquait en petit caractère, et comme glissées au moment du tirage, les lignes suivantes : « Rendez-vous est pris par des milliers de gardes nationaux pour se trouver sans armes à deux heures devant le Corps législatif. » Les ouvriers n'avaient point été oubliés. Dès le matin du 4 septembre, ils avaient déserté leurs ateliers pour se rendre à la place de la Concorde. Cette imposante manifestation n'avait rien de spontané, elle avait été préparée et organisée par ceux dont elle était destinée à servir les desseins ambitieux. Cela paraît hors de doute aujourd'hui.

« Il fut trouvé dans la bagarre, dit M. J. Brame dans sa dépostion devant la Commission d'enquête, une lettre adressée par un maire de la banlieue à M. J. Simon et cette lettre lue par un grand nombre de députés et notamment par M. Goërg, M. le comte d'Hésecques et M. Monnier de la Sizeranne portait ceci : J'ai l'honneur de vous apprendre que selon, votre désir, j'envoie à l'Assemblée la garde nationale à midi. »

Interpellé par M. le comte Daru sur l'existence de cette lettre lue, selon M. J. Brame, par une quarantaine de députés, M. Jules Simon répondit :

« Je ne crois pas avoir reçu cette lettre ; en tout cas, je n'en ai aucun souvenir. »

Mais serré de plus près à propos de la réunion qui avait eu lieu sur la place de la Concorde, il fit l'aveu suivant :

« Il est bien clair que puisque cette manifestation a eu lieu, un mot d'ordre avait été donné. »

On trouvera tout naturel, après un pareil aveu, que M. de Kératry, dont les instincts d'opposition ne s'étaient un instant assoupis que pour se réveiller plus vivaces, ait fait, au commencement de la séance du 4 septembre, la motion que nous avons rapportée et jugée plus haut. Il entrait en effet, dans les plans des auteurs de la manifestation, d'éloigner la force armée et de la remplacer auprès de la Chambre par la garde nationale dont le concours devait être aussi certain qu'efficace.

L'accès du Palais-Bourbon, d'ordinaire si bien défendu, avait été rendu facile à la foule, grâce à l'empressante sollicitude de certains députés qui stationnaient auprès des grilles et servaient eux-mêmes d'introducteurs à cette foule qui pénétrait ainsi peu à peu dans la salle des Pas-Perdus et de là dans les tribunes dont elle forçait l'entrée.

Une mission plus délicate avait été confiée à d'autres députés qui se mêlaient aux groupes stationnant sur le quai, parlementaient avec les officiers et engageaient la garde municipale à se tirer et la garde nationale à avancer. Les plus animés et les plus ardents parmi ces derniers étaient MM. de Kératry, Glais-Bizoin, Steenackers et J. Ferry. Les rôles avaient donc été distribués avec discernement et à l'avance à chacun des députés sur lesquels on pouvait compter.

M. Crémieux s'était attaché au général Caussade, commandant les troupes affectées à la défense de la Chambre et il avait eu facilement raison de sa résistance. Cet officier supérieur s'était laissé conduire par son interlocuteur jusqu'à l'entrée du pont et avait eu la faiblesse de donner l'ordre aux gendarmes qui en barraient le passage à la garde nationale de la laisser passer. A partir de ce moment le Corps législatif appartenait à l'émeute. La grille du Palais ne tarda pas à être elle-même forcée et la foule, grossie des gardes nationaux put y pénétrer sans encombres.

La commission nommée par la Chambre était alors en séance et examinait les diverses propositions qui lui avaient été renvoyées. Cette commission se composait de MM. Buffet, Martel, Josseau, Daru, Le Hon, J. Simon, Gaudin, Genton, et Dupuy de Lôme. Le public des tribunes attendait avec une impatience mal contenue le renversement du régime impérial auquel on l'avait convié à concourir. M. Gambetta s'était réservé le rôle de tribun auprès de cette foule réunie à grand'peine dans le palais de la représentation nationale. Il avait joué son rôle avec plus d'hypocrisie que de talent. Il eût été désolé que cette multitude houleuse se rendît aux exhortations qu'il jugeait habile et prudent de lui adresser publiquement pour mieux masquer son jeu. Ses actes ne devaient pas tarder à être en opposition formelle et flagrante avec ses paroles. Lorsque le moment lui avait paru propice pour en finir, il avait lui-même donné le signal de l'envahissement de la Chambre. « J'ai vu, de mes yeux vu, a dit le général de Palikao, je l'affirme et je l'atteste, M. Gambetta faire un signe aux hommes qui avaient envahi les tribunes. Ils se mirent à descendre alors le long des colonnes et ils envahirent la Chambre. » La révolution si longuement et si habilement préparée était dès lors un fait accompli. Elle triomphait au moment même où la commission sortait de son bureau pour se rendre à la salle des séances et donner connaissance de son travail à la Chambre. M. Martel avait été nommé rapporteur et l'accord n'avait pas tardé à se faire entre tous les membres de la commission qui, à l'unanimité, s'étaient arrêtés à la rédaction suivante que M. Martel avait mission de communiquer au Corps législatif.

« Vu les circonstances, la Chambre élit une Commission composée de cinq membres choisis par le Corps législatif.

» Cette Commission nomme les ministres.

» Dès que les circonstances le permettront, la nation sera appelée à élire une Assemblée constituante qui se prononcera sur la forme du Gouvernement. »

Après le trop long exposé qui précède, nous sommes pleinement autorisé à conclure que la journée du 4 Septembre est l'œuvre des députés de l'opposition et de leurs acolytes. Tous ont pris une part plus ou moins active dans la préparation et dans l'exécution de ce coup de main. Sans vouloir juger maintenant, ce qui serait prématuré, cette criminelle entreprise, on nous permettra de faire remarquer combien hypocrites et mensongères étaient les paroles de M. J. Favre lorsqu'il s'écriait dans la séance du 24 août : « Non ! celui qui guetterait la défaite pour asseoir sur les ruines nationales les bases de ses espérances, celui-là serait un citoyen qui devrait être trois fois maudit ! »

Nous nous contenterons pour le moment d'appliquer aux hommes de Septembre le jugement déjà si sévère de M. Jules Favre : qu'ils soient trois fois maudits, eux qui n'ont pas craint d'exploiter les victoires des Prussiens au bénéfice de leur sinistre ambition !

Il nous reste à retracer cette farce grotesque que MM. Gambetta et consorts ont décoré du nom pompeux de déchéance de l'Empire.

M. le président Schneider, après avoir essayé par tous les moyens, mais sans succès, de calmer l'effervescence du public des tribunes, avait dû une première fois suspendre la séance. Cédant aux pressantes sollicitations de quelques membres de la Chambre, il avait consenti à reprendre possession du fauteuil qu'il n'avait déserté que lorsque la salle des séances avait été complètement envahie par la foule. Il s'était alors dirigé vers ses appartements. A peine avait-il pénétré dans le jardin de la Présidence, que la multitude qui l'avait envahi le couvrait d'insultes. « A bas Schneider ! » criait-on de toute part, « voilà l'assassin de nos frères du Creuzot ! Brigand ! c'est toi qui les as tués ! » Le président du Corps législatif avait ensuite été malmené et bousculé et les plus indignes traitements lui avaient été infligés. Pendant ce temps, deux jeunes gens s'étaient installés au fauteuil présidentiel à la Chambre. M. Gambetta, au milieu du désordre et de la confusion qui étaient alors à leur paroxysme, était remonté à la tribune et y avait fait la déclaration suivante :

« Attendu que la patrie est en danger;

» Attendu que tout le temps nécessaire a été donné à l'Assemblée pour prononcer la déchéance;

» Attendu que nous sommes et que nous constituons le pouvoir régulier issu du suffrage universel libre;

» Nous déclarons que Louis-Napoléon Bonaparte et sa dynastie ont à jamais cessé de régner sur la France. »

Une longue et bruyante acclamation avait accueilli ces paroles. Le tumulte était indescriptible lorsque M. J. Favre se présenta à la tribune et proposa à la foule de se rendre à l'Hôtel-de-Ville pour y proclamer la République et y constituer un gouvernement provisoire. Donnant eux-mêmes l'exemple de la retraite, MM. Gambetta et J. Favre étaient sortis de la salle des séances en criant : « à l'Hôtel-de-Ville ! » et la multitude les avait suivis.

Un pouvoir né dans de pareilles conditions devait avoir à cœur de répudier bien vite ses origines. Les hommes du 4 Septembre ne s'en sont pas fait faute. M. Gambetta s'était sans doute inspiré des procédés de son collègue M. Jules Favre, lorsqu'il rédigeait l'acte de naissance du nouveau gouvernement. La dépêche qu'il lançait aux quatre coins de la France pour notifier son avènement au pouvoir n'était qu'un tissu de mensonges. La déchéance, nul ne le savait mieux que M. Gambetta, avait sans doute été prononcée au Corps législatif, mais par M. Gambetta seul, après l'envahissement de la Chambre et en présence des émeutiers qui avaient pris la place des députés.

Nous verrons bientôt comment et par qui la République fut proclamée à l'Hôtel-de-Ville.

Disons en terminant qu'il est souverainement regret-

table que le général de Palikao, qui jusqu'alors avait fait
preuve de tant d'énergie et de détermination, n'ait pas arrêté plus vite les résolutions à l'aide desquelles on aurait
pu essayer d'une manière plus efficace de prévenir les
troubles qui désolèrent Paris à la suite de la capitulation
de Sedan. Les dispositions militaires prises par le ministre
de la guerre étaient de beaucoup insuffisantes. Elles ont
de plus été paralysées par l'inaction calculée et volontaire
du général Trochu et par les coupables faiblesses du
général Caussade. La conduite de ces deux généraux en
face de l'émeute est inqualifiable et la responsabilité
qu'ils ont encourue est immense.

CHAPITRE XIX

Le général Trochu avant le 4 Septembre.

« Ma pensée, indépendante au point de vue des principes que j'ai voulu défendre, a été, toujours et de très haut, dominée par un profond sentiment du devoir commun : « servir fidèlement l'Empereur et le pays ».

(*L'Armée française en* 1867.)

« De tous les officiers de l'armée impériale quel est celui qui obtint l'avancement le plus rapide ? — M. le général Trochu. »

(*Fernand Giraudeau. — Vingt ans de despotisme.*)

« Ce nom, ce nom cher et aimé, il doit être substitué à tout autre. Tous les autres noms doivent s'effacer devant celui-là. »

(*M. J. Favre. — Séance du* 3 *septembre* 1870.)

« En acceptant les fonctions de gouverneur de Paris, j'ai dû me placer en face de cette supposition que la dynastie ou l'Assemblée pourraient être menacées, et s'il en était ainsi, je réponds avec ma vieille foi bretonne que pour défendre la dynastie, je viendrais me faire tuer sur les marches du trône. »

(*Paroles du général Trochu. — Déposition de M. J. Brame.*)

« Le général Trochu est chargé des pleins pouvoirs militaires pour la défense nationale. — Il est appelé à la défense du Gouvernement. »

(*Proclamation au peuple français. —* 4 *septembre* 1870.)

Il y a une pensée de la Rochefoucauld qui semble avoir été écrite pour le général Trochu : « Il est plus facile, a

écrit quelque part ce profond auteur, de paraître digne
des emplois qu'on n'a pas que de ceux qu'on exerce. »
Tout le général Trochu est là. Cet officier supérieur, dont
la carrière fut si rapide, a toujours posé pour le mécontent et, alors que parmi tous les officiers de l'armée
impériale, il obtenait l'avancement le plus rapide,
il parvenait à convaincre l'opinion publique qu'il était
la victime des injustices les plus iniques et les plus ré-
voltantes. Il avait employé son double talent d'écrivain
et d'orateur à accréditer, dans certains milieux, cette légende dont il devait plus tard tirer un si grand profit.
Les croix, les grades et les distinctions de toutes natures
qu'on lui avait prodigués n'avaient pu satisfaire son in-
satiable vanité et le rappeler à la pudeur du silence.
Après la guerre de 1866, il avait trouvé le moment opportun pour lancer dans le domaine de la publicité une
de ces élucubrations dans lesquelles il juge *ex-professo*
les questions militaires. Son livre « l'*Armée française
en* 1867 » n'était qu'un pamphlet dirigé contre cette armée à laquelle il avait l'honneur d'appartenir.

Après avoir dédié son livre « aux hommes de bonne
volonté qui ont de fermes croyances, — qui aiment sincèrement le pays, — qui servent loyalement et sans arrière-pensée le Gouvernement du pays, — qui gardent
le sentiment des respects, qui cherchent la vérité, la mettant au-dessus de toutes les habiletés, de tous les calculs
et qui la disent (1), » l'auteur qui est bien de la race de ces
Gaulois qui, suivant Caton, se livrent avec une ardeur infi-
nie à deux choses : les armes et la discussion (2), s'évertuait
a établir que tout était à refaire dans notre organisation militaire. Le besoin de dire de bonnes vérités aux puissants du
moment lui faisait perdre de vue le seul but avouable de son

(1) *L'Armée française en* 1867. — Introduction.
(2) Pleraque Gallia duas res industriosissime persequitur : rem
militarem et argutè loqui. (Caton. Orig. II)

ouvrage *la Réforme de l'Armée française. Ouvrez ce livre, vous y trouverez des critiques, encore des critiques, toujours des critiques. Le plan de réforme annoncé à presque toutes les pages est sans doute resté dans les cartons du notaire Ducloux où il a pu dormir d'un sommeil profond en attendant le fameux plan de la campagne de 1870.

Après avoir tout attaqué, tout critiqué, le général Trochu se dérobait en s'écriant : « J'espère en avoir dit assez pour définir et pour justifier mon but. Il était de prouver que, contrairement à l'opinion généralement admise, la réorganisation de l'armée consiste moins dans une loi de recrutement et dans des accroissements d'effectif que dans le redressement de quelques erreurs et le perfectionnement des moyens. » Etait-il donc besoin et séant surtout, de faire tant de bruit pour une aussi mince besogne ? M. Trochu n'avait rien trouvé, rien découvert, pas même le moyen d'interdire l'accès des plus hautes fonctions de l'armée, à ceux dont l'incapacité n'attendait qu'une occasion pour se révéler dans tout son éclat. Il n'a pas eu lieu d'ailleurs de regretter depuis un manque de perspicacité peut-être calculé de sa part.

A partir de cette publication, le nom du général Trochu était devenu le symbole de l'opposition dans l'armée avant d'être « cher » à M. Jules Favre et à ses collègues de la gauche.

Au début de la guerre de 1870, le Gouvernement impérial, qui avait été si peu récompensé des bienfaits dont il avait comblé le général Trochu, ne jugea pas à propos d'utiliser ses services. Ces loisirs ne furent point perdus pour le futur gouverneur de Paris qui excelle à manier la plume bien plus que l'épée et bientôt le notaire Ducloux devenait le dépositaire discret de ce testament et de ce plan fameux que leur auteur n'a pas jugé à propos de divulguer aux générations présentes.

Cependant, le général Trochu ne devait pas tarder à sortir de la retraite dans laquelle on l'avait confiné. Un décret du 12 août, signé par l'Impératrice et contre-signé par le comte de Palikao, l'appelait au commandement du 12ᵉ corps, en voie de formation à Châlons. L'effectif de ce corps d'armée était presque exclusivement composé de Parisiens dont le nouveau commandant en chef n'eut pas grand'peine à réveiller les instincts d'opposition.

Le général Ducrot, dans le tome Iᵉʳ de son ouvrage intitulé « *la Défense de Paris* », retrace de la manière suivante l'un des premiers exploits des mobiles de la Seine après leur rentrée dans Paris :

« Dans la matinée du 20 septembre, les mobiles de la Seine, en garnison au Mont-Valérien, ayant destitué par l'élection la plupart de leurs officiers, abandonnèrent la forteresse et revinrent en débandade sur Paris.

» Informé de ce fait odieux, le général Le Flô, ministre de la guerre, envoie deux bataillons de la Loire-Inférieure (4ᵉ et 5ᵉ), pour occuper le Mont-Valérien.

» Au-delà du pont de Neuilly, les bataillons nantais rencontrent les mobiles de Paris ; ces hommes, se sauvant de leur poste, fuyant l'ennemi, allaient par les chemins, sans officiers, débandés, la crosse en l'air, criant la *Marseillaise... Mourir pour la patrie !...* quelques-uns interrompent leurs chants *patriotiques* pour dire aux Nantais que les uhlans arrivent en grandes bandes, qu'ils en ont vus courant la plaine...

» Sans faire trop attention aux paroles de ces malheureux, le régiment de la Loire-Inférieure prend cependant quelques mesures de précaution et couvre son flanc droit avec une compagnie que dirige le commandant de Lareinty et M. de la Rochetulon, officier de la garde nationale. Mais aucun cavalier ennemi n'apparaît et la colonne arrive sans encombre au Mont-Valérien ! »

13.

Le général Trochu suggéra aux mobiles de la Seine de réclamer leur retour dans la capitale qu'ils n'auraient jamais dû quitter. En même temps qu'il encourageait et provoquait ainsi les récriminations plus ou moins justes des soldats placés sous ses ordres, le commandant du 12e corps cherchait à pénétrer jusqu'à l'Empereur et à reconquérir les bonnes grâces du Souverain. Il ne réussit que trop bien et trop vite dans une entreprise qui ne devait pas rester improductive pour lui. En effet, par un décret du 26 août, daté de Châlons et signé par l'Empereur lui-même, le général Trochu était nommé gouverneur de Paris et commandant en chef de toutes les forces chargées de pourvoir à la défense de la capitale. Le maréchal de Mac-Mahon a raconté dans sa déposition devant la commission d'enquête du 4 Septembre, dans quelles conditions et à la suite de quels pourparlers ce décret était intervenu :

« Le 17 août, a-t-il dit, je fus appelé par l'Empereur que je trouvais avec le prince Napoléon et le général Trochu. M. Trochu exposa à l'Empereur qu'il avait eu le tort de ne pas avoir en lui une confiance complète, il l'assura de son dévouement, lui promettant que s'il était envoyé à Paris comme gouverneur il agirait de manière à lui en donner des preuves certaines.

» L'Empereur m'ayant demandé ce que je pensais de M. Trochu, je lui répondis que je le connaissais depuis de longues années, que c'était un homme d'honneur, un homme de cœur et qu'il pouvait entièrement compter sur l'engagement qu'il prenait. C'était ma conviction intime. »

A peine investi de ses nouvelles et imposantes fonctions, le général Trochu s'était empressé de regagner

Paris. Le 17 août, il lançait sa première proclamation. Elle était ainsi conçue :

> « *A la garde nationale de Paris,*
> » *A la garde mobile,*
> » *Aux troupes de terre et de mer de l'armée de Paris,*
> » *A tous les défenseurs de la capitale en état de siège,*

» Au milieu d'événements de la plus haute gravité, j'ai été nommé gouverneur de Paris et commandant en chef des forces réunies pour sa défense.

» L'honneur est grand, le péril pour moi l'est aussi, mais je me fie à vous des soins de relever par d'énergiques efforts de patriotisme la fortune de nos armes, si Paris venait à subir les horreurs d'un siège.

» Jamais, plus magnifique occasion ne s'offrit à vous, de montrer au monde qu'une longue suite de prospérités et de jouissances n'a pu amollir les mœurs publiques et la virilité du pays.

» Vous avez sous les yeux le magnifique exemple de l'armée du Rhin. Ils ont combattu un contre trois dans des luttes héroïques qui font l'admiration du pays et le pénètrent de gratitude.

» Elle porte devant vous le deuil de ceux qui sont morts.

> » *Soldats de l'armée de Paris!*

» Ma vie entière s'est écoulée au milieu de vous, dans une étroite solidarité où je puise aujourd'hui mon espoir et ma force. Je n'en appelle pas à votre courage, à votre constance qui me sont bien connus. Mais, montrez par l'obéissance, par une vigoureuse discipline, par la dignité de votre conduite et de votre attitude devant la population, que vous avez le sentiment profond des responsabilités qui pèsent sur vous.

» Soyez l'exemple et soyez l'encouragement de tous ! »

Le général Trochu avait vite oublié les belles promesses qu'il faisait deux jours auparavant à l'Empereur. Il n'avait fait allusion à l'Empire, que pour le signaler comme l'auteur de l'amollissement des « mœurs » et de la « virilité du pays ».

Le jour même où cette proclamation était publiée, le ministre de la guerre composait le comité de défense des fortifications de Paris, dont il donnait la présidence au général Trochu.

Les faveurs multipliées par le Gouvernement au général Trochu, ne l'avaient point satisfait complètement. Il les avait accueillies avec froideur, et comme l'acquit d'une dette dès longtemps contractée envers lui. Le nouveau gouverneur de Paris visait plus haut. Il lui fallait, à tout prix, écarter des rivaux et des supérieurs gênants et arriver à la première place. Après avoir fatigué la bienveillance du gouvernement impérial, il allait, pour arriver à ses fins, s'appuyer sur l'opposition. Nous avons vu plus haut, comment son nom s'était trouvé mêlé à toutes les attaques que les députés de la gauche dirigeaient contre le cabinet. Il répugnait à la nature franche et loyale du comte de Palikao de croire à tant de duplicité et à tant d'infamie et il avait, chaque fois que l'occasion s'en était présentée, protesté contre les sentiments qu'on prêtait à tort, suivant lui, au général Trochu. Celui-ci s'était enfermé dans le silence le plus absolu. Il accueillait avec les mêmes égards les membres des diverses parties de la Chambre qui se présentaient chez lui, et s'efforçait de donner des gages aux uns comme aux autres. Pendant que MM. Arago, J. Favre, Picard, de Kératry et Gambetta étaient les confidents assidus de ses plaintes et de ses récriminations, il chargeait quelques-

uns de leurs collègues de la droite, d'aller déposer aux
pieds du trône l'expression de son inaltérable dévouement.

« En acceptant les fonctions de gouverneur de Paris,
disait-il à ces derniers, j'ai dû me placer en face de cette
supposition, que la dynastie ou l'Assemblée pourraient
être menacées, et, s'il en était ainsi, je réponds avec ma
vieille foi bretonne que, pour défendre la dynastie, je
viendrais me faire tuer sur les marches des Tuileries. »

Sortant après du Conseil avec M. Jérôme David, le général ajoutait en parlant de l'Impératrice : « Cette femme
est admirable, c'est une Romaine, je suis très impressionné de sa tenue, elle a tout mon dévouement. » —
« Puis-je aller répéter vos paroles? » demanda M. Jérôme
David. — « Certainement », répondit le général. (Déposition de M. J. Brame).

Il nous reste à voir comment M. Trochu a tenu ce solennel engagement.

Dès le 3 septembre, l'entente était complète entre lui
et les membres de l'opposition. M. J. Favre avait signalé
d'un ton impérieux au comte de Palikao, qu'il avait à se
retirer et à céder la place « à ce nom cher et aimé » qui
devait être substitué à tout autre.
Le même jour, M. Henri Chevreau s'était rendu chez
M. Trochu pour lui annoncer le désastre de Sedan, et le
prier de se rendre auprès de l'Impératrice. Le général
était à table. Il n'avait pas jugé à propos de se déranger,
et il avait remis au lendemain une visite qu'il avait soin
de ne pas prolonger au-delà d'un quart d'heure; après
quoi, il avait tranquillement regagné ses appartements
au Louvre.

« Je suis convaincu, a dit M. Chevreau, que si le 4 septembre, M. Trochu s'était mis en uniforme à la tête des troupes et de la garde nationale, entre l'émeute et le Corps législatif, la représentation eût été sauvée. »

M. Trochu avait failli à son premier engagement en ne volant pas au secours de l'Impératrice qui l'appelait auprès d'elle, il ne devait pas tenir plus scrupuleusement les autres.

Cédons un instant la parole à M. le comte Daru :

« Dans la nuit du 3 au 4 septembre, a-t-il écrit dans son rapport, le comte de Palikao avait donné le commandement des troupes destinées à protéger l'Assemblée, au général Soumain... Le gouverneur, irrité et blessé, ne crut pas devoir porter secours au Gouvernement... il attendit les événements. Dans la matinée du 4, il se rendit chez l'Impératrice avec laquelle il eut un entretien de quelques instants, puis il revint au Louvre. Il savait, par les rapports que le préfet de police déclare lui avoir remis, les préparatifs de la manifestation projetée ; il pouvait, des fenêtres de son palais, voir le mouvement de la foule se portant sur l'Assemblée, et il restait dans l'inaction. Il ne se décida à sortir, à trois heures, que sur les vives instances d'un des questeurs, le général Le Breton, mais il était trop tard... il rencontra la foule qui refluait sur l'Hôtel-de-Ville, et à sa tête M. J. Favre qui lui apprit l'envahissement de la Chambre. Sur l'invitation de M. J. Favre, il rétrograda et rentra au Louvre.

Entre quatre heures et demie et cinq heures, il reçut la visite de MM. Steenackers, Glais-Bizoin et Wilson, qui lui apportaient la liste des membres du Gouvernement et l'invitaient à se rendre à l'Hôtel-de-Ville... — Dans un pareil moment, se rendre à l'Hôtel-de-Ville où siégeait le pouvoir issu d'une insurrection, quand on était investi d'un commandement militaire, c'était politiquement prendre parti au nom de l'armée pour la révolution contre l'Assemblée...

» ... Il accepta librement, sans pression aucune, l'invitation qui lui était faite, et, après s'être dépouillé de son uniforme, il se rendit à l'Hôtel-de-Ville : « Je n'ai pensé, » dit-il, qu'à une seule chose, la défense de Paris. » Nous verrons bientôt si M. Trochu a eu plus de soin de la défense de Paris que de celle de l'Impératrice et de celle de l'Assemblée. »

Le récit que nous venons d'emprunter au rapport de M. Daru est de la plus scrupuleuse exactitude. M. Glais-Bizoin l'a pleinement confirmé pour ce qui est relatif à la démarche faite par lui auprès du général Trochu.

« J'allai chez lui, a-t-il dit, et je le fis demander. Il vint ; je lui expliquai l'objet de ma mission, il réfléchit. Je lui dis : « Général, il n'y a pas un instant à perdre ; il faut » que vous veniez à l'instant à l'Hôtel-de-Ville. Votre pré- » sence y est nécessaire, nous venons vous demander » votre concours. Vous avez une autorité qui pourra con- » tenir la population de Paris. »

» Le général resta immobile pendant quelques instants :

« Il n'y a pas de réflexion, il faut partir. » Il me regarda avec une certaine émotion, prit son chapeau, et nous descendîmes. Il entra avec moi dans la voiture qui m'avait conduit et nous partîmes pour l'Hôtel-de-Ville. » (Déposition de M. Glais-Bizoin.)

M. Trochu fit son entrée à l'Hôtel-de-Ville quelques instants après M. Rochefort. La prison et le Louvre avaient ainsi fourni leur contingent au nouveau Gouvernement, désormais complet. La foule qui avait porté en triomphe l'auteur de *La Lanterne* et l'avait acclamé lorsqu'il était entré à l'Hôtel-de-Ville, ne s'était même pas aperçue de l'arrivée du gouverneur de Paris. Les deux nouveaux collègues furent mis en présence. M. Trochu qui ne devait plus s'arrêter dans la voie des concessions coupables dans laquelle il était entré, accepta, sans trop d'hésitations, de siéger à côté de M. Rochefort.

Ce n'était là que la première des humiliations qui étaient réservées à l'orgueil et à « la vieille foi bretonne » de cet homme qui, après avoir trahi l'Empire et lâchement abandonné une femme au milieu d'une émeute, allait, suivant l'expression d'un de ses nouveaux collègues : « conduire le deuil du siège à Paris ».

APPENDICE A

LA PRUSSE ET LA FRANCE

AU XIXᵉ SIÈCLE

Nous avons esquissé à grands traits dans le chapitre 1ᵉʳ de notre première partie l'histoire de la Prusse avant 1870.

Les documents que nous allons citer et que nous avons empruntés aux sources les plus autorisées ont pour but de compléter notre démonstration : à savoir que de 1806 à 1870 la Prusse n'a pas une minute oublié ses projets de vengeance contre la France et qu'elle s'est sans cesse occupée d'en assurer l'exécution.

L'appendice A sera divisé en deux parties :

Première partie. — La Prusse avant 1870.
Deuxième partie — La France avant 1870.

Nous laissons aux lecteurs impartiaux le soin d'apprécier, comme elle le mérite, l'attitude respective des deux grandes nations rivales pendant plus d'un demi-siècle.

APPENDICE A

PREMIERE PARTIE

LA PRUSSE AVANT 1870

I

Extrait de l'ouvrage : « La Prusse et la France devant l'Histoire ».

« Le souvenir toujours vivant de Napoléon servait, bien entendu, de prétexte aux réorganisateurs de la Prusse. On ne voulait, assuraient-ils, que se mettre en état de prévenir le retour de semblables catastrophes. Le fait est qu'on cherchait d'une manière générale à devenir le plus fort possible, parce qu'on sentait vaguement, et très clairement tout ensemble, qu'être très fort est un avantage qui mène à tous les autres et que la force est comme l'amorce de la fortune. Quelle prépondérance ne devait pas espérer en effet un peuple qui resterait seul tout entier en armes, au milieu de l'Europe en train de désarmer et ne se lassant pas de soupirer après le fantôme de la paix universelle ? Un pareil triomphe ne demandait, pour être sûrement obtenu, qu'un peu de persévérance et énormément de discipline. Une certaine hypocrisie est aussi nécessaire, car il importait d'endormir tout d'abord ceux qu'on se proposait de perdre. On s'arrangea de façon à posséder en quantité suffisante ces diverses qualités dans les arsenaux, je veux dire dans les écoles de l'Etat.

» Peu à peu on fit comprendre à demi-mot à l'Allemagne ce dont il s'agissait, rien de moins que la facile conquête à profit commun du monde entier. La noblesse prussienne et la science allemande finirent par s'entendre ; la première offrant à l'autre de grosses prébendes universitaires, ou bien se faufilant, un diplôme en main, dans les rangs des professeurs. D'un commun accord on se mit donc à tout préparer pour remplir bientôt d'un abondant butin les caisses militaires, en même temps qu'on favoriserait le besoin d'expansion de la race entière en la dotant de nouveaux territoires. De 1840 à 1848 surtout, un grand mouvement d'opinion publique, savamment préparé par mille influences invisibles, achemina la nation vers ses nouvelles destinées militaires, en la détachant peu à peu de ce qu'elle avait longtemps le plus aimé. On fit descendre de son piédestal Schiller, accusé de générosité néo-latine, voire même de libéralisme, pour installer à sa place Gœthe, ami d'abord et compagnon inséparable de son prince, mais surtout moins coupable que son émule de lâches concessions à l'inutilité de l'enthousiame. Le règne de Gœthe devait bientôt être singulièrement troublé lui-même par l'intronisation de Shakespeare qu'on importa d'Angleterre tout exprès afin que l'Allemagne pût chaque soir prendre un bain et comme une nouvelle trempe de brutalité dans ses pièces. Le poète britannique n'enseignait-il pas que le meilleur moyen de conquérir le cœur d'une femme est de la battre d'importance après l'avoir empêchée de manger et de dormir? Voilà qui laissait fort loin en arrière les tendres héroïnes de Racine, et toutes les Allemandes eurent ordre conjugal de se rendre à la comédie, pour leur édification

personnelle. Naturalistes et érudits se partagèrent le reste
de la tâche, ceux-ci indiquant l'œuvre à accomplir, ceux-
là mettant la race entière à même de l'accomplir (1), tan-
disque les hobereaux fourbissaient les armes et dressaient
dans les casernes les multitudes rustiques au métier de
la guerre. Plus que jamais les physiologistes s'occupèrent
avec sollicitude de l'anatomie intentionnelle et des
causes finales chez les êtres les mieux organisés pour
vivre aux dépens des autres, et le bataillon sacré des ar-
chivistes s'épuisa à rechercher, avec une ardeur dévo-
rante, tous les titres égarés de la race germanique, grat-
tant au besoin les ratures qui eussent pu en entraîner la
nullité, et surtout déchirant, pour les mettre au panier
de l'oubli, tous les documents contradictoires ou posté-
rieurs capables de faire tort d'une province aux rêves les
plus insensés de leur patriotisme. Une fois ces trou-

---

(1) On sait quelle influence Iahn, le fondateur des sociétés de
gymnastique a exercée sur la jeunesse allemande à l'époque de notre Restauration ; un portrait de ce patriote ne sera pas déplacé
ici : « Avec son sentiment de la nature, Iahn s'était complètement
adonné au développement physique de l'homme, développement auquel, d'après lui, se liait étroitement toute l'éducation patriotique et
morale du citoyen. En effet, à l'âge de dix sept-ans il avait commencé ses courses aventureuses dans le monde; dès sa première
jeunesse, il s'était distingué plutôt par ses qualités physiques que
par ses talents intellectuels. Il se vantait de posséder des sens aussi
fins que ceux des sauvages, et déjà à l'école il avait été fameux
comme maître dans les combats à coups de poing, tandis que
comme élève et comme homme déjà fait, il n'avait eu, dans tous
ses examens que de mauvais certificats. Dans les formules alli-
térées de la gymnastique allemande il était dit : Que la vie de
gymnaste soit vertueuse et vigoureuse, pure et prête à la lutte,
chaste et courageuse, véridique et vaillante, etc. Son devoir le plus
sacré est de devenir un homme allemand, de le rester après l'être
devenu, et d'agir énergiquement pour son peuple et pour sa patrie,
« car toute éducation est vaine qui laisse errer l'élève comme un
feu follet dans la misère stérile d'un cosmopolitisme créé par des
illusions.» Gervinus, t. IV, p. 150.

vailles faites et dûment classées, les ministres avec ou sans portefeuille, les principicules avec ou sans trône, les courtisans de toute provenance et de tout rang, les flatteurs des souverains ou de la bourgeoisie, déclarèrent que cette besogne était bonne, et que la science allemande avait bien mérité de la patrie. N'était-ce pas un coup de maître d'avoir fait déborder sur des étrangers très riches et de plus en plus mal organisés pour leur propre défense un courant de dangereux appétits qui aurait pu s'égarer du côté du château féodal? Donner au prolétariat germanique l'idée et l'envie de jouer des coudes dans toutes les directions au dehors, c'était, en effet, débarrasser l'aristocratie locale d'un grave souci, en lui promettant du même coup l'espérance de rembourser plus facilement, elle-même, un jour à venir, quelques menues dettes hypothécaires.

» Le catalogue des *mille e tre* annexions à faire ou à refaire, tel que l'a dressé ce Don Juan à lunettes d'or qui s'appelle le pédantisme germanique, est un véritable mémoire d'apothicaire. Tous les voisins y passent sans exception, et il n'y a qu'une double formule qui soit capable d'en donner une idée : tout ce qui a pu être allemand doit le redevenir sans retard, tout ce qui ne l'a jamais été doit le devenir le plus tôt possible. Là, où l'érudition reste en effet à court, c'est l'intérêt sacré de la civilisation qu'on met en jeu; là, où un prétexte fait défaut, c'est le prétexte contraire qu'on produit sans scrupule, si bien, qu'en parcourant le périmètre extérieur de l'Allemagne sur la carte de l'Europe, c'est-à-dire en faisant le tour de ses convoitises, on constate facilement que ses principes varient d'après les points cardinaux, et qu'elle a comme des consciences patriotiques de rechange (1).

(1) *La Prusse et la France devant l'Histoire, Essai sur les causes de la guerre.* — 4° édition. — Paris, Amyot éditeur, 8, rue de la Paix. 1874.

II

Extrait du Mémoire de M. de Hardenberg.

Le 4 août 1815, dans un Mémoire resté célèbre, l'un des plénipotentiaires prussiens à Vienne, M. de Hardenberg, s'exprimait de la façon suivante :

« L'Europe a généreusement pardonné l'année passée à la France. L'expérience a prouvé que cette confiance généreuse dans la loyauté de la nation française a manqué le but proposé. Employer encore une fois une telle générosité serait impardonnable. L'Europe se doit donc à elle-même, et chaque puissance le doit à ses peuples, de prendre des mesures de sûreté pour se garantir d'être facilement troublée par la France. Une nation qui a plus d'égoïsme que de patriotisme, trouvera moins dur de céder des provinces que de payer de l'argent, puisque la charge d'une contribution tombe sur chacun, et que, céder quelques départements, ne tombe que sur l'ensemble et sur le gouvernement. Comme ce cas existe apparemment en France, une indemnité purement en argent lui paraîtra plus dure et sera moins avantageuse pour la coalition, qu'une indemnité donnée en partie en pays. D'ailleurs, le Français est avare ; la masse du peuple n'est pas riche ; si on lui demande une forte somme d'argent, il en sera plus mécontent que si la France en général cède quelques départements. Je préférerais donc d'indemniser les Etats éloignés de la coalition, et de demander pour les autres des pays. »

III

Proclamation du Gouverneur général de la nouvelle Province du Rhin.

Le 15 avril 1815 le gouverneur de la nouvelle province prussienne du Rhin, publiait la proclamation suivante :

« Cette nation ose oublier que, maîtres de sa capitale et de ses provinces, nous devions nous indemniser il y a un an par un partage que tous les sacrifices faits par nous pour affranchir l'Allemagne rendaient nécessaire et légitime... Ce n'est pas pour lui rendre des princes dont elle ne veut pas que nous nous armons aujourd'hui, c'est pour diviser cette terre impie que la politique des princes ne peut laisser subsister, c'est pour nous indemniser par un juste partage de ses provinces, de tous les sacrifices que nous avons faits... La France, dans sa fureur démagogique, a vendu à vil prix des biens immenses, pour rattacher le peuple à sa cause. Ces biens, qu'on ose appeler nationaux, sont illégitimement acquis. Une sage administration en ressaisira la masse, et cette masse fournira enfin de nobles dotations à tous nos braves de tous les rangs et de tous les mérites. Ainsi, les princes et les sujets allemands trouveront à la fois dans le fruit de cette guerre contre la tyrannie, les premiers, des vassaux que nos lois feront courber sous la discipline, et les seconds, des biens fertiles dans un pays que nos baïonnettes maintiendront dans une terreur nécessaire. »

IV

Extrait de « l'Histoire du XIXe Siècle, » par Gervinus.

Quelles étaient les dispositions de l'Allemagne à notre endroit en 1815? Gervinus va nous l'apprendre :

« Rien n'aurait été plus juste que de demander la frontière du Jura pour protéger l'Allemagne à l'ouest, à peu près comme les Pyrénées et les Alpes défendent l'Espagne et l'Italie contre les attaques de la France. Le moins qu'on eût pu exiger aurait été la demande conciliante de Stein qui proposait d'assurer les points faibles de la frontière occidentale, le Haut-Rhin et la Haute-Meuse, en enlevant à la France la rangée la plus avancée de cette triple ligne de forteresses qui donne à la France sa position agressive vis-à-vis du continent. Si cette demande modérée avait été faite par l'Allemagne avec fermeté et à l'unanimité, on n'aurait pas pu la refuser... L'opinion de Stein avait été de donner l'Alsace et la Lorraine comme une secondo-géniture autrichienne à l'archiduc Charles; mais la Prusse s'opposait à ce dessein. On proposa de donner l'Alsace au prince héréditaire de Wurtemberg, pour lequel on avait déjà à Vienne cherché un établissement et une sphère d'activité particulière, et pour lequel on pouvait gagner plus facilement son beau-frère futur, l'empereur Alexandre. Dans ce cas, la Prusse avait espéré obtenir la Lorraine. Mais ces deux combinaisons ne convenaient pas à la cour d'Autriche... Hardenberg seul éleva les demandes officielles les plus fortes; mais, oralement et dans des Mémoires publiés par des particuliers, on allait bien plus loin; lord Clancarty avait lu des projets prussiens d'après lesquels on voulait enlever à la France trois millions d'habitants (1). »

V

Henri Heine et les Muses allemandes.

« Il suffirait, dit l'auteur de *la Prusse et la France devant l'Histoire*, pour se convaincre que le désir ou la pensée de reprendre Metz et Strasbourg entrait pour beaucoup dans les fureurs du patriotisme de 1813 et de 1815 d'ouvrir un recueil de chansons belliqueuses de cette époque. L'épreuve est d'autant plus facile à faire que ces recueils abondent et que la librairie allemande s'est continuellement fait comme un devoir national, en même temps qu'une source assurée de faciles revenus, de les tenir à la disposition de tous les gouvernements et de toutes les casernes au plus juste prix possible. C'est à propos sans doute de ces petits volumes d'*entraînement* populaire que Henri Heine écrivait en 1846 : « Les Muses avaient reçu l'injonction formelle de ne plus rêver désormais, insouciantes et paresseuses, et d'entrer au service de la patrie à titre de vivandières de la nationalité germanique. » L'échantillon que je vais mettre sous les yeux du lecteur est emprunté à un *Liederbuch* illustré et publié à Lahr, à une époque qui n'est pas spécifiée mais qui est on ne peut plus contemporaine, car les Allemands, sous prétexte que cette haine hystérique contre la France avait été excusable en 1813, se faisaient un devoir d'en colporter, même en 1869, les témoignages les plus brûlants et les plus condamnables. La pièce est

(1) *Histoire du XIX° Siècle*, t. I, p. 322, 325.

intitulée *Chant de Guerre contre les Velches.* — *Kriegslied
gegen die Walschen.*

> « Nous voulons, en jouant des épées et des lances,
> Danser avec vous la danse sauvage et sanglante.
> Nous voulons vous chanter une petite chanson
> Sur ce que vous vous êtes acquis par la ruse rampante,
> Sur Strassburg, sur Metz, sur la Lorraine!
> Vous nous le paierez! vous nous le rendrez!
> Que la lutte soit une lutte pour la vie ou la mort!
> Que le mot d'ordre soit : Au Rhin! au delà du Rhin!
> Que l'Allemagne tout entière pénètre en France (1)! »

» Ces sentiments n'étaient pas toujours exprimés sur
un rhythme à la Blücher; on cherchait aussi à y intéresser la bonhomie allemande :

> Je connais à présent la terre promise
>   Oui, la la! oh! la la!
> Vers laquelle si longtemps mon esprit s'est tendu,
>   Oui, la la! oh! la la!
> Le duché de Monsieur Lothaire
>   Oui, la la, oui, oui-dà!
> C'est là bien sur la terre promise!
>   Tra la la, tra la la!
> La Lorraine n'est pas loin d'ici,
>   Tra la la, tra la la (2)!

Schenkendorf avait le patriotisme plus rude encore :

> « Cependant là-bas aux Vosges
> Repose un bien perdu;
> Il y a du sang allemand qu'il s'agit
> De racheter du joug de l'enfer. »

(1) Nous ne pouvons pas garantir la date exacte de ce *lied ;* mais,
s'il était postérieur à 1815, il va de soi que l'argument que nous en
voulons tirer n'en aurait que plus de force.
(2) Même recueil.

» Il y eut surtout une époque où ces pensées de 1815 se firent jour de nouveau en Allemagne ; ce f..t en 1840. La *Gazette d'Augsbourg* de cette époque, non pas sans y mettre une discrétion relative, donnait visiblement déjà comme un coup de plumeau sur les titres et les prétentions de l'Allemagne à propos de l'Alsace. Sous les soupirs perçaient les secrètes espérances : « L'Alsace n'est-elle pas le pays le plus abandonné de langue allemande ; sa mère, l'Allemagne, l'a quittée là, et sa belle-mère, la France, l'a laissée en proie à l'ignorance (1) ? » — « Notre antique possession remonte jusqu'à l'antiquité la plus reculée, a été acquise de nouveau en plein jour par le combat de Dieu, a été sanctionnée par les traités les plus sacrés et consolidée par un espace de temps qui dépasse de beaucoup un quart de siècle. »

VI

Geibel

En 1844, Geibel écrivait :

« Oui, je bénirai trois fois l'heure ou flamboieront les épées sorties du fourreau, où, sur les bords de la Moselle et de l'Oder, au lieu de venimeuses paroles de dispute, les balles pleuvront. Oh ! si je voyais demain la clarté du soleil se mirer dans le casque des escadrons ! Si demain nous faisait entrer dans le pays de l'ennemi ! Guerre ! Guerre ! Donnez-nous une guerre pour remplacer ces querelles qui nous dessèchent la moelle dans les os. »

(1) 21 sept. 1840.

Deux ans plus tard, nouvelle exhortation du même poète :

« Le vieux Munster de Strasbourg fait ainsi parler ses cloches : — L'art allemand m'apprit dans des temps meilleurs à dresser mes tours jusqu'aux étoiles, et pourtant je languis encore tristement dans la servitude du Welche. Ma captivité ne durera pas éternellement. Un jour je serai délivré par l'épée. »

Veut-on entendre un autre barde de la même école ? Voici M. Emil Ritterhaus désignant encore Strasbourg à l'imagination allemande, le glaive flamboyant à la main, comme un archange de la patrie.

« Un cliquetis de chaînes se fait entendre au loin sur le Belt, et en Alsace le Français règne encore aujourd'hui... Ce n'est pas en rêvant dans le sein de la paix, c'est dans les batailles que l'Allemagne deviendra une, libre et grande... A l'ouest, au loin, sur les cimes des Vosges, je vois étinceler des feux de joie (?)... Je vois la verte parure de nouveaux lauriers : sur la cathédrale de Strasbourg flotte une bannière allemande (1) ».

VII

Extrait de « l'Histoire de la Révolution de 1848 », par Garnier-Pagès.

« Du haut de la fonction où, avec d'honorables collègues, j'avais été appelé par la volonté du peuple (?), j'ai participé à beaucoup d'événements extraordinaires...

(1) V. Cherbuliez. — *Revue des Deux-Mondes*, 15 mars 1872.

On y voit l'Allemagne rêveuse laisser ses théories mystiques, ses discussions philosophiques, s'élancer hardiment dans l'arène des faits pratiques... et courir à la conquête de ses libertés, de son indépendance et de son unité. — En présence de ces faits, quel parti devait prendre la République française? Intervenir? Dans quel but? Lancer des bataillons sur cette terre où la liberté était partout victorieuse, était-ce possible? Faire la guerre enfin, et à qui? Aux armées? elles avaient fait leur soumission aux peuples dont elles émanaient! Aux princes? Ils avaient reconnu la souveraineté des peuples ! Aux gouvernements despotiques? Ils n'étaient plus ! Est-ce que la France avait besoin de fer et du feu pour propager ses principes ? Ses principes ne marchaient-ils point plus rapidement que le pas de ses soldats ? Interrogez l'Allemagne ! Quel est le cri universel? N'avancez pas! nous saurons, nous voulons nous-mêmes rompre nos chaînes ! — Devant une telle évidence, quel est l'homme sérieux qui pourrait différer d'avis? Les décisions du gouvernement provisoire, prises à l'unanimité, avaient devancé les faits, parce que la logique en était infaillible. Le manifeste rédigé par Lamartine, adopté par le gouvernement entier, était la base et le pressentiment d'un système politique que vingt jours seulement d'histoire devaient complètement justifier. — Les craintes de conquêtes et d'invasion, les méfiances de l'ambition de la République française étaient dissipées. — La France qui ne voulait point porter atteinte à l'indépendance des peuples et *qui renonçait à toute pensée de conquêtes, etc... (1) »*

(1) Garnier Pagès. — *Histoire de la Révolution de* 1848, t. VII, p. 153 et suiv.

VIII

Rapport de M. Anselme Petetin, ambassadeur de France en Hanovre, au général Cavaignac.

« Berlin, 17 août 1848.

» J'use, monsieur le général, de la permission que vous avez bien voulu m'offrir de vous écrire directement sur des questions générales, et notamment sur l'état des esprits par rapport à la France, à l'Italie, à l'unité allemande.... La froideur la plus absolue dans l'état paisible et régulier, le réveil de toutes les passions jalouses et haineuses au moindre mouvement, voilà le vrai.... Beaucoup de gens, et les républicains français particulièrement, se figurent que les derniers mouvements politiques ont créé une Allemagne toute nouvelle et que les vieilles passions ont été submergées et emportées, avec les vieux pouvoirs, par le torrent tout-puissant du sentiment révolutionnaire.... Il faudrait de longs détails pour vous montrer comment ce prétendu torrent révolutionnaire n'est qu'un mince filet d'eau, courant à la surface d'une masse compacte et inerte d'intérêts immenses, bien éloignés de se prêter, dans leur constitution intime, à de profondes modifications.... J'ai parcouru, dimanche 13, la route où, le même jour, devait passer le roi de Prusse se rendant à Cologne; j'étais à Magdebourg en même temps que lui. Je vous assure que ce que j'ai vu est bien propre à désabuser ceux qui supposeraient que la royauté est désormais sans force morale dans ce pays, et que les événements de Berlin, qui ont dû tant coûter à la dignité royale, l'ont dépopularisée, ailleurs du moins que dans

cette capitale.... Peut-être éprouverez-vous quelque surprise de m'entendre parler d'un ton si peu sympathique
pour les libéraux allemands. C'est qu'en effet il n'est pas
facile d'éprouver une grande tendresse pour des gens qui
n'ont vers nous que les tendances les plus brutalement
intéressées et qui désirent naïvement voir la France en
flammes, dans l'unique espoir d'y venir prendre du feu
pour embraser leur propre pays.... En ce moment ils s'indignent contre la France qui refuse de mettre à leur service sa force révolutionnaire et sa force militaire.... J'ose
vous affirmer que, si l'Assemblée de Francfort voyait,
pendant deux ou trois mois encore, ses volontés exécu-
tées, il ne tarderait pas à être question de la restitution
de l'Alsace à la race germanique, etc. (1). »

IX

Prophéties d'Henri Heine.

« Prenez garde, Français! On ne vous aime pas en Allemagne, ce qui est presque incompréhensible, car vous
êtes pourtant bien aimables, et vous vous êtes donné,
pendant votre séjour en Allemagne, beaucoup de peine
pour plaire, au moins à la meilleure et à la plus belle
moitié du peuple allemand; mais, lors même que cette
moitié vous aimerait, c'est justement celle qui ne porte
pas d'armes, et dont l'amitié vous servirait peu. Ce qu'on
vous reproche, au juste je n'ai jamais pu le savoir. Un
jour, à Gœttingue, dans un cabaret à bière, un jeune
Vieille-Allemagne dit qu'il fallait venger dans le sang des

(1) *L'Allemagne en Italie en* 1848, par A. Petetin, Evian-les Bains,
imprimerie Munier, 1871.

Français le supplice de Konradin de Hohenstaufen que vous avez décapité à Naples. Vous avez certainement oublié cela depuis longtemps; mais nous n'oublions rien, nous. Vous voyez que lorsque l'envie nous prendra d'en découdre avec vous, nous ne manquerons pas de raisons d'Allemand. Dans tous les cas, je vous conseille d'être sur vos gardes; qu'il arrive ce qu'il voudra en Allemagne, que le prince royal de Prusse ou le docteur Wirth parvienne à la dictature, tenez-vous toujours armés, demeurez tranquilles à votre poste, l'arme au bras. Je n'ai pour vous que de bonnes intentions, et j'ai été presque effrayé quand j'ai entendu dire dernièrement que vos ministres avaient le projet de désarmer la France. » (*De l'Allemagne*, t. I, p. 184, édition de 1856.)

Il est difficile de mettre plus de finesse à se moquer des gens, en les prévenant de la haine que d'autres ont pour eux et de la mieux exprimer pour son propre compte, tout en s'en défendant.

APPENDICE A

DEUXIÈME PARTIE

LA FRANCE AVANT 1870

I

« Ems et les bords du Rhin », par Méry.

En 1857, Méry écrivait :

« Tout Paris m'a répondu qu'il était bien chez lui, et qu'il ne songeait pas à conquérir toutes les frontières du Rhin... Ma première visite est toujours pour le vieux Rhin, ce roi de l'Allemagne... Le Rhin est un Allemand de bon naturel qui a vu tout ce passé inique.... Les tombes de Turenne et de Hoche invitent les peuples à la fraternité; elles leur disent que le Rhin, avec ses deux rives où la vie coule dans toutes les eaux thermales, est un fleuve sacré; malheur à qui vient porter la torche ou l'épée sur ses vignobles! Il tombera comme Turenne ou Hoche!... Le Rhin est le médecin de tout le monde, sans distinction de drapeau (1). »

(1) Méry. — *Ems et les bords du Rhin*, 1858, L. Hachette, p. 13, 23 et suivantes.

II

« La guerre, c'est la paix », par Anatole de la Forge.

M. Anatole de la Forge, dans cette même année 1857, écrivait dans sa brochure : *La guerre, c'est la paix :*

« Un autre plan beaucoup moins anodin, consisterait tout simplement à mettre le feu aux quatre coins de l'Europe, pour reconquérir aux bords du Rhin des provinces qui ne veulent pas de nous. Ne nous éloignons pas à ce point des limites de la raison et du bon sens. En politique, ce ce qui est impossible est inutile à discuter (1). »

III

« De la politique nationale de la France à l'extérieur ».

« Disons, en passant, un mot de l'Allemagne. Dites-moi, monsieur, bien que le peuple allemand, par les perfides suggestions de ses gouvernements, soit animé, à cette heure, de très hostiles intentions contre la France, à ne considérer toutefois que la justice et le bon droit, n'êtes-vous pas d'avis que l'Allemagne, dont les habitants parlent une même langue nationale, doit former aussi un seul et même peuple ? Ne considérez-vous pas comme le comble de la démence que cette race soit, à l'instar de l'Italie, déchirée en trente-trois ou trente-quatre morceaux,

(1) Paris. — 1857. — Amyot. — P. 30.

et parquée, ainsi que des troupeaux, autour de misérables roitelets? Enfin, les limites assignées par la nature à ce grand État, ne vous semblent-elles pas être normalement, du nord-est au nord-ouest, entre la rive gauche de l'Oder et la rive droite du Rhin et les possessions hollandaises ; du nord au sud, depuis les côtes de la Baltique jusqu'au revers septentrional des Alpes centrales ; et, vers le sud-est, les monts de la forêt de Bohême, et la rive gauche de la rivière de l'Enns? — Mais, m'allez-vous objecter aussitôt, à quoi songez-vous, de vouloir reconstituer, à la porte de la France, l'Allemagne en une seule nation? N'est-il pas de l'intérêt le plus évident pour notre pays, d'un intérêt capital, que ce peuple, qui touche à la France par toutes ses frontières de l'est, soit divisé en une foule de petits États, discordant entre eux autant qu'il est possible, et sans consistance ni cohérence. — Monsieur, répondrons-nous, est-ce le droit, est-ce la justice, que l'Allemagne conquière son indépendance et fonde son autonomie ? — Sans doute, mais... — Monsieur, la France est-elle, oui ou non, parmi les peuples du globe, et à son éternel honneur, le représentant du droit et de la justice? — Sans doute, mais... — Donc, monsieur, la France doit coopérer activement à cette reconstitution de l'Allemagne en un seul et même peuple, et l'aider à conquérir son indépendance (1). »

(1) *De la politique nationale de la France à l'extérieur*, Paris, F. Chamerot, 1859.

IV

« L'Équilibre européen », par Émile de Girardin.

En 1859, M. de Girardin écrivait :

« Nationalement, je ne tiens point à la possession territoriale par la France de la Belgique, de la Prusse rhénane et de la Bavière rhénane ; ce seraient naturellement des bras de plus qui s'ajouteraient aux nôtres, mais aussi, ce seraient des bouches de plus qu'il faudrait remplir... S'agit-il de politique nouvelle ? La paix est ce qui la caractérise. Alors, je suis pour qu'on neutralise les Alpes en y creusant des tunnels, et qu'on dénationalise le Rhin en y jetant des ponts à l'épreuve des convois de chemins de fer... Que la Belgique reste donc la Belgique ! Que la Prusse rhénane reste donc la Prusse rhénane ! Que la Savoie reste donc la Savoie (1) ! »

V

« France et Rhin », par Proudhon.

A l'époque de la guerre d'Italie, Proudhon, dans un volume intitulé : *France et Rhin*, s'exprimait de la façon suivante :

« Le principe des frontières naturelles est en contra-

(1) *L'Équilibre européen*, Paris, Michel-Lévy, 1859, p. 18 et 21.

diction avec celui des nationalités... Tout le bassin de
l'Escaut, à l'exception de quelques coins de l'Escaut supérieur, est flamand, anti-français. Tout le Rhin est germanique, aussi bien sur la rive gauche, du côté de la
France, que sur la rive droite. Le point où il approche le
plus près la limite celtique, aux environs de Sainte-Marie-
aux-Mines, est à quatre myriamètres de sa rive gauche...
Non, le Rhin ne regrette pas la France. La révolution a
pu lui imposer ses principes, parce que le droit est plus
fort que la fatalité : elle ne lui a pas rendu le cœur français. Bade, la Bavière, la Belgique, la Hollande, la Prusse,
sont aujourd'hui des Etats plus libéraux que la France
elle-même, mais ce résultat, qui nous accuse, prouve
justement que les coalitions de 1805, 1809, 1813 et 1815
ont eu pour but l'indépendance du Rhin, gage de la liberté des nations... Maintenant, cinq nations libres gardent le Rhin contre l'autocratie napoléonienne : la
Prusse, la Bavière, Bade, la Hollande et la Belgique; derrière elles, la Confédération germanique; sur les ailes,
l'Autriche et l'Angleterre... Que penser aujourd'hui d'une
invasion du Rhin? On comprend les guerres des ducs de
Bourgogne, de François Ier, de Louis XIV et de Louis XV,
les guerres des Romains et des Francs ; l'état des lumières, le mouvement de l'histoire ne permettaient pas de
penser mieux, de voir plus loin, d'agir autrement. Aujourd'hui ce serait d'un orgueil insupportable et d'un vrai
brigandage... Aux imbéciles qui oseraient dire que je
sacrifie les intérêts français, je répondrais : « Vous n'avez
pas le droit de prendre une nation qui ne veut pas de
vous (1). »

(1) Paris. — *Librairie internationale* de Lacroix, p. 14, 54, 55, 63,
131, 206.

VI

« La Nouvelle carte de l'Europe », par Edmond About

En 1860, M. About publiait une fantaisie de géographie politique, intitulée : *La nouvelle carte de l'Europe.*

L'historiographe désigné de la campagne de 1870 n'était, en 1860, qu'un publiciste spontanément agréable, ne tenant sa mission que de lui-même peut-être, mais en tout cas s'employant de son mieux à plaire à son prince. Voici donc comment cet esprit très fin, déjà fort bien en cour, quoi qu'il en dise, croyait devoir s'y prendre pour plaire à cette cour et à ce prince : il s'agissait de l'offre faite à la France des provinces rhénanes par la Prusse elle-même :

« Le grand capitaine (?) français refusa le présent qu'on voulait lui faire. — « Il est vrai, dit-il, que la géographie nous avait donné le Rhin pour limite ; mais la diplomatie en a décidé autrement. La France, telle que nos ennemis l'on faite il y a quarante-cinq ans, est assez grande pour n'avoir besoin de rien et assez forte pour ne craindre personne. Moi-même, j'ai pour habitude de lire le *Times* tous les matins, et rien ne m'est plus désagréable que de m'y voir traité d'ambitieux. Si j'adhérais au projet de rectification proposé par la Prusse, le *Times* pousserait de beaux cris. On dirait que les lauriers de mon oncle le lieutenant m'empêchent de dormir. Les correspondants de l'*Indépendance belge* se tourneraient eux-mêmes contre moi, car la Belgique se croirait menacée. » — « Mais, interrompit la belle dame de Londres, où serait donc le mal quand vous annexeriez la Belgique ? Les Belges sont des

Français, un peu plus spirituels que les autres. D'ailleurs, il y a un parti français en Belgique (?). Les grandes familles des deux pays sont unies par les liens les plus étroits, et je pense que les Mérode, par exemple, ne vous sont pas moins dévoués que les Montalembert. » — « Il est vrai, » reprit le grand (?) capitaine « avec son sourire tranquille, mais je me suis promis d'être le moins conquérant des hommes. J'ai fait la guerre en Crimée pour les Turcs, en Italie pour les Italiens; je suis prêt à la faire encore, s'il le faut absolument, dans l'intérêt de quelque principe. Mais je veux mourir à Sainte-Hélène, s'il m'arrive jamais de convoiter une demi-lieue de pays. Vous avez entendu les discours de votre Parlement, vous avez lu les diatribes de vos journaux, lorsque mon fidèle allié, le roi de Sardaigne, et le vœu des populations m'ont contraint d'accepter quelques versants de montagnes. J'ai juré ce jour-là qu'on ne m'y reprendrait plus. » — Toute l'assemblée se récria, pria, supplia, menaça; mais le capitaine fut inébranlable. On crut un moment que l'Angleterre, la Prusse et la Russie allaient former une coalition pour lui imposer, malgré lui, la frontière du Rhin. Il déclara qu'il était prêt à risquer son dernier homme et son dernier écu plutôt que de reculer les limites de la France. La fermeté de son attitude contint le zèle de ses alliés. »

VII

« La Prusse en 1860 », par Edmond About

Dans une brochure intitulée : *La Prusse en* 1860, M. Ed. About, écrivait encore :

« Le peuple allemand aime la Prusse (?). Il regarde ses

progrès avec une admiration sympathique et un amour filial (?). Si elle se décidait à jouer le rôle du Piémont, tous les Allemands (?) s'empresseraient de lui aplanir les voies. — Aujourd'hui surtout, le régent du royaume, S. A. R. le prince de Prusse paraît être l'objet d'une adoration poussée jusqu'au fanatisme. Nous sommes heureux d'apprendre que l'unité allemande a trouvé son centre, et rien ne pouvait nous être plus agréable que de voir la nation se grouper autour d'un esprit ferme et d'un cœur droit (1). »

(1) L'intention de M. About était évjdemment excellente, au moins au point de vue germanique. Il est bon de voir comment les Allemands l'en ont remercié. Voici quelques extraits d'un article de la *Gazette de Cologne* (n° du 25 sept. 1872), publié au moment de l'arrestation à Saverne de l'auteur de *la Prusse en* 1860. — « Il est infiniment à regretter que nous autres Allemands nous n'ayons rien fait pour obtenir un protecteur aussi précieux que M. Edmond About. Pouvons-nous espérer trouver à l'étranger un ami plus ardent que l'homme qui en 1860 écrivit dans une brochure très lue ces mots. (Suit le passage que nous venons de citer.) Quel profond chagrin notre ami doit-il avoir éprouvé, de voir à quel point, dans le court espace de dix années la noble nation si tendrement aimée par les Français est tombée en décadence!... Un chagrin plus rude encore était réservé à notre ami; lui, le prophète enthousiaste de l'unité allemande est payé de la plus noire ingratitude par la nation devenue unie; des sbires germaniques portent sur lui une main criminelle pour le livrer à la prison. A présent il doit comprendre clairement qu'attendre de la reconnaissance d'une race aussi dégénérée, aussi inhumaine que la race allemande est à peu près aussi sage que de vouloir cueillir des grappes de raisin sur des chardons. » *Sehr richtig.*

VIII

« La Prusse et les traités de Vienne »

Nous extrayons ce qui suit d'une brochure intitulée : *La Prusse et les traités de Vienne*, publiée chez Dentu en 1861 :

« Depuis une époque qui est bien antérieure à l'avènement de Napoléon III, la Prusse manifeste au sujet des provinces rhénanes des alarmes périodiques que n'a justifié en rien dans le passé et que justifie moins que jamais en ce moment l'attitude la France... Sauvée de l'anarchie par un bras énergique qui a dû suspendre pour un temps diverses libertés, elle a renoncé à tout esprit de conquête et ne songe nullement à redemander aux hasards de la guerre ces frontières naturelles que les mêmes hasards lui enlevèrent jadis... Elle comprend que sa force véritable n'est point dans l'espace plus ou moins grand qu'elle occupe matériellement sur le sol du globe. Cette force est dans son propre génie... Son territoire a des frontières véritables qu'on a pu restreindre ; l'empire toujours grandissant de sa civilisation n'en a pas ; il y a longtemps qu'il a franchi les Alpes et passé le Rhin... Ce n'est donc point sans une surprise pénible qu'elle voit de l'autre côté du Rhin, les préventions et la défiance à chaque instant excitées contre elle. Ce n'est point sans un amer sentiment de l'injustice dont elle est l'objet qu'elle s'entend accuser à toute occasion de nourrir des projets de guerre et de méditer une soudaine invasion des provinces rhénanes.

IX

M. Léopold de Gaillard et « le Correspondant ».

Dans le *Correspondant*, numéro du 25 septembre 1863, M. Léopold de Gaillard s'exprimait ainsi :

« Que l'Allemagne ait senti le besoin d'en finir avec cette officine d'impuissance organisée en gouvernement, qu'on a appelé la Diète fédérale, rien de plus légitime. Qu'elle ait voulu resserrer entre ses membres des liens de la fédération, donner à la nation une plus large part d'influence dans la direction de ses affaires, avoir une main pour l'exécution en même temps qu'une tête pour le conseil, de tout cela nous n'avons rien à dire par la bonne raison que nous n'en avons rien à craindre. »

X

« La Politique de la Prusse. »

Nous extrayons le passage suivant d'une brochure intitulée : la *Politique de la Prusse* et publiée chez Dubuisson en 1865.

« Ne serait-il pas de l'intérêt de la France d'enlever à la Prusse les provinces rhénanes, et au même titre, en vertu d'un droit meilleur que celui qui a permis aux Prussiens d'arracher le Slesvig au Danemark ? Non, parce que ce serait d'abord contraire au principe des nationalités, et ensuite parce que toute attaque de notre part sur le Rhin, mettrait fin aux dissensions intestines de l'Allemagne, la réconcilierait contre nous, et assurerait à la vieille coalition des trois puissances du Nord, le concours empressé de l'Angleterre. De juges du camp, de protecteurs du droit, nous descendrions au rôle d'agresseurs. »

XI

« Le 19 Janvier », par Emile Ollivier

En 1866, M. Emile Ollivier écrivait :

« Je l'affirme, les acclamations du peuple ne seront ni plus rares ni moins enthousiastes, si, au retour d'une campagne, ou, mieux, à la fin d'une négociation, l'Empereur, au lieu de nous dire : « J'ai conquis ou obtenu telle ville, telle province, tel fleuve » nous disait : « J'ai fait respecter la justice au bord de l'Elbe comme sur les lagunes de l'Adriatique; je n'ai pas recherché une part des dépouilles opimes. Agissant au nom de la France je n'ai voulu être que le soldat de Dieu (1). »

XII

« Les Préliminaires de Sadowa » par Julien Klacko

« La France, » disait M. de Bismarck alors et depuis, toutes les fois qu'il lui fut donné d'entretenir tel des

(1) *Le 19 Janvier*, page 287.

hommes politiques des bords de la Seine, — « la France aurait tort de prendre ombrage de l'accroissement de l'influence de la Prusse, et, le cas échéant, de son agrandissement territorial aux dépens des petits Etats. De quelle utilité, de quels secours sont donc ces petits Etats sans volonté, sans force, sans armée? Si loin du reste que puissent aller les besoins et les desseins de la Prusse, ils s'arrêteront nécessairement au Mein, la ligne du Mein, est sa frontière naturelle ; au delà de ce fleuve, l'Autriche gardera, accroîtra même sa prépondérance, et il y aura ainsi toujours en Allemagne deux puissances se faisant un contrepoids utile. Le bon ordre y gagnera et la France n'y perdra certes rien, elle en retirera même des avantages immenses pour sa politique, pour son action dans le monde. La Prusse a en effet une configuration malheureuse, impossible : *elle manque de ventre* du côté de Cassel et de Nassau, *elle a l'épaule démise* du côté de Hanovre, elle est en l'air, et cette situation pénible la condamnait nécessairement à suivre en tout la politique de Vienne et de Saint-Pétersbourg, à tourner sans relâche dans l'orbite de la Sainte-Alliance. Mieux configurée, plus solidement assise, ayant ses membres au complet, elle serait rendue à elle-même, aurait la liberté de ses mouvements, la liberté des alliances, — et quelle alliance plus désirable alors pour elle que celle de l'empire français ? Plus d'une question aujourd'hui pendante et presque insoluble pourrait être alors abordée avec une sécurité complète : celle de Venise, celle d'Orient, — qui sait? peut-être même celle de Pologne? Enfin, si les agrandissements possibles de la Prusse semblaient être excessifs et rompre la balance des forces, qu'est-ce qui empêcherait la France de s'agrandir, de s'arrondir à son tour! Pourquoi n'irait-elle pas prendre la Belgique et y *écraser un nid de démagogie.* Ce n'est pas le cabinet de Berlin qui y opposerait : *Suum cuique.* »Tout cela était dit avec enjouement, avec entrain, avec esprit, accompagné de mainte remarque ingénieuse, malicieuse, les mots heureux sur les hommes et les choses, sur cette Chambre des seigneurs à Berlin, par exemple, composée de *respectables perruques*, et la Chambre des députés, également composée de perruques, mais point du tout respectables, et sur un personnage auguste, le plus respectable, mais le plus perruque de tous. Interrogé un jour par une dame sur ce qu'il comptait faire avec les duchés : « Je sais bien ce que je ferais, moi, » répondit le ministre prussien, « malheureusement mon roi est trop honnête ».

XIII

« **La France et la Prusse devant l'Europe** »

« A Biarritz, c'était l'habitude de l'Empereur d'arpenter à pas lents avec son hôte la longue terrasse, d'où la vue s'étend au loin sur l'Océan et sur la chaîne des Pyrénées. Si, comme il est probable, M. de Bismarck prit soin de développer, dans ses intimes entretiens avec le maître, les mêmes thèses dont il faisait part aux personnages de l'entourage, la curiosité de l'Empereur dut être fortement excitée. Plus que jamais, le ministre de Prusse se posait en libre esprit, en novateur intrépide. Il était difficile de se montrer plus amusant, plus affranchi de préjugés et plus volontairement indiscret. Il ne se contentait pas de chanter les éloges de la France ; il se plaisait à faire lui-même les honneurs de son pays. Il ne tarissait pas de plaisanteries sur les vieux politiques attardés de la cour de Potsdam, en particulier sur la Chambre des seigneurs, *composée de respectables perruques*. Tout en se promenant sur la terrasse de Biarritz, M. de Bismarck cherchait-il de concert avec l'Empereur, les moyens de rendre le roi Guillaume un peu moins *perruque* et un peu moins honnête? C'est probable, mais personne ne l'a jamais su. Il paraît d'ailleurs démontré que, s'il débita beaucoup de paroles que l'Empereur n'écouta pas sans plaisir, M. de Bismarck n'en recueillit en retour que d'assez rares et de fort énigmatiques. Après avoir exposé à satiété, avec maints détails, ses plans divers pour l'agrandissement de son pays, c'était sa coutume de s'arrêter court et de demander à son interlocuteur : « Si nous prenons ceci ou bien cela, vous, que prendrez-vous? » — « Nous ! Mais nous ne voulons rien. » Alors M. de Bismarck, sans se décourager, recommençait sur de nouveaux frais, puis terminait par la même question et recevait la même réponse (1).

XIV

Dépêche de M. Nigra (17 mars 1866).

« Le comte de Goltz avait mission de demander à l'Empereur ce que désirerait la France dans ce cas (où les puissances germaniques viendraient à s'agrandir de manière à changer l'équilibre européen). L'ambassadeur prussien remplit ces instructions et demanda à l'Empereur de formuler des propositions. Mais l'Empereur ne fit aucune demande précise. Il dit seulement qu'on pouvait examiner sur la carte la différence entre la frontière actuelle de la France et celle qu'elle avait en 1814. »

(1) *La France et la Prusse devant l'Europe*, p. 35 et 36.

XV

Télégramme de M. de Barral, ambassadeur d'Italie à Berlin (6 mai 1866).

« On est excessivement préoccupé des négociations très actives, assure-t-on, qui se poursuivent entre la France et l'Autriche pour désintéresser l'Italie et qui seraient allées jusqu'à l'offre de la ligne du Rhin à la France. A l'observation que je lui ai faite sur le danger d'une pareille offre par une puissance allemande, M. de Bismarck m'a répondu par un mouvement d'épaules indiquant très clairement que, le cas échéant, il ne reculerait pas devant ce moyen d'agrandissement (1). »

XVI

Dépêche du général Govone (3 juin 1866).

« Le général Govone, le 3 juin, écrivait à son gouvernement, en rendant compte d'une conversation qu'il avait eue la veille avec M. de Bismarck : « Je demandai alors si, sur la rive gauche du Rhin, il y avait une partie du territoire où un plébiscite sur une annexion à la France aurait quelque chance de succès. Le comte répondit : Non, aucune. Les agents français eux-mêmes, qui ont

(1) Ajoutons que M. de Scharton, ancien ministre de la Hesse-Électorale à Berlin, a affirmé dans une publication officielle que le 21 juin, M. de Bismarck lui aurait dit en propres termes : « Si Benedeck est vainqueur, j'offre le Rhin a Napoléon. »

parcouru le pays pour étudier les sentiments des habitants, ont tous constaté dans leurs rapports qu'un plébiscite, qui ne serait pas complètement faussé, n'aurait aucune chance de succès. Personne dans ces provinces n'aime le gouvernement ni la dynastie régnante, mais tous sont et veulent rester Allemands, de sorte qu'il ne resterait rien pour indemniser la France. — Je répondis que cela serait extraordinairement difficile ; mais que, si l'on ne voulait pas appliquer le principe de la souveraineté populaire, on pourrait peut-être poser un autre principe, comme par exemple, celui des « limites naturelles », et j'ajoutai aussitôt que je ne songeais nullement à faire allusion à toute la rive gauche du Rhin, mais que peut-être il y aurait une autre frontière convenable pour la France. — Le comte répondit : Oui, ce serait la Moselle. Je suis, ajouta-t-il, beaucoup moins Allemand que Prussien, et il ne m'en coûterait pas de signer un traité qui céderait à la France le territoire entre le Rhin et la Moselle, à savoir : le Palatinat, le territoire oldenbourgeois, une parcelle de territoire prussien, etc. Toutefois, le roi aurait les remords de conscience les plus sérieux, et il ne s'y résoudrait que dans un moment décisif, s'il était sur le point de tout perdre ou de tout gagner. En tout cas, il faudrait, pour amener le roi à un arrangement avec la France, connaître le minimum des prétentions de cette dernière ; car s'il s'agissait de toute la rive gauche du Rhin avec Mayence, Coblentz, Cologne, on ferait mieux de s'entendre avec l'Autriche et de renoncer à bien d'autres choses. »

XVII

Dépêche de M. Benedetti (4 juin 1866).

« M. de Bismarck regrette de ne pouvoir saisir l'occasion que la conférence lui offrait pour faire une apparition à Paris (1). Il aurait désiré conférer de nouveau avec vous et avec l'empereur. Il me disait hier, en me témoignant ses inquiétudes sur nos intentions, qu'il aurait bien voulu vous pressentir, avant l'ouverture de la guerre, pour le cas surtout où la Prusse, comme il en manifeste la confiance, remporterait de grands succès. J'ai relevé ce qu'il m'a dit que le roi se refuse toujours à admettre qu'il pourrait être conduit à céder une portion du territoire actuel de la Prusse. Suivant Sa Majesté, au dire du moins de M. de Bismarck, les compensations qu'il pourrait y avoir lieu d'offrir à la France devraient être prises partout où on parle français sur sa frontière. Le président du conseil aurait lui-même fait remarquer à son souverain que, pour disposer de ces territoires, il faudrait d'abord les conquérir. Il a échappé cependant au président de conseil de dire que, si la France revendiquait Cologne, Bonn et même Mayence, il préférerait disparaître de la scène politique plutôt que d'y consentir. Sans que je l'aie pressé en aucune façon de s'expliquer davantage, il a indiqué qu'il ne croyait pas impossible de décider le roi à nous abandonner les bords de la Haute-Moselle (la province de Trèves sans doute qu'il n'a pas nommée),

(1) D'après un télégramme de M. de Barral du 1er juin, des agents de police français devaient aller jusqu'à la frontière, pour veiller à sa sécurité personnelle et le préserver contre les balles ou le poignard des imitateurs du jeune Blind.

qui, jointe au Luxembourg, où la réunion à la France serait favorablement accueillie, redresserait notre frontière de manière à nous donner toute satisfaction. Je me suis borné à lui rappeler que le Luxembourg n'est pas plus une propriété sans maître que la Belgique et certains cantons de la Suisse ; ne voulant pas d'ailleurs accepter la discussion sur ces éventualités, ni lui laisser supposer que ces combinaisons pouvaient avoir quelques chances d'être examinées à Paris, j'ai rompu l'entretien sur ce sujet, de manière à lui faire comprendre que je ne désirais pas le continuer. Je ne saurais dire si M. de Bismarck, en s'ouvrant à cet égard avec moi, sans que rien lui en fournît le prétexte, a voulu me pressentir ou vous faire connaître dès à présent par mon intermédiaire les concessions qu'il pourrait vous offrir, et celles que nous devrions nous abstenir de lui demander, mais je n'en serais pas surpris, ces sortes d'expédients lui étant généralement habituels. »

XVIII

Manifeste du Gouvernement français lu à la séance du Corps législatif du 12 juin 1866.

« Monsieur le Ministre,

» Au moment où semblent s'évanouir les espérances de paix que la réunion de la Conférence nous avait fait concevoir, il est essentiel d'expliquer par une circulaire aux agents diplomatiques à l'étranger les idées que mon gouvernement se proposait d'apporter dans les conseils de l'Europe, et la conduite qu'il compte tenir en présence des événements qui se préparent. Cette communication placera notre politique sous son véritable jour.

» Si la Conférence avait eu lieu, notre langage, vous le savez, devait être explicite ; vous deviez déclarer en mon nom que je repoussais toute idée d'agrandissement territorial (*très bien, très bien*), tant que l'équilibre européen ne serait pas rompu (*mouvement*). En effet, nous ne pourrions songer à l'extention de nos frontières que si la carte de l'Europe venait à être modifiée au profit exclusif d'une grande puissance, et si les provinces limitrophes demandaient par deux vœux librement exprimés leur annexion à la France (*nouvelle approbation*). En dehors de ces circonstances, je crois plus digne de notre pays de préférer à des acquisitions de territoire le précieux avantage de vivre en très bonne intelligence avec nos voisins (*très bien ! très bien !*) en respectant leur indépendance et leur nationalité (*nouvelle approbation*). Animé de ces sentiments et n'ayant en vue que le maintien de la paix, j'avais fait appel à l'Angleterre et à la Russie pour adresser ensemble aux parties intéressées des paroles de conciliation. L'accord établi entre les puissances neutres restera à lui seul un gage de sécurité pour l'Europe (*nouveau mouvement d'adhésion*). Elles avaient montré leur haute impartialité en prenant la résolution de restreindre la discussion de la Conférence aux questions pendantes. Pour les résoudre, je croyais qu'il fallait les aborder franchement, les dégager du voile diplomatique qui les couvrait, et prendre en sérieuse considération les vœux légitimes des souverains et des peuples (*très bien, très bien*).

» Le conflit qui s'est élevé a trois causes : la situation géographique de la Prusse mal délimitée, le vœu de l'Allemagne demandant une constitution politique plus conforme à ses intérêts généraux, la nécessité pour l'Italie d'assurer son indépendance nationale. Les puissances neutres ne pouvaient vouloir s'immiscer dans les affaires intérieures des pays étrangers. Néanmoins, les cours qui ont participé aux actes constitutifs de la Confédération germanique avaient le droit d'examiner si les changements réclamés n'étaient pas de nature à compromettre l'ordre établi en Europe. Nous aurions, en ce qui nous concerne, désiré pour les Etats secondaires de la Confédération une union plus intime, une organisation plus puissante, un rôle plus important (*approbation*); pour la Prusse, plus d'homogénéité et de force dans le Nord; pour l'Autriche, le maintien de sa grande position en Allemagne (*très bien*). Nous aurions voulu en outre que, moyennant une compensation équitable, l'Autriche pût céder la Vénétie à l'Italie (*très bien, très bien*); car, si, de concert avec la Prusse, et sans se préoccuper du traité de 1852, elle a fait au Danemark une guerre au nom de la nationalité allemande, il me paraissait juste qu'elle reconnût en Italie le même principe, en complétant l'indépendance de la Péninsule (*approbation*).

» Telles sont les idées que, dans l'intérêt du repos de l'Europe, nous aurions essayé de faire prévaloir. Aujourd'hui, il est à craindre que le sort des armes seul en décide. En face de ces éventualités, quelle est l'attitude qui convient à la France? Devons-nous manifester notre déplaisir parce que l'Allemagne trouve les traités de 1815 impuissants à satisfaire ses tendances nationales et à maintenir sa tranquillité? Dans la lutte qui est sur le point d'éclater, nous n'avons que deux intérêts : le maintien de l'équilibre européen et le maintien de l'œuvre que nous avons contribué à édifier en Italie (*très bien! très bien!*). Mais, pour sauvegarder ces deux intérêts, la force morale de la France ne suffit-elle pas? Pour que sa parole soit écoutée, sera-t-elle obligée de tirer l'épée? Je ne le pense pas (*nouvelles marques d'approbation*). Si, malgré nos efforts, les espérances de paix ne se réalisaient pas, nous sommes néanmoins assurés par les déclarations des cours engagées dans le conflit que, quels que soient les résultats de la guerre, aucune des questions qui nous touchent

ne sera résolue sans l'assentiment de la France (*très bien !
très bien !*). Restons donc dans une neutralité attentive, et, forts de notre désintéressement, animés du désir sin-cère de voir les peuples de l'Europe oublier leurs que-relles et s'unir dans un but de civilisation, de liberté et de progrès, demeurons confiants dans notre droit et cal-mes dans notre force (*Applaudissements prolongés, mouve-ment général*). »

XIX

Dépêche de M. Benedetti (18 juillet 1866).

« Renonçant à me faire partager sa manière de voir, le président du conseil ne fit plus de difficulté, dans une autre conversation pour m'avouer que les instructions données à M. de Goltz n'avaient rien d'absolu ; que, leur objet principal étant de combiner un accord avec le gou-vernement de l'Empereur, elles l'autorisaient à transiger, en proportionnant les prétentions de la Prusse au prix que la France mettrait à se concerter avec elle, pourvu qu'on en agréât à Paris certaines, dont le gouvernement du roi était résolu à ne pas se départir. Dans ce nouvel entretien, M. de Bismarck, se montrant plus accom-modant sur les avantages qui, selon lui, devaient être acquis à la Prusse, insista particulièrement sur la con-venance pour nos deux pays de s'unir et de s'entendre ; malgré mes déclarations réitérées que je n'étais muni ni des instructions ni des pouvoirs nécessaires, il m'offrit de discuter et d'établir avec moi les bases d'un armistice ; dès que nous en aurions arrêté les termes, il proposerait au roi de suspendre les hostilités, en attendant l'assen-timent du gouvernement de l'Empereur. Suivant le même ordre d'idées, et allant plus loin encore, sans aucun encouragement de ma part, il essaya de me prouver que les revers de l'Autriche permettaient à la France et à la Prusse de modifier leur état territorial, et de résoudre dès à présent la plupart des difficultés qui continueront à menacer la paix de l'Europe. Je lui rappelai qu'il existait des traités, et que la guerre qu'il désirait prévenir serait le premier résultat d'une pareille politique. M. de Bismarck me répondit que je me méprenais ; que la France et la Prusse unies et résolues à redresser leur frontières respectives en se liant par des engagements solennels étaient désormais en situation de régler ensemble ces questions sans craindre de rencontrer une résistance armée ni de la part de l'Angleterre, ni de la part de la Russie (1). »

XX

Projet de M. Drouyn de Lhuys (9 août 1866).

« La politique de la France est guidée par un désir manifeste de maintenir avec la Prusse des relations amicales. Pour que la continuation de cette politique soit possible, pour que le gouvernement impérial puisse la faire accepter par l'opinion publique, il faut que l'alliance des deux nations repose sur leur situation réciproque n'impliquant, pour aucune d'elles, ni préjudice ni menace. Or, il serait inutile de dissimuler que les transformations qui s'accomplissent en Allemagne modifient sensiblement l'équilibre des forces dans lequel la France a trouvé depuis 1815 sa seule sécurité. C'est donc un devoir pour

(1) V. Benedetti, p. 187, 15 juillet 1866.

l'empereur Napoléon de rechercher d'autres garanties...
Le cabinet des Tuileries n'est point poussé par l'ambition
d'englober sous ses lois des territoires situés en dehors
des limites de la France et encore moins des populations
de nationalité étrangère ; ses déclarations réitérées, son
attitude invariable dans les complications européennes
le mettent à l'abri de soupçons de ce genre... Ce qu'il
faut à la France, c'est une protection sur ses frontières,
car il lui sera plus aisé d'entretenir avec ses voisins les
relations cordiales qu'elle s'attache à conserver, lorsqu'elle
n'aura rien à craindre de leur prépondérance. Le meilleur
moyen d'assurer ce résultat ne consisterait-il pas dans
l'interposition d'un État neutre qui, comprenant les pays
allemands situés sur la rive gauche du Rhin, supprime-
rait à la fois tout contact et toute cause de rivalité entre
la France et la Prusse? La formation d'un tel État, en reculant un voisinage facilement redoutable, permettrait à
la France de renoncer aux revendications territoriales, et
de rester dans une ligne de conduite plus conforme aux
principes, comme aux inclinations de son gouvernement.
L'Europe verrait avec satisfaction les occasions d'un
conflit entre deux grands peuples définitivement éloignées,
grâce à un établissement conçu dans l'esprit même qui a
présidé à l'organisation de la Suisse moderne et de la Belgique... En résumé, la combinaison dont il s'agit, honorable pour toutes les parties, compatible avec les principes
des deux cours alliées, basée sur des précédents que la
prudence des cabinets de l'Europe a admis et qui ont
reçu la sanction du temps, présente la sauvegarde la plus
efficace des intérêts mutuels de la France et de l'Allemagne. Si le cabinet de Berlin tient sincèrement à l'amitié
du gouvernement français, il doit éviter d'asseoir dans
des positions offensives la formidable puissance militaire
dont il va disposer.... Ce système répond donc aux nécessités des deux pays ; il exclut les accroissements de force

offensive compromettants pour l'un ou pour l'autre, et il élève entre eux un rempart qui écarte à jamais toute menace pour l'un d'eux, tout péril pour leur alliance. »

XXI

Lettre de S. M. l'empereur Napoléon III à M. de la Valette (12 août 1866).

« Mon cher monsieur La Valette,

» Dans le cours d'une conversation entre Benedetti et M. de Bismarck, M. Drouyn de Lhuys a eu l'idée d'envoyer à Berlin un projet de convention au sujet des compensations auxquelles nous pouvons avoir droit. Cette convention dans mon opinion, aurait dû rester secrète, mais on en a fait du bruit à l'extérieur et les journaux vont jusqu'à dire que les provinces du Rhin nous ont été refusées. Il résulte de ma conversation avec Benedetti que nous aurions toute l'Allemagne contre nous pour un très petit bénéfice. Il est important de ne pas laisser l'opinion publique s'égarer sur ce point. Faites contredire très énergiquement ces rumeurs dans les journaux. Le véritable intérêt de la France n'est pas d'obtenir un agrandissement de territoire insignifiant, mais d'aider l'Allemagne à se constituer de la façon la plus favorable à nos intérêts et à ceux de l'Europe. »

XXII

Circulaire de M. de la Valette
(16 septembre 1866).

« La guerre qui a éclaté au centre et au nord de l'Europe a détruit la Confédération germanique. La Prusse, dont les limites ont été agrandies par la victoire, domine sur la rive droite du Mein. L'Autriche est séparée de l'Allemagne. La France ne saurait avoir une politique équivoque. Si elle est atteinte dans ses intérêts et dans sa force par les changements importants qui se font en Allemagne, elle doit l'avouer franchement et prendre les mesures nécessaires pour garantir sa sécurité. Si elle ne perd rien aux transformations qui s'opèrent, elle doit le déclarer avec sincérité et résister aux appréhensions exagérées, aux appréciations ardentes qui, en excitant les jalousies internationales, voudraient l'entraîner hors de la route qu'elle doit suivre. Si nous examinons l'avenir de l'Europe transformée, quelles garanties présente-t-il à la France et à la paix du monde ? La coalition des trois cours du Nord est brisée. Le principe nouveau qui régit l'Europe est la liberté des alliances.... La Prusse agrandie, libre désormais de toute solidarité, assure l'indépendance de l'Allemagne. La France n'en doit prendre aucun ombrage. Fière de son admirable unité, de sa nationalité indestructible, elle ne saurait combattre ou regretter l'œuvre d'assimilation qui vient de s'accomplir et subordonner à des sentiment jaloux les principes de nationalité qu'elle représente et professe à l'égard des peuples. Le sentiment national de l'Allemagne satisfait, ses inquiétudes se dissipent, ses inimitiés s'éteignent. En imitant la France

elle fait un pas qui la rapproche et non qui l'éloigne de
nous. Une Europe plus fortement constituée, rendue plus
homogène par des divisions territoriales plus précises,
est une garantie pour la paix du continent et n'est ni un
péril ni un dommage pour notre nation. Celle-ci, avec
l'Algérie, comptera bientôt plus de 40 millions d'habitants ; l'Allemagne, 37 millions, dont 26 dans la Confédération du Nord et 8 dans la Confédération du Sud ;
l'Autriche, 35; l'Italie, 26 ; l'Espagne 18. Qu'y a-t-il dans
cette distribution des forces européennes qui puisse nous
inquiéter? Si ces considérations sont justes et vraies,
l'Empereur a eu raison d'accepter ce rôle de médiateur
qui n'a pas été sans gloire, d'arrêter d'inutiles et dou-
loureuses effusions de sang, de modérer le vainqueur par
son intervention amicale, d'atténuer les conséquences
des revers... Il aurait, au contraire, méconnu sa haute
responsabilité si, violant la neutralité promise et proclamée, il s'était jeté à l'improviste dans les hasards
d'une grande guerre, d'une de ces guerres qui réveillent
les haines de race et dans lesquelles s'entrechoquent des
nations entières. Quel eût été en effet le but de cette
lutte engagée spontanément contre la Prusse, nécessairement contre l'Italie? Une conquête, un agrandissement
territorial ! Mais le gouvernement impérial a depuis longtemps appliqué ses principes en matière d'extension de
territoire. Il comprend, il a compris les annexions commandées par une nécessité absolue, réunissant à la patrie
des populations ayant les mêmes mœurs, le même
esprit national que nous et il a demandé au libre consentement de la Savoie et du comté de Nice le rétablissement
de nos frontières naturelles. La France ne peut désirer
que les agrandissements territoriaux qui n'altéreraient pas
sa puissante cohésion. En résumé, du point de vue élevé
d'où le gouvernement impérial considère les destinées de
l'Europe, l'horizon lui paraît dégagé d'éventualités me-

naçantes ; des problèmes redoutables, qui devaient être résolus parce qu'on ne les supprime pas, pesaient sur les destinées des peuples ; ils auraient pu s'imposer dans des temps plus difficiles ; ils ont reçu leur solution naturelle sans de trop violentes secousses et sans le concours dangereux des passions révolutionnaires. Une paix qui reposera sur une pareille base sera une paix durable. »

APPENDICE B

PREMIÈRE PARTIE

Nous détachons le chapitre suivant de l'ouvrage que M. Jules Simon a publié en 1876 sous le titre :

« Souvenirs du 4 Septembre »

ORIGINE ET CHUTE DU SECOND EMPIRE

L'empire ne peut mettre en ligne qu'un effectif égal à peine au tiers des armées allemandes; ses cadres ne sont pas au complet; 100,000 gardes mobiles seulement, sur 417,306, sont armés et organisés; l'artillerie est, en partie, de l'ancien modèle ; la moitié des fusils, soit 1,336,000, se chargent par la bouche ; les places fortes ne sont pas complétées au point de vue du tir des armes nouvelles; les approvisionnements en vivres et effets d'habillement sont très insuffisants et très mal répartis.

L'Europe était très décidée à concourir à la paix, mais à ne pas se mêler à la guerre. Une fois la guerre déclarée, nous ne pouvions compter que sur nous-mêmes, sur la valeur de nos soldats, sur l'excellence de nos préparatifs.

Cette question des préparatifs était la plus grande préoccupation des esprits sérieux depuis le commencement de la crise, c'est-à-dire depuis Sadowa. M. Magne, qui souhaitait résolument la paix, mais qui avec trop de raison, regardait la guerre comme possible, et qui, dans tous les cas, conseillant un langage ferme dans nos relations avec l'Allemagne, voulait qu'on se mît en état d'être écoutés, écrivait à l'Empereur, à la date du 20 juillet 1866 : « Rien ne nous excuserait d'être pris au dépourvu, au milieu de complications qu'il est si facile de prévoir. » De son côté, M. Rouher, adressant à l'Empereur, vers la fin de 1867, un Mémoire politique où les difficultés de la situation sont habilement exposées, après avoir démontré qu'il importe de reconstituer le capital d'autorité accumulé dans les premières années de l'Empire, et se demandant si, pour y parvenir, il y avait lieu de courir le risque d'un *casus belli* avec l'Allemagne, convient que ce serait un duel redoutable dans l'état de notre armement, et qu'il ne serait pas sage de l'affronter. « Faut-il réclamer la ligne du Mein comme la limite contractuelle de la Confédération du Nord ? Il est de toute évidence qu'une pareille déclaration nous conduirait précipitamment à travers des incidents diplomatiques très rapides, à la guerre avec l'Allemagne. Or, sommes-nous prêts ? »

Il n'était pas nécessaire de faire de grandes recherches pour constater que nous n'étions pas prêts à la fin de 1867 ; il suffisait de se rappeler l'histoire de l'expédition du Mexique. Toute cette richesse inutilement dépensée à l'autre bout du monde, nous appauvrissait ici, nous faisait de la sagesse une nécessité. Avions-nous employé les deux années 1868 et 1869 à perfectionner nos cadres et notre matériel, à compléter l'armement de nos places, à organiser et à développer notre effectif ? Il serait injuste de méconnaître les efforts tentés par le maréchal Niel, pendant son court ministère ; mais il n'était qu'au début de la transformation de notre armement quand la mort le surprit, et les réformes inaugurées par lui dans l'effectif de l'armée ne pouvaient avoir une valeur appréciable qu'au bout de plusieurs années. Non seulement on ne redoublait pas d'activité en 1870; mais le principal ministre était d'un calme, d'une sérénité qui ne permettent pas de penser que le gouvernement qu'il dirigeait se livrât avec beaucoup d'ardeur à des préparatifs de guerre. Nous avons vu qu'il déclarait le 30 juin 1870, qu'à aucune époque le maintien de la paix n'avait paru plus assuré, et que, pour appuyer par des faits probants cette déclaration pacifique, il consentait à une réduction de dix mille hommes sur le contingent, et à une réduction proportionnée (treize millions) sur le budget de la guerre.

A vrai dire, ce langage a de quoi surprendre, non seulement parce qu'il fut cruellement démenti cinq jours après, mais parce que les avertissements sur les projets et les armements de la Prusse affluaient de tous côtés aux Tuileries. On savait que des espions prussiens étudiaient nos places fortes et la topographie des départements du Nord-Ouest, qu'ils renseignaient la Prusse sur tous les détails de notre armée avec la dernière exactitude, que M. de Moltke visitait la frontière de France et en étudiait les positions. Une importante lettre du général Ducrot, retrouvée depuis dans les papiers des Tuileries, avait fourni les informations les plus précises sur les intentions de la Prusse. Nous avons la preuve que depuis plusieurs années, il ne cessait d'avertir le ministre de la guerre, et que l'intendant de la divsion qu'il commandait à Strasbourg, M. Curnier de la Valette, avertissait de son côté le directeur de l'administration.

Voici ce que dit M. Curnier de la Valette dans sa déposition devant la commission d'enquête : « Le maréchal Le Bœuf, dans un conseil de guerre tenu à Strasbourg, en présence du maréchal de Mac-Mahon, au moment de l'entrée en campagne, me demanda l'état de nos approvisionements. Quand j'arrivai aux articles de campement

16.

aux ceintures de flanelle, je lui exposai la pénurie où nous étions. Il me dit : « Comment ! c'est à présent que » vous venez me dire que vous n'avez pas ce qu'il vous » faut ? » Je lui répondis : « Monsieur le maréchal, de- » puis 1866 et 1868, je ne fais pas autre chose que de » vous avertir, et j'ai pour témoin le général Ducrot, qui » s'est associé à mes instances. — Il avait été prévenu de » tous les côtés. » Prévenu de l'insuffisance de notre ma tériel, prévenu de l'activité et de l'immensité des préparatifs de la Prusse, on peut dire qu'il a volontairement fermé les yeux à l'évidence.

M. Benedetti explique, dans son livre déjà cité, que l'ambassade a toujours tenu le Gouvernement au courant de ce qui se passait de l'autre côté du Rhin. Dans la discussion du Corps législatif, en 1867 et 1868, le gouvernement lui-même, s'appuyant sur les rapports que l'ambassade lui avait adressés, a exposé l'état des forces militaires de la Prusse et soutenu qu'elle pouvait déployer une armée de 1,300,000 hommes. Dans un travail inséré au *Moniteur*, et qui a été attribué à l'Empereur, toutes ces indications étaient détaillées.

La Prusse ne faisait pas mystère de ses armements et de ses projets. M. de Moltke disait couramment dans la conversation : « Quand nous aurons réuni dans une seule province l'Alsace et le grand-duché de Bade... » On vendait publiquement à Berlin des cartes d'Allemagne où l'Alsace et la Lorraine faisaient partie du territoire allemand.

Enfin, en dépit de tout, on était tranquille aux Tuileries. On l'était aussi au ministère de la guerre. Un intendant disait au directeur de l'administration : « Nous ne faisons aucun préparatif, et pourtant la guerre est infaillible. » Et M. Blondeau lui répondait : « S'il y avait quelque chose en l'air, je serais le premier à qui le ministre en aurait parlé, et il ne m'a rien dit. » Cela se passait ne mai 1870. La candidature Hohenzollern nous prit dans cette tranquillité profonde ; et au bout de quelques jours, sans avoir commencé aucune concentration de troupes, les réservistes étant dans leurs foyers, la garde mobile n'étant pas convoquée, l'intendance n'étant pas même prévenue, nous prenions l'initiative de la déclaration de guerre. Quand même nous aurions été prêts, la Prusse, mieux organisée que nous pour le passage du pied de paix au pied de guerre, nous aurait nécessairement devancés de plusieurs semaines. Or, tout le monde le sentait, et la suite des événements ne l'a que trop démontré, l'issue de la guerre dépendait entièrement des premières journées.

On parlait devant un des premiers ministres de l'Empire de la force de l'armée allemande. « L'armée allemande ? s'écria-t-il... Nous soufflerons dessus ! » M. le maréchal Le Bœuf, qui est un soldat, et un très brave soldat, ne parlait pas de l'armée allemande avec ce dédain ; cependant il se croyait très assuré de la battre.

Dans la séance du 16 avril 1870, il vint, comme ministre de la guerre, conférer avec la commission du Corps législatif chargée de préparer le budget de 1871.

A propos d'une économie proposée, un membre de la commission exprima au maréchal les appréhensions qu'il éprouvait pour le cas où la France devrait passer prochainement de la paix à la guerre.

« La guerre ! dit aussitôt le maréchal, je la ferai avec plaisir comme soldat, c'est mon métier ; mais je suis ministre, et malgré mon titre de ministre de la guerre, je suis surtout partisan de la paix. Cependant soyez tranquilles ; si nous avions la guerre, ce serait avec la Prusse. Eh bien ! une guerre avec cette puissance ne nous prendrait pas au dépourvu, je vous l'assure. Pour ne parler que de ce qui est ma spécialité, l'artillerie, je vous dirai que nous avons onze cents bouches à feu prêtes à entrer en campagne. La Prusse en a treize cents; mais sur ces treize cents, il n'y en a que quatre cents qui soient de nouveau modèle, tandis que nos onze cents pièces sont toutes du modèle nouveau le plus perfectionné. Vous voyez que notre supériorité est grande. Jamais nous n'avons été plus prêts. Depuis le maréchal Niel, nos arsenaux regorgent de toutes choses. »

Cette parole du ministre de la guerre fit sensation; et si quelques économies furent ensuite décidées (réduction de 10,000 hommes sur le contingent et de 13 millions sur le budget), c'est parce qu'il y donna son complet assentiment.

La veille de la déclaration de guerre, le maréchal Le Bœuf répéta les mêmes assurances devant ses collègues. Nous le savons par la déposition de M. le duc de Gramont et par celle de l'amiral Rigault de Genouilly, qui était en mesure d'apprécier et de discuter les renseignements fournis par son collègue, et qui s'en déclara satisfait, parce qu'il tenait surtout à l'armement, dit-il, et qu'il était moins préoccupé de l'infériorité numérique.

Quand le maréchal Le Bœuf affirma à ses collègues, dans le conseil du 14 juillet au soir, où la guerre fut décidée, « que nous étions prêts, et que nous ne l'avions jamais été davantage », et quand, le lendemain, il le jura sur l'honneur aux membres de la commission du Corps législatif, il parlait à des auditoires faciles à convaincre. Non seulement les ministres, non seulement la majorité du Corps législatif, mais nous-mêmes, membres de l'opposition, nous regardions sincèrement notre armée comme la première du monde. Je désire n'être pas taxé de témérité si j'ajoute que, même après nos malheurs, je n'ai pas changé d'avis. Mais la première armée du monde a besoin d'être bien approvisionnée, et surtout bien commandée. Il faut en outre qu'elle ne soit pas trop inférieure en nombre à l'ennemi qu'elle a devant elle.

Le maréchal annonça donc au conseil qu'à la date du 1er juin 1870, nous avions, disponibles pour un service de guerre, c'est-à-dire défalcation faite des non-valeurs et des déficits permanents, 492,585 hommes; qu'après en avoir mobilisé 350,000 il resterait 50,000 hommes pour l'Algérie, 6,500 pour Civita-Vecchia, et 86,085 pour l'intérieur (auxquels on pourrait ajouter plus tard les 75,000 recrues de la classe de 1869, armée de terre), soit en tout, pour les divers services en dehors des 350,000 hommes mobilisés, 142,585 hommes. L'effectif général de la garde mobile à la même date (la classe de 1869 non comprise) était de 417,366 hommes. Mais cet effectif n'existait guère que sur le papier, à l'exception de 120,000 hommes habillés et encadrés, savoir : 100,000 d'infanterie et 20,000 d'artillerie, qu'on pouvait utiliser sur-le-champ. Il y avait donc lieu de compter qu'on entrerait en campagne avec 350,000 hommes de troupes réglées et 120,000 mobiles. Toutefois, pour tenir compte des déficits à prévoir, le maréchal ne promettait que 300,000 hommes de troupes réglées et 100,000 mobiles. Il se disait en état d'opérer la concentration de 250,000 hommes dans le délai de quinze jours : il lui fallait trois semaines pour arriver à 300,000 hommes.

Comme armement, il déclarait 3,294 canons, munis de leurs caissons et de leurs affûts, savoir : 2,607 canons de 4 rayés de campagne, 497 canons de 12 rayés de campagne, et 190 canons à balles, ou mitrailleuses; plus 1,007,000 chassepots, c'est-à-dire 1 1/2 par homme, sans compter la production courante des manufactures d'armes; 342,115 fusils transformés, excellents pour les troupes de rempart (le général Dejean avait même affirmé, à la séance du 21 juillet, que nos fusils à tabatière étaient supérieurs à l'arme prussienne); 1,266,000 fusils rayés d'infanterie et 70,000 fusils de dragons se chargeant par la bouche; total, 1,349,115 fusils se chargeant par la culasse et 1,336,000 fusils se chargeant par la bouche. Nous avions en outre 113,000,000 de cartouches pour chassepots, 95,000,000 pour fusils transformés, 73,000,000 pour fusils se chargeant par la bouche; 388,366 coups de canon, 3,800,000 cartouches pour mitrailleuses, et une réserve de poudre en barils montant à 11 millions de kilogrammes. Enfin, en faisant rentrer de chez les laboureurs 17,000 chevaux pour le train et l'artillerie, et en versant dans la cavalerie 25,000 chevaux de gendarmerie, on devait porter tous les escadrons de guerre à 110 chevaux avant la fin du mois de juillet.

Cette situation paraissait en effet respectable, malgré le nombre évidemment insuffisant des chassepots (1 1/2 par homme); mais il restait à comparer et à vérifier.

M. de Moltke, dans son livre sur la guerre de 1870, évalue les forces des Allemands à 1,208,079 hommes, 250,373 chevaux et 2,022 canons. Les Allemands sont entrés en France, au début, avec 450,000 hommes. Il étaient 550,000 en octobre, 650,000 en janvier. Il est entré en tout 900,000 hommes, dont 200,000 environ ont été tués, blessés, ou sont morts de maladie.

« Ils ne devaient pas avoir plus d'un million d'hommes au début, dit le maréchal Le Bœuf; ils ne devaient pas pouvoir mettre plus de 500,000 hommes en bataille, ou 400,000 si, comme nous l'espérions, l'attitude de certains États les obligeait à garnir leurs frontières. »

On voit que nous n'étions exactement renseignés ni sur les dispositions de l'Europe, ni sur la force réelle de l'Allemagne. Ou plutôt, nous étions renseignés sur l'énormité de cette force (voir les lettres d. M. Ducrot, le livre de M. Benedetti, etc.); mais, outre que nous ne tenions pas un compte suffisant des informations qu'on nous adressait, nous n'arrivions pas à déterminer les chiffres avec précision, parce que le service des espions militaires, organisé en Prusse d'une façon supérieure, était presque nul chez nous. Le général Ducrot s'en plaignait déjà en 1868, dans la lettre que j'ai citée. Nous eûmes la même légèreté et la même imprévoyance pendant la guerre, pour tout ce qui concerne le service des éclaireurs. L'ennemi connaissait nos routes, nos situations, nos forteresses, nos effectifs, notre matériel, aussi bien et souvent mieux que nous ; mais nous ne savions que peu de chose de ses forces et rien de ses mouvements. Il y avait comme un parti pris de ne pas se soucier d'être éclairés. Les renseignements avaient beau s'accumuler, le Gouvernement était résolu à ne pas entendre. -

On ne pouvait toutefois ignorer que c'était la nation allemande tout entière qui marchait contre nous ; qu'elle avait depuis soixante ans mis toute son activité à perfectionner ses lois militaires, son armement; à remplir ses magasins, ses arsenaux, à préparer ses plans jusque dans les détails les plus minutieux, tandis que nous étions obligés de tout improviser, et que nous n'avions fait aucun préparatif contre cette avalanche.

Ce qui explique peut-être l'étrange confiance du ministre de la guerre, c'est qu'il se préoccupait uniquement de la première journée. Il ne voyait pas au delà.

L'ennemi, culbuté le premier jour, devait se retirer en désordre, poursuivi par nos soldats victorieux, qui ne lui laisseraient ni le temps ni les moyens de se reformer en ligne de bataille. C'était là toute la stratégie de notre ministre de la guerre.

« Nous serons infailliblement vainqueurs le premier jour et nous n'avons pas besoin de nous préoccuper du second. »

Nous n'avions pas calculé plus profondément ni plus sagement pour la campagne d'Italie. M. Wolf, intendant général, a dit à la commission d'enquête :

« L'exemple de la guerre d'Italie a été fatal. Pour cette campagne, rien n'avait été prévu, et la concentration des troupes s'était faite avec un décousu déplorable ; cependant le succès de nos armes a été complet. Ce succès, rendu possible par des circonstances exceptionnelles et les hésitations des Autrichiens, ne peut justifier notre imprévoyance en 1870. »

Ce témoignage n'est pas isolé ; l'intendant général Friant exprime une opinion absolument semblable : « L'armée d'Italie est partie par pièces et par morceaux, nous avons été plus heureux que sages. C'est notre canon modèle qui nous a donné un très grand avantage ; mais nous étions désorganisés, nous arrivions à la queue-leu-leu, ne sachant où aller. »

Le général Trochu déclare qu'en Crimée, en Italie, au Mexique, nous avons constamment côtoyé la défaite.

Il résulte de ces témoignages d'hommes très compétents que nous avons été vainqueurs en Italie par hasard et que nous comptions sur les mêmes chances heureuses en 1870. Nous avions presque érigé l'imprévoyance en système. M. Blondeau, le confident du ministre, déclare qu'on croyait franchir la frontière très rapidement. L'amiral Rigault de Genouilly, en convenant de notre immense infériorité numérique, dans sa déposition devant la commission d'enquête, ajoute qu'il ne s'inquiétait pas trop de cette infériorité, parce qu'on ne pouvait jamais ranger de part et d'autre en bataille plus de 300,000 hommes, et que nous serions par conséquent, le premier jour, à égalité de nombre. S'il y avait une infériorité, elle serait peu considérable. Et que nous importait une différence de quelques milliers d'hommes avec une armée comme la nôtre ! Nous serions nécessairement vainqueurs, et une grande victoire déciderait de toute la campagne.

En étudiant bien les paroles de M. le maréchal Le Bœuf il est aisé de se convaincre qu'il n'a pas calculé autretrement, qu'il n'a eu aucune préoccupation du lendemain. Cette insouciance, que l'événement rend cruelle, me rappelle un des épisodes du siège. Les journaux démagogiques disaient, le jour de la grande sortie : « Le peuple marche, donc nous serons victorieux. » De même le maréchal Le Bœuf : « C'est l'armée française, donc, etc. » Il croit que nous sommes au complet pour le matériel, c'est une erreur ; il s'exagère notre effectif ; mais tout en se l'exagérant, il ne va pas jusqu'à nous croire égaux aux Allemands. Au fond, il connaît très bien notre infériorité numérique. Il ne pouvait pas se tromper, et il ne se trompe pas sur ce point. D'où vient donc son assurance ? Car enfin il prophétisait à courte échéance ; il sentait nécessairement que, si l'événement lui donnait un démenti, il était perdu. Son erreur prenait sa source dans ce raisonnement, que tous les Français se faisaient plus ou moins, et qui n'est pas pardonnable dans un sous-lieutenant, encore moins dans un général et un ministre : « L'armée française ne peut être vaincue. » C'est identiquement le raisonnement de M. Félix Pyat, qu'on a trouvé, à bon droit, si extravagant : « Le peuple marche, donc, etc. »

Partant de là, M. le maréchal Le Bœuf affirme qu'après la première victoire, qui ne peut nous manquer, l'ennemi sera désorganisé et démoralisé ; que l'Europe bienveillante mais hésitante au début de la guerre, viendra aussitôt en aide au victorieux, et imposera la paix ou nous aidera à la conquérir et à en dicter les conditions. Voici ses propres paroles : « Je dois dire que, malgré la différence numérique qui devait exister entre les deux armées opposées, espérant la neutralité armée de la part de diverses puissances, confiant surtout dans la valeur de notre armée et dans l'élan national, espérant aussi que l'on arriverait à temps pour prendre une offensive qui a été la base de tous nos calculs, je comptais sur un premier succès, qui aurait certainement décidé une partie de l'Europe à se prononcer ouvertement pour notre cause, qui était la sienne.» Est-ce clair? Quand on disait que nous étions prêts, cela voulait dire, en réalité, d'après la déclaration même de l'ancien ministre de la guerre que nous étions prêts à livrer une première bataille avec 300,000 hommes contre 400,000; que nous comptions dans cette journée sur une victoire éclatante, et le lendemain sur l'appui de l'Europe; que nous nous tirerions heureusement de la guerre à cette double condition; mais que, si l'autre nous manquait, nous étions perdus : au fond, le maréchal pensait cela; et c'est sur sa parole, c'est sur les renseignements qu'il a fournis, que les ministres du 2 janvier se sont appuyés lorsque, dans la soirée du 14 juillet, ils ont pris la résolution de déclarer la guerre.

Ces renseignements mêmes, que le ministre tirait de ses bureaux, il aurait fallu les vérifier; il est vrai qu'il était trop tard : on était réduit à jouer la vie d'un demi-million d'hommes et le sort de la France sur ces affirmations. Le maréchal donnait au conseil les chiffres portés sur les registres; il répétait complaisamment la déclaration des comptables, sans rechercher si nous avions dans les régiments et en magasins ce que nous avions sur le papier. C'est l'histoire du prince de Polignac en 1830. On lui demandait quelles forces il y avait disponibles à Paris; il prit les états d'effectif et répondit : « 40,000 hommes. » Le maréchal Marmont ne disposa en réalité que de 20,000 hommes. Le maréchal Le Bœuf ne fut pas plus attentif que M. de Polignac, et il n'eut personne auprès de lui pour l'avertir. Les rapports de la commission d'enquête et ceux de la commission des marchés jettent sur tout cela une triste lumière. On y trouve la preuve de bien des erreurs de fait, de bien des prévisions téméraires. Dans la séance où M. Le Bœuf a été entendu, un membre de la commission d'enquête, M. de Vinols,

lui a signalé sur-le-champ une erreur de fait. Il s'agissait
d'un détail d'habillement. Le maréchal affirmait, sur la
foi des écritures, que nous avions, au début de la guerre,
2,246,417 paires de souliers en magasin, toute la troupe
et les mobiles étant d'ailleurs équipés. « Mais, répond
M. de Vinols, c'est surtout de chaussures que les mobiles
ont manqué ; dans certaines localités, on leur a fait des
chaussures avec des semelles de carton ; si vous ad-
mettez que ce chiffre fût réel, qu'ont pu devenir ces
deux millions de chaussures ? » Le maréchal répond que
la plupart des magasins étaient situés dans les places
investies : à Metz, à Strasbourg, et principalement à
Paris.

C'est déjà une grande faute que d'avoir ainsi disposé
les approvisionnements. Mais est-il bien établi que les
chiffres ont été constamment tenus à jour ? que, par
exemple, on n'a pas essayé de cacher, par des évalua-
tions inexactes, le déficit résultant de l'expédition du
Mexique ? A Lyon, où nous devions avoir 50,000 paires
de souliers, d'après les écritures, nous n'en avions en
réalité que 36,000. Il était si difficile de constater les
existences, qu'un intendant avait inventé un curieux
moyen de vérification. Il faisait transporter d'une ville à
une autre tout un fonds d'approvisionnement, sans nécessité. Le comptable expéditeur pouvait être suspect,
mais le destinataire ne l'était pas, puisqu'il demeurait
chargé et responsable de la totalité des objets portés sur
ses récépissés. Le procédé parait infaillible ; il est pas-
sablement dispendieux. Le fait seul d'y avoir recours
démontre qu'il ne faut pas avoir une foi aveugle dans
les bordereaux et les récolements.

Je prends le point le plus important, l'effectif : nous
allons voir qu'il ne fallait pas se fier légèrement aux déclarations officielles. Dans la discussion du contingent
pour l'année 1871, M. Thiers avait affirmé que la moyenne

de nos régiments était de 1,500 hommes : « M. le ministre pourrait vous dire que les régiments ne sont pas de plus de 1,500 hommes aujourd'hui. » Le ministre de la guerre répond : « C'est vrai. » Le général Frossard, en rendant compte de ses opérations pendant la campagne, dans une publication autorisée par le ministre, dit qu'il n'avait que 1,350 hommes par régiment ; et M. Friant, intendant général, porte ce témoignage précis et motivé : « Je savais parfaitement, par l'inspection que je venais de passer, que nous n'avions que 50 à 65 hommes par compagnie, ce qui représente un effectif de 12 à 1,300 hommes par régiment. » Cependant le maréchal affirme que la moyenne, pour le 2° corps, était de 1,720, après les pertes subies à Saarbrück et à Spickeren ; et il explique cette contradiction par cette raison que l'arrivée des détachements de réservistes aurait grossi les effectifs primitifs. Je crains que ce soit une conjecture plutôt qu'un fait ; car, tout au contraire, les réservistes ne rentraient pas ; M. le l'amiral Rigault de Genouilly le dit dans sa déposition, en parlant des hommes en congé renouvelable : « Il paraît même qu'on n'a été réduit aux chiffres obtenus que parce que les hommes en congé renouvelable n'ont pas rallié en temps utile, et cela a été une grande pierre d'achoppement aux premières opérations de la guerre. » La différence entre l'effectif réel et l'effectif inscrit ne tiendrait-elle pas à ce qu'on a fait figurer dans les effectifs les hommes appelés et encadrés qui n'avaient pas encore rallié ? Il ne faut pas oublier que les plus honnêtes gens du monde voient quelquefois ce qu'ils désirent voir. Ceux qui étaient chargés d'organiser l'armée ont intérêt à dire et à se persuader que nous étions prêts, tandis que ceux qui ont dirigé les opérations de guerre, et nous-mêmes, comme patriotes, nous avons intérêt à soutenir que les préparatifs ont été insuffisants ou nuls. Tout concourt à démontrer que cette dernière opinion est la véritable. Et, circonstance digne de remarque, les intendants sont d'accord avec les généraux pour constater et pour déplorer notre dénuement. Les généraux disent : « Nous n'avions rien, on n'avait rien prévu. » Et les intendants répondent : « Nous n'avions rien pu préparer ; nous n'avions reçu aucun ordre. Trois jours avant la déclaration de guerre, aucun de nous ne savait que la guerre dût avoir lieu. »

D'après le maréchal Le Bœuf, nous aurions eu au commencement des hostilités 2,685,000 fusils, dont moitié environ se chargeant par la culasse. Mais tout le monde se rappelle que les fusils nous manquaient dès le premier moment, et que, dans le cours du mois de juillet, le gouvernement impérial refusait d'armer les gardes nationales. Était-ce par raison politique , comme le prouvent à l'égard de certaines localités des dépêches qui ont été retrouvées... — « L'armement des gardes nationales pourrait devenir un gros danger, » ou, comme il le disait, faute de ressources suffisantes? Cette dernière allégation serait difficile à soutenir si nous avions possédé réellement les 2,685,000 fusils que le ministre de la guerre trouvait dans les bordereaux de son service administratif. Ce n'était pas suffisant pour soutenir la guerre ; mais c'était suffisant pour l'entrée en campagne. Les achats et la production des ateliers auraient fait le reste. La vérité est qu'on a grossi le nombre des fusils bons à servir en y faisant figurer les armes de rebut. Autre chose : pour arriver au chiffre de 110 chevaux par escadron de guerre, M. le maréchal Le Bœuf dit que la gendarmerie a versé dans la cavalerie 25,000 chevaux. Ce versement a-t-il été fait? Ces chevaux étaient-ils propres à un service de guerre? Il dit aussi que les laboureurs ont rendu 17,000 chevaux au train et à l'artillerie ; il est certain qu'ils les avaient ; est-il également sûr qu'ils les ont rendus? Aux termes des conventions, ces chevaux leur appartiennent après sept ans de nourriture. Pour les canons, M. le maréchal a un chiffre devant la commission du Corps législatif, et un autre devant la commission d'enquête. On comptait surtout sur les mitrailleuses ; ces engins d'une valeur contestable, devaient tout emporter, tout décider. On fut consterné quand on apprit que le secret avait été mal gardé. On écrivit dans les premières dépêches comme pour annoncer un malheur inattendu et irrémédiable : « L'ennemi avait des mitrailleuses. »

Voici enfin, parmi les opinions émises par le maréchal à diverses reprises, une assertion qui aurait grand besoin d'être contrôlée. Il affirme, le 14 juillet, au conseil des ministres, qu'il aura mobilisé 250,000 hommes en quinze jours, et 300,000 hommes en trois semaines ; qu'il mettra en outre à la disposition du général en chef 100,000 gardes mobiles. Il fallait autrefois deux ou trois mois pour effectuer cette opération. Lui-même n'était pas aussi sûr qu'il le disait de réussir dans un délai de vingt et un jours, car nous le voyons insister avec raison, avant la déclaration de guerre, pour obtenir la liberté de commencer la mobilisation. Le 13, comme on la lui refusait, il parla de se retirer. L'Empereur fut obligé de lui écrire pour l'empêcher de donner sa démission. Il avait donc promis d'avoir en ligne, le 1er août, 250,000 hommes de troupes régulières, et 300,000 le 7 août, auxquels il devait encore joindre 100,000 hommes de garde mobile. La garde mobile, dans ces premiers temps, ne fut qu'un embarras. L'Empereur, qui, pendant le temps qu'il fut général en chef, ne cessa de consulter le ministre et les généraux par des télégrammes, demandait si on ne pourrait pas utiliser ces jeunes gens en les versant dans les régiments de ligne à raison de 100 hommes par bataillon. Il ne faut pas les considérer, au début de la campagne, comme capables d'un service actif. Le fait est que nous n'avions dans l'armée du Rhin que 243,000 hommes, d'après les constatations du ministère de la guerre invoquées par le maréchal Le Bœuf. Ce chiffre, inférieur au chiffre promis, ne contient-il aucune non-valeur ? Tous les soldats inscrits étaient-ils présents et en état d'aller au feu ? L'intendant général Friant, dans sa déposition devant la commission d'enquête, traite de chimérique la prétention de réunir d'une façon sérieuse une armée de 250,000 hommes en quinze jours, surtout quand on n'a pris à l'avance aucune mesure pour les vivres, les effets de campement et d'habillement, les voies de transport, etc. Le général Vinoy, en rendant compte de la formation du 13° corps à laquelle il a présidé, dit qu'il y avait des bataillons de 1,200 hommes, d'autres de 300. Un bon régiment d'infanterie de ligne partait avec un cadre de 62 officiers pour trois bataillons, tandis que les régiments de marche n'avaient au début que 25 ou 30 officiers en moyenne. Les cadres inférieurs n'étaient pas mieux constitués en sous-officiers et caporaux. L'instruction était très défectueuse. La plupart des nouveaux arrivants n'avaient jamais tiré à la cible avec le fusil chassepot, dont ils connaissaient à peine le maniement ; tous ou à peu près tous ignoraient absolument le service en campagne.

Ces vices d'organisation, signalés par le commandant du 13° corps, avaient pu être moins frappants pour les huit corps d'armée de première formation ; mais on retrouvait partout la trace de cette effrayante improvisation. Presque tous les régiments, complétés à la hâte, manquaient d'unité et de cohésion. L'Empereur lui-même reconnut qu'il avait été trompé, non seulement sur le calcul du temps nécessaire à la mobilisation et à la concentration des troupes, mais sur les états de situation. Il s'en aperçut nécessairement aussitôt qu'il fut au milieu de l'armée. Les plaintes lui arrivèrent de toutes parts ; il aurait eu surtout besoin d'un bon conseil et d'une volonté ferme ; il ne sut que se plaindre à son tour. L'accent même du commandement lui manquait. Voyant que les mobiles réunis au camp de Châlons étaient sans instruction et sans discipline, il eut l'idée, qu'il soumit au ministre de la guerre, de les verser dans les régiments réguliers, à raison de 100 hommes par bataillon. Il adressa le 31 juillet au comte de Palikao ce télégramme assez . étrange venant d'un général en chef : « On dit qu'il y a dans les dépôts beaucoup d'hommes qui pourraient rejoindre. Faites-les mettre en marche par compagnies ou par bataillons de marche. La Corse d'ailleurs peut fort bien, ce me semble, rester sans garnison. »

On a trouvé aux Tuileries après le 4 septembre une partie des télégrammes adressés par les généraux au ministre de la guerre ; il y avait toujours un double pour l'impératrice. Beaucoup de ces télégrammes étaient restés à Saint-Cloud ; ils ont été publiés à Berlin ; beaucoup avaient été lacérés et leurs débris jonchaient le sol. Parmi ceux qu'on a pu retrouver et lire, il y en a de douloureusement instructifs sur l'état de désarroi où se trouvait notre armée.

Un général de brigade arrive à Belfort, où il est envoyé. Il écrit de là : « Suis arrivé à Belfort ; pas trouvé ma brigade ; pas trouvé général de division ; que dois-je faire ? sais pas où sont mes régiments. »

Le même malheur est arrivé au baron Schmitz, nommé intendant d'un corps d'armée qu'il n'a jamais pu trouver. M. l'intendant général Blondeau a expliqué, devant la commission d'enquête, la mésaventure de M. Schmitz. « Il n'a jamais pu trouver son corps, attendu qu'il n'a jamais existé. » Le même M. Blondeau, qui était direcrecteur de l'administration, s'est chargé de nous donner la raison de ces chassés-croisés entre les troupes et leurs commandants. « La grosse affaire en 1870, c'est que les projets ont varié tous les jours, et souvent plusieurs fois dans la même journée. » Il dit ailleurs : « Je citerai le 6ᵉ corps, qui avait reçu l'ordre de se rendre du camp de Châlons à Nancy, qui, arrivé à Nancy, a reçu l'ordre de rétrograder sur le camp de Châlons, et qui, à peine de retour à Châlons, a dû se porter sur Metz, où il n'est arrivé qu'en partie, ayant été coupé à Frouard. » Ailleurs il nous apprend que la cavalerie a été formée de cinq ou six manières différentes, depuis le 15 juillet jusqu'au 15 août.

L'argent, les vivres, les armes, l'habillement, tout est mal réparti, insuffisant, de mauvaise qualité. « Pas d'argent à la recette générale, — pas d'argent dans la caisse des corps. » Le maréchal télégraphie de Châlons, où les blessés des divers corps d'armée affluent, qu'il n'a ni marmites, ni gamelles, ni sacs de couchage, ni assez de chemises, ni assez de chaussures. A Metz, on n'a ni sucre, ni café, ni eau-de-vie, ni sel, peu de lard et de biscuit. « Expédiez d'urgence un million de rations. » A Mézières et à Sedan; ni biscuits ni salaisons. A Verdun, point très important, tout fait défaut : sucre, eau-de-vie, café, légumes secs, viande fraîche. Les intendants sont partout aux abois. Pas d'ouvriers, pas de soldats du train, pas de tentes-abris, pas de voitures, pas de gilets de flanelle. L'un d'eux se plaint que les habits des soldats sont en lambeaux. L'intendant du 6ᵉ corps écrit : « L'intendant en chef me demande 400,000 rations de biscuit et de vivres de campagne. » On n'a pas non plus de farine, pas d'avoine, pas de boulangers. Un corps de 20,000 hommes arrive avec 18 boulangers. L'Empereur voit de ses yeux la détresse générale, à laquelle les rapports de M. Le Bœuf ne l'avaient pas préparé ; il s'en émeut. Peut-être se rappelle-t-il le mot d'un vieux général de la République : « Mes lapins n'ont pas de pain; sans pain, pas de lapins ! » Il écrit au ministre : « Je vois qu'on manque de biscuit et de pain pour la troupe. » On n'était pas mieux pourvu pour les blessés ; on n'avait ni infirmiers, ni caissons, ni cantines, ni moyens de transport. Partout on réclamait des munitions, des armes, et partout inutilement. « Pas de revolvers dans les arsenaux ; — les cartouches pour mitrailleuses n'arrivent pas ; — les détachements qui rejoignent arrivent sans cartouches ; — nous n'avons point d'aiguilles de rechange pour les fusils ; point de caoutchoucs obturateurs de réserve ; nos canons sont hors de service par suite d'une âme élargie ; — ils sont engerbés, dépourvus de matériel roulant ; — nous n'avons qu'un vétérinaire pour les 20 batteries du 6ᵉ corps. » Ce sont les plaintes de l'armée au ministre. Le ministre, de son côté, écrit au major général : « Thionville en état de siège demande des renforts. La garnison devait être de 4,000 à 5,500 hommes ; elle n'en a que 1,000, dont 600 mobiles, 90 douaniers et 300 cavaliers ou artilleurs non instruits. » Strasbourg s'est trouvé un moment presque sans garnison, 1,500 à 2,000 hommes ; le préfet dit : quelques centaines d'hommes. La place était à la merci d'un coup de main. C'est par hasard que le régiment de pontonniers y est resté et a renforcé cette garnison tristement insuffisante. Les bévues étaient nombreuses. Dans une place où on n'adressait pas de vivres, on faisait porter assez de drap pour habiller dix fois la garnison. Sur 800 colliers restant à Saint-Omer, 500 se trouvent trop étroits pour être employés. « Il y a à Douai 1,700 colliers, dont un tiers sont dans le même cas. On a bien envoyé 2,000 harnais à Saint-Omer, mais on a oublié les selles et les accessoires. Le dépôt envoie d'énormes paquets de cartes inutiles, et pas une carte de la frontière de France. » La mobile surtout était abandonnée, manquait de tout, d'armes, de munitions, de vêtements. A Épinal, 6,000 mobiles sans armes. A Langres, 400 fusils, 6,000 mobiles. A Évreux :

« La mobile n'a pas un fusil. Son esprit est excellent, mais elle demande des armes. Il est inouï qu'elle n'en ait pas. » Sur les 18,000 mobiles qui étaient au camp de Chalons, vers le milieu du mois d'août, 8,000 pourvus d'armes anciennes, 2,000 seulement avaient des chassepots : « Troupe vouée, en cas d'attaque, dit le général Trochu, à une débandade et à une destruction certaine. » Il faut mettre un terme à ces citations. Il est clair que le ministre s'est absolument trompé en disant que nous étions prêts; qu'il n'a rien étudié et rien prévu ; qu'il n'a chargé personne d'être prévoyant à sa place. C'est encore M. Blondeau qui résume la situation : « Le maréchal, qui n'a cru à la guerre que quand elle a été déclarée, n'a pas eu le temps de raisonner sur les détails. »

Nous ne pouvions [mettre au début que 240 à 250,000 hommes en ligne. Nos mobiles n'étaient ni instruits ni aguerris. Ils étaient très insuffisamment encadrés. Ils n'avaient à aucun degré l'esprit militaire. C'était cette jeunesse française, courageuse, indisciplinée, dont M. Le Bœuf a si bien dit « qu'elle aime la poudre, et qu'elle n'aime pas la caserne. » Nous n'avions pas assez de fusils ; notre artillerie était arriérée ; tous les efforts s'étaient concentrés sur la mitrailleuse, arme meurtrière, mais d'une portée restreinte. Nous avions refusé dédaigneusement le canon Krupp. Nos places n'étaient ni armées, ni complétées en vue de la nouvelle portée des armes de guerre. Nos emmagasinements de toutes sortes étaient défectueux; la moitié du nécessaire nous manquait; le reste était dispersé à d'énormes distances, ce qui produisait immédiatement l'encombrement des voies de transport. Tout démontre d'une façon irréfragable que, si on s'est montré incapable, une fois la guerre déclarée, on a été fou en la déclarant. La conscience juste de notre situation aurait dû nous rendre la plus pacifique des puissances et non la plus téméraire.

APPENDICE B.

—

DEUXIÈME PARTIE

—

I

Discussion du projet de loi ayant pour objet la réorganisation de l'armée (1867)

—

Discours contre la loi

—

Jules Simon. — « Le but principal du projet présenté l'année précédente, était de demander une force armée de 1,200,000 hommes... J'insiste avant de passer outre sur l'énormité de ce chiffre de 1,200,000 hommes... Après des transformations considérables, dues à l'opinion pu-. blique, au zèle des membres de la Commission, à des concessions faites par le gouvernement, on en est venu au projet actuel. » Mais on le voit bien, vous voulez tou-jours une armée de 800,000 hommes, et pour y arriver, vous créez la garde mobile. La loi qui fait cela, « ce n'est pas seulement une dure loi, c'est une loi impitoyable, » qui ne pèse pas seulement sur les appelés, mais sur la population tout entière. Car, loger les gardes mobiles chez l'habitant, comme vous le proposez, « c'est ajouter un nouvel impôt à tous ceux qui nous écrasent. » Enfin, les conséquences politiques du nouveau système, seront plus désastreuses encore que ses conséquences matérielles, et la loi qu'on propose est surtout mauvaise, parce qu'elle constituera « une aggravation de la toute-puissance de l'Empereur... Ce qui importe, ce n'est pas le nombre des soldats, c'est la cause qu'ils ont à défendre. Si les Autrichiens ont été battus à Sadowa, c'est qu'ils ne tenaient pas à vaincre pour la maison de Habsbourg contre la patrie allemande. Oui, messieurs, il n'y a qu'une cause qui rende une armée invincible, c'est la liberté. »

M. Magnin. — « Déjà une première fois, en 1841, on songea à aggraver les charges militaires du pays. On était saisi de cette même crainte qui s'était emparée du gouvernement. On s'imaginait que la patrie était menacée. Par bonheur on discuta longtemps et le projet fut abandonné. J'espère que vous voudrez bien suivre ce précédent. Le mieux serait de ne point innover. Cependant, si l'on veut à tout prix un supplément de forces, *c'est dans l'augmentation des contingents, en cas de guerre, qu'il faut le chercher.* »

La loi présentée a deux inconvénients principaux : elle entrave l'accroissement de la population et pèse trop lourdement sur elle. « Les armées permanentes, en théorie, sont jugées et condamnées. L'avenir appartient à la démocratie armée... La loi que vous faites n'a pour but et n'aura pour résultat, que d'accroître ENCORE NOS FORCES et d'épuiser nos finances. (M. Garnier-Pagès. — Très bien ! Très bien !)... Je repousse donc la loi parce qu'elle est anti-démocratique, anti-égalitaire, et laissez-moi espérer que les mandataires du suffrage universel ne voteront pas une augmentation de charges aussi considérable. »

M. Picard. — « Je me demande comment, en présence

des forces et des succès de la Prusse, le gouvernement a cédé à cette pensée que j'ai déjà discutée, et permettez-moi de le dire désapprouvée dans d'autres circonstances, de chercher les forces de la France *dans l'exagération du nombre d'hommes*, alors que, précisément, il avait en face de lui un État qui, malgré son infériorité numérique avait su conquérir la victoire. »

Sur l'article 1ᵉʳ, les membres de la gauche présentent un amendement portant suppression absolue de l'armée permanente et la remplaçant par des gardes nationaux, astreints à faire l'exercice le premier et le troisième dimanche de chaque mois, et à passer, tous les six ans, trente jours dans un camp de manœuvres. Seuls les officiers instructeurs feraient un service permanent. Cet amendement, serait mis en vigueur *le 1ᵉʳ juillet* 1869.

M. Jules Simon le défend : « Je suis convaincu qu'en prenant le système que nous vous proposons, on arriverait à avoir de meilleurs tireurs et des hommes *plus aguerris* que vous n'en aurez avec votre dur système de cinq ans de service actif... *Il manque pourtant quelque chose à notre armée ainsi conçue*, C'EST L'ESPRIT MILITAIRE... C'est en effet une armée de citoyens, NON DE SOLDATS... Au lieu d'une armée imbue de l'esprit militaire, nous voulons une armée de citoyens qui soit invincible chez elle et HORS D'ÉTAT de porter la guerre au dehors. » Elle fera disparaître l'excessive discipline qui tue le citoyen dans le soldat : « dire à un homme que son premier devoir est d'obéir immédiatement, sans réflexion, à ses chefs (je ne blâme rien, je constate!), cela résulte du principe des armées permanentes, c'est là ce qu'on nomme l'esprit militaire. (M. Pelletan. — C'est l'esprit prétorien!)... Le militarisme est la plaie de l'époque... Il n'y a pas d'armée sans esprit militaire, me dit-on. *Alors nous voulons* UNE ARMÉE QUI N'EN SOIT PAS UNE... »

M. Jules Favre. — Pourquoi tous ces préparatifs, si nous devons rester en paix? « Est-ce qu'il n'y a pas quelque chose d'anormal dans l'attitude d'un ministre de la guerre autorisé, respecté comme le nôtre, qui nous déclare que la nature des choses veut que notre effectif militaire soit augmenté, alors que cependant il affirme que la France n'est pas menacée et qu'en réalité elle ne menace personne... Soyez-en sûrs, nos véritables alliés, ce sont les idées, c'est la justice, c'est la sagesse... La nation la plus puissante est celle qui peut désarmer. » Donc, au lieu d'augmenter nos forces, rapprochons-nous sans cesse du désarmement.

M. Emile Ollivier. — « Où est la nécessité? où est le péril? Qui nous menace, qui nous inquiète? Personne... Est-ce le chiffre de l'armée prussienne qui vous inquiète? L'armée prussienne est une armée essentiellement défensive... Si vous persévérez dans votre politique actuelle la guerre vous saisira malgré vous » Il n'y a que deux moyens d'assurer la paix : « Repousser la loi et établir un gouvernement constitutionnel libéral. »

M. Garnier-Pagès. — Il n'y a qu'une bonne organisation militaire : la levée en masse ! « Lorsque nous avons fait la levée en masse, nous avons vaincu la Prusse et nous sommes allés à Berlin. (*Protestations :* Comment! des levées en masses... en 1807?). Chaque puissance, à à son tour, vient nous affirmer que l'influence matérielle, l'influence de la force armée est la seule puissance. La vraie puissance, croyez-le, c'est l'influence morale. »

M. de Janzé. — Il faut désarmer. C'est la France qui menace la Prusse. Qu'on nous ramène aux contingents de 60,000 hommes. Maintenant, si la guerre éclate, « DEUX OU TROIS MOIS AVANT L'OUVERTURE DES HOSTILITÉS, VOUS DEMANDEREZ DES SOLDATS A LA CHAMBRE, ET ALORS ON VOUS EN DONNERA DEUX MILLIONS S'IL LE FAUT. »

M. Louvet. — La loi sera une charge trop lourde pour la population. Les armées trop nombreuses ne sont pas une bonne chose, elles entraînent de grands inconvé- ments. « Je préfère, disait le maréchal Soult, la qualité » à la quantité, car la quantité nous a toujours été fatale, » et la qualité nous a toujours assuré le victoire. » S'il y a des besoins extraordinaires, on demandera de gros con- tingents.

M. Buffet trouve le chiffre de 800,000 hommes exa- géré. Il demande que le temps de service soit réduit d'une année.

Le colonel Réguis. — Il vaudrait bien mieux conserver la loi actuelle et, en cas de guerre, faire des appels ex- traordinaires. « Comme *entre la déclaration de la guerre et le commencement des hostilités* on aura toujours DEUX OU TROIS MOIS devant soi, » cela suffira pour opérer des ré- quisitions et instruire les appelés.

M. Bethmont. — Nous demandons « qu'on maintienne la garde mobile dans ses foyers, » ou du moins qu'on ne l'en éloigne pas « *pendant plus de vingt-quatre heures.* »
Cette loi est mauvaise parce qu'elle arme le gouverne- ment sans armer la nation.

M. Thiers. — N'admet pas la garde mobile. Il y a un mot qui a déjà caractérisé cette institution : « *Plus de bons numéros !* » C'est trop dur. Le vrai système en temps de guerre est celui des cohortes. (M. Millon. — Avant qu'elles soient formées, l'ennemi serait à Paris !)

M. Picard. — L'ancienne garde nationale était bien préférable et d'un secours plus efficace. Dans la nouvelle loi « on s'est placé exclusivement au point de vue mili- taire, non au point de vue civil. »

M. Thiers. — « Il y a une chose qu'on oublie. On dirait

qu'il n'y a que la garde nationale pour défendre le pays, et que la garde nationale mobile n'étant pas constituée, la France est découverte. Je vous le demande, à quoi nous servirait donc cette admirable armée active, qui nous coûte quatre à cinq cents millions par an ? Vous supposez donc qu'elle sera battue dès le premier choc, et que la France sera immédiatement découverte ?... ON VOUS PRÉSENTAIT L'AUTRE JOUR DES CHIFFRES DE 1200, DE 1300, DE 1,500,000 HOMMES, COMME ÉTANT CEUX QUE LES DIFFÉRENTES PUISSANCES PEUVENT METTRE SOUS LES ARMES. Je ne dis pas que ce soit sur ces chiffres qu'on ait fondé votre vote, mais enfin ils vous ont fait éprouver, quand on vous les a cités, une impression fort vive. EU BIEN! CES CHIFFRES-LA SONT PARFAITEMFNT CHIMÉRIQUES... LA PRUSSE, SELON M. LE MINISTRE D'ETAT, NOUS PRÉSENTERAIT 1,300,000 HOMMES. MAIS, JE LE DEMANDE, OU A-T-ON VU CES FORCES FORMIDABLES? *La Prusse, combien d'hommes a-t-elle portés en Bohême, en 1866 ? 300,000 environ...* C'est que, messieurs, il ne faut pas se fier A CETTE FANTASMAGORIE DES CHIFFRES... CE SONT LA DES FABLES QUI N'ONT JAMAIS EU AUCUNE ESPÈCE DE RÉALITÉ. » (*Approbation autour de l'orateur*). Donc, qu'on se rassure, notre armée suffira pour arrêter l'ennemi. Derrière elle, « le pays aura le temps de respirer » et d'organiser tranquillement ses réserves. « EST-CE QUE VOUS N'AUREZ PAS TOUJOURS DEUX OU TROIS MOIS, C'EST-A-DIRE PLUS QU'IL NE NOUS EN FAUDRA pour organiser la garde nationale mobile et utiliser ainsi le zèle des populations? D'ailleurs, les volontaires afflueront. Vous vous défiez beaucoup trop de votre pays... J'ai acquis quelques connaissances de ces matières; croyez-moi, ne faites pas la garde mobile et consacrez à l'armée les vingt-cinq ou trente millions qu'elle vous coûterait. »

M. MALÉZIEUX. — Cette loi est exorbitante. Le bon sens public l'a jugée en disant : « C'est la loi des 45 centimes de l'impôt militaire. » (*Approbation autour de l'orateur*).

M. Jules Simon. — « Il est bien connu ici et au dehors que, s'il s'agissait de faire une guerre nationale, nous ne refuserions aucun moyen de la faire prompte et glorieuse. Il est également connu que, quand on parle d'aguerrir la nation et de lui apprendre le maniement des armes, nous sommes les premiers à en suggérer les moyens. Mais j'espère qu'on nous rendra aussi la justice de dire que toutes les fois qu'il a été question d'organiser ce qu'on appelle la paix armée, on nous a trouvés en travers de toutes les mesures proposées pour arriver a un but contraire a tous nos désirs, a toutes nos aspirations, a tous nos principes. » (*Approbation autour de l'orateur*).

Discours en faveur de la loi

M. Jérome David. — Cite contre le système de la levée en masse et son prétendu succès en 1792, les témoignages les plus nombreux, les plus compétents et les plus décisifs. Si la levée en masse et la force de l'idée étaient tellement efficaces, la Pologne eût-elle été aussi facilement écrasée par la Russie?

M. le général Lebreton, aux témoignages cités par le baron David, ajoute celui de ses propres souvenirs.

M. le comte de Latour. — Il est nécessaire d'augmenter nos forces et d'avoir constamment les yeux sur la Prusse. Elle dispose de 1,100,000 hommes, divisés en 16 corps, etc. Il faut donc voter la loi, affronter, pour faire notre devoir de Français, « les rancunes du corps électoral » dont nous menacent les journaux de l'opposition.

M. Granier de Cassagnac. — L'élection des officiers est encore une chimère républicaine. Carnot raconte dans ses Mémoires, qu'il fut même obligé de réformer 21,000 officiers élus.

M. Gressier, *rapporteur*. — Nos adversaires « conseillent au pays de désarmer et lui disent : Donnons l'exemple : toutes les nations voisines nous imiteront. (M. Garnier-Pagès. — C'est positif!)... Déduction faite des non-valeurs, la loi de 1832 ne nous permet de mettre en ligne que 289,000 hommes. Est-ce assez? (*A gauche :* Oui! Oui!)... Quel que soit notre désir de conserver la paix, il est fort à craindre qu'un équilibre aussi profondément troublé ne se rétablisse que par la guerre. (M. E. Ollivier. — Voilà! c'est la guerre proposée ! — M. Haentjens. — C'est la théorie de la déraison humaine). »

Mais que le pays se rassure ; la Commission a pris soin de ses intérêts. Elle a remporté un sérieux succès ; grâce à elle, l'institution de la garde mobile ne sera pas ce qu'on en voulait faire. Les mobiles ne logeront pas chez l'habitant, n'iront pas aux camps d'instruction. Ils apprendront l'exercice chez eux. « On les dégrossira, la seule chose qui soit utile, nécessaire. On aura ainsi, en fait, une garde nationale mobile sur le papier. »

M. Rouher. — M. Thiers traite de fantasmagorie nos calculs. Ils sont pourtant exacts. La Prusse, en certains cas, pourra disposer de 1,300,000 hommes. « Et je prétends que c'est faire un fonds sérieux dans le courage éprouvé de nos soldats que de penser qu'avec une force de 750 à 800,000 hommes, la France pourra résister à une telle puissance militaire. » On ne doit pas oublier quelle distance il y a de l'effectif nominal à l'effectif disponible. Ainsi, en 1859, ayant 639,000 hommes sur le papier, nous n'avons pu en envoyer en Italie que 229,000. A Solférino, il n'y en avait que 107,000.

Le maréchal Niel. — « On vous demande d'armer la

nation sans l'organiser. La vraie levée en masse sérieuse, pratique, — c'est le système prussien ». Quant à la levée d'hommes sans éducation militaire, c'est un monstrueux préjugé. De nombreuses citations établissent qu'en 92, le pays a été sauvé « malgré les levées en masse», qui ne servirent que l'ennemi, en jetant l'indiscipline dans l'armée et l'effroi dans la population. Appeler de gros contingents en cas de guerre est une autre illusion ! Avec la rapidité qu'ont acquise les opérations militaires avant que les gros contingents fussent prêts à entrer en campagne, la guerre serait déjà finie... On a contesté les indications que nous avions fournies sur l'armée prussienne, les chiffres que nous avions produits : nous devons les maintenir. Ils sont « de la plus rigoureuse exactitude... » Pour combattre ces masses, les volontaires afflueraient? « Hélas! ce sont là des tableaux poétiques, moi je demande du positif. » Nous organiserons donc la garde mobile, dans les limites que nous impose la Commission. « Nous formerons les cadres, nous préparerons l'armement et l'habillement ; mais « il faudra des fonds ; on ne fait rien avec rien ; ces fonds, vous nous les donnerez. Soyez persuadés que nous irons avec une extrême prudence. » Quant à l'instruction des gardes mobiles, eh bien ! rassurez-vous. Nous renoncerons à un déplacement général : « Quand *je vois les esprits prendre une certaine tournure, je ne veux pas qu'ils s'effrayent, je sais me contenter de moins.* On exercera les hommes à tirer à la cible, *sur les points où on pourra le faire, car aujourd'hui, avec la grande portée des armes, c'est difficile.* » Je ne sais trop comment nous ferons... « J'attache une grande importance à ce que tous les hommes puissent être exercés au tir à la cible ou au tir du canon. Mais il se présente une grande difficulté. La Commission ne veut pas admettre un déplacement de plus de douze heures. » Où trouver les emplacements nécessaires? « C'est en vue de ces difficultés que la faculté de pouvoir réunir la garde mobile pendant huit jours avait été demandée par le gouvernement. *Ces raisons, je les ai exposées à la Commission.* JE N'AI PU LA CONVAINCRE : *La Commission a pensé que ce serait imposer un fardeau trop lourd aux populations.* » Ce sont là des paroles dangereuses. « Je crois que la garde mobile est appelée à un grand avenir, mais *si les populations se persuadent qu'on leur demande trop, leur zèle se ralentira.* » Enfin, nous commencerons modestement ; mais, « lorsqu'on aura vu le succès de la garde mobile *sur certains points*, je suis convaincu que vos idées se modifieront tellement, que *ce que vous nous refusez aujourd'hui, vous nous l'offrirez plus tard.* »

<h2 style="text-align:center">II</h2>

<h3 style="text-align:center">1867</h3>

Interpellation sur les affaires d'Allemagne

M. GARNIER-PAGÈS. — Il faut protester énergiquement contre ces paroles du message impérial : « L'influence d'une nation dépend du nombre d'hommes qu'elle peut mettre sous les armes. » Non, son influence dépend « de ses principes. » Les alliances avec les gouvernements n'ont pas de valeur. Les alliances avec les peuples sont seules utiles. Les rivières, les montagnes, les forteresses ont fait leur temps. « La vraie frontière, c'est le patriotisme. »

M. JULES FAVRE. — Quoi ! c'est après quinze ans de règne, lorsque la dette publique s'est accrue dans de telles proportions, « qu'on vient décréter que la France entière sera disciplinée, et qu'au lieu d'être un atelier, elle ne sera plus qu'une vaste caserne !... » Qu'on ne fasse pas une nouvelle folie ; qu'on ne s'allie pas à l'Autriche dans l'espoir d'une commune revanche : Faire alliance avec l'Autriche, c'est précipiter dans les bras de la Prusse les dix millions d'Allemands qui lui restent. »

III

Budget de la guerre

(La gauche demande la réduction de l'effectif au chiffre de 340,000 hommes).

M. GARNIER-PAGÈS.— Si la guerre défensive, à laquelle le pays suffit, est légitime, la guerre offensive, pour laquelle on veut des armées, est le plus grand des crimes. « C'est pour cela que je viens faire appel aux députés de tous pays, à vous, messieurs. Pesez sur vos gouvernements, REFUSEZ DES SUBSIDES ; les peuples que vous représentez ne veulent pas se battre. »

IV

Interpellation sur la politique extérieure

M. GARNIER-PAGÈS. — Les paroles officielles vous promettent la paix, et cependant nous n'entendons parler que de canons fondus, de fusils fabriqués, de forts édifiés. Qu'est-ce que cela veut dire ?

M. THIERS (*s'adressant à la gauche*). — « On vient soutenir ici, tantôt l'intérêt de l'Allemagne, tantôt l'intérêt de l'Italie, à ce point qu'on pourrait se croire au Parlement de Berlin ou au Parlement de Turin... » Les nations peuvent faire, selon vous, tout ce qui leur plaît? « SONGEZ DONC QU'EN RAISONNANT AINSI VOUS DÉSARMEZ LA FRANCE... Je ne blâme pas l'ambition chez les grandes nations ; ce que je

blâme, c'est la sottise, la duperie des nations qui se prêtent à tout ce que méditent leurs ennemis. » (M. Emile
OLLIVIER. — Dites la générosité!)

V

1868

Appel du contingent.

M. PICARD. — On vous dit qu'il nous faut 800,000 hommes! « Depuis quand, messieurs, parle-t-on, en France,
ce langage? Depuis quand, vient-on dire publiquement
daus une assemblée française, *non seulement que nous avons
des précautions d'une nécessité absolue à prendre pour la défense de nos frontières*, CE QUI EST, PEUT-ÊTRE, PRÉVOIR LE
DANGER DE BIEN LOIN, *mais en même temps que pour conserver à notre pays son autonomie, il nous faut une force de
800,000 hommes!...* » Rien ne justifie les armements exagérés qui écrasent le pays.

M. MAGNIN. — Le seul moyen d'assurer la paix, c'est
de réduire l'effectif. « Associez-vous à notre amendement
et vous aurez plus fait pour la paix du monde, que par
tous les armements excessifs que vous mettez dans les
mains du gouvernement. »

Le Président annonce incidemment qu'un député vient
de demander le grade de chef de bataillon dans la garde
mobile.

M. MAGNIN — « C'est un moyen électoral. »

LE MARÉCHAL NIEL. — « J'ai la conviction que, dans
quatre ou cinq ans, vous aurez le plus grand regret d'avoir
attaqué cette institution. »

VI

Emprunt extraordinaire et Budget de 1869.

M. Garnier-Pagès énumère avec douleur les sommes demandées pour 1,200,000 fusils, nouveau modèle, pour la mise en état des places fortes, etc. « Avec quoi couvrirez-vous tout cela? » Et à quoi cela vous servira-t-il? Qu'est-ce que la force matérielle? « *Ah! si vous vouliez au contraire employer la force morale! quelle puissance vous auriez si vous vouliez avoir la confiance dans le peuple et dans la liberté!* Le budget de la guerre vous mène à la banqueroute. *C'est la plaie, c'est le chancre qui nous dévore!...* Oui, messieurs, et si je pouvais trouver un mot plus fort, je l'emploierais, parce que je veux frapper les esprits... Si vous croyez à la paix, *contentez-vous de vos cadres,* mais réduisez le nombre de vos hommes. *Là-dessus, je sais que je suis complètement d'accord avec la Commission.* »

M. de Talhouet. — Nous proposons de porter à l'emprunt 91 millions pour la confection de 1,200,000 chassepots et la transformation de 350,000 anciens fusils. S'il a pu *être établi en principe qu'on devait avoir trois fusils par homme lorsque le modèle paraissait définitif, ce n'est pas à une époque où les perfectionnements se succèdent avec une aussi grande rapidité qu'il fallait arriver de suite au maximum des réserves qu'on peut être appelé à faire. » Pour les places fortes* on nous a d'abord demandé cent dix millions; ce premier projet ayant été écarté, on nous en a présenté un second, montant à soixante-six millions. La Commission trouvant ce chiffre beaucoup trop élevé, n'a accordé que trente-six millions. Nous aurions voulu obtenir une réduction de l'effectif, on nous a dit que la situation de l'Europe ne le permettait pas. « Nous avons voulu sur-

TOUT MONTRER NOS TENDANCES AU GOUVERNEMENT ET L'EN-
GAGER A RESTREINDRE LES DÉPENSES. »

M. THIERS blâme vivement les réductions, — d'un million quatre cent mille francs sur les attelages d'artillerie
et de trois millions sur la solde par l'augmentation des
congés, — que demande la Commission ; admet les réductions portant sur l'habillement et sur les fusils neufs,
tout en faisant remarquer que c'est une dépense simplement ajournée.

M. EMILE OLLIVIER. — On aurait tort de se trop presser
pour la fabrication des fusils, puisque chaque jour amène
un progrès nouveau... Que la France désarme et les
Allemands sauront bien contraindre leurs gouvernements
à l'imiter.

M. THIERS. — Voici comment votre Commission s'est
débarrassée des travaux de la guerre : on demandait cent
quarante-quatre millions pour la transformation des
fusils ; elle en a accordé cent treize, ET ELLE A DIT : VOUS
FEREZ 1,200,000 FUSILS CETTE FOIS. Mais est-ce que, dans
la situation de l'Europe, vous entendez réduire l'armement de la France à 1,200,000 fusils ? POUR L'ARTILLERIE,
LA COMMISSION SE DÉBARRASSE DE TREIZE MILLIONS et
accorde DEUX MILLIONS CINQ CENT MILLE FRANCS. Eh bien !
je dis qu'il faut transformer notre artillerie le plus tôt
possible... » Pour les fortifications, la Commission accorde trente-six millions. C'est se livrer à *une illusion
désastreuse* de croire qu'avec trente six millions on par-
viendra à mettre nos places fortes dans l'état où elles
doivent être... *Quand on a demandé cent dix millions,* ON A
DEMANDÉ L'INDISPENSABLE UNIQUEMENT. »

M. JULES FAVRE.— « Est-il nécessaire que la France se
ruine pour ne pas faire la guerre et pour attendre qu'on
ne la lui fasse jamais, puisqu'elle ne menace personne et

n'est pas menacée ? *Qu'est-ce que je lis dans les documents officiels ?...* Il faut que la France soit armée comme ses voisins ; sa sécurité est attachée à ce qu'elle soit embastionnée, cuirassée, qu'elle ait dans ses magasins des monceaux de poudre et de mitraille, sans cela elle est exposée à périr. *J'avoue que ma conscience proteste contre de semblables propositions.* Vous dites qu'il est nécessaire que nous conservions ces fortifications dont nous entourons la moindre de nos bourgades dès qu'elle touche à la frontière ; qu'il nous faut cette ceinture de villes fortifiées. Tout cela, permettez-moi de le dire, *c'est de l'ancienne politique, c'est de la politique de haine, ce n'est pas de la politique d'expansion et d'abandon... Que l'Empereur vienne dire que désormais il ne fera pas la guerre sans votre concours*, et alors vos budgets ne seront plus sc'dés en déficit. *Alors la France pourra prendre son rang dans le monde* et ne sera plus condamnée à des sacrifices stériles. Voila le dernier mot de la question. »

M. Gressier soutient la demande d'augmentation des congés faite par la Commission. Cette demande est légère en elle-même. Mais ce que la Commission sollicite de la Chambre, c'est un vote indiquant au gouvernement qu'il doit entrer dans cette voie.

Le maréchal Niel refuse. Il est très contrarié de se trouver en opposition avec la commission du budget. Mais ce qu'on lui demande est impossible.

M. Segris insiste au nom de la Commission.

Le maréchal Niel.— « Ce qu'on me demande est impossible... Je vous ai expliqué tout à l'heure que pour équilibrer mon budget *il me fallait déjà envoyer en congé 80 ou 90,000 hommes.* Eh bien ! Messieurs, en renvoyer 7,500 de plus dans les mêmes conditions, c'est impossible... Vous avez un ministre de la guerre qui fait tous ses efforts, et, permettez-moi de le dire, vous ne lui facilitez pas sa tâche en le mettant en présence d'impossibilités budgétaires. Nos cadres en officiers sont invariables ; mais pour les sous-officiers, c'est bien différent. Si nous renvoyons un trop grand nombre d'hommes en congé, il faut bien que ces cadres aient leur part, et alors nous en affaiblissons la composition. Je suppose que j'accepte l'amendement et QUE L'ARMÉE SE TROUVE COMPROMISE, qu'il soit démontré que la mesure prise compromet la solidité de l'armée et QUE VOUS FAITES ÉCHOUER TOUT MON SYSTÈME.

Quelques membres.— Non ! Non !

LE MARÉCHAL NIEL. — « Je vous demande pardon ; ce sont des choses que je connais parfaitement ; ici j'en appelle à tous ceux qui ont une connaissance sérieuse de l'armée, si vous faites faire une tentative malheureuse, VOUS COMPROMETTEZ TOUT LE SYSTÈME. Mon système, c'est d'avoir une armée toujours disponible...

« Vous êtes frappés de la transformation de l'armement. Mais dans ce moment IL Y A UNE TRANSFORMATION PLUS IMPORTANTE ENCORE QUE LA TRANSFORMATION DE L'ARME-MENT, C'EST LE PASSAGE DU PIED DE PAIX AU PIED DE GUERRE. COMMENT SE FAIT-IL QUE CELUI QUI A L'HONNEUR DE PARLER DEVANT VOUS, et qui n'a d'autre espoir que celui d'arriver à l'organisation la plus économique, SOIT MIS DANS L'IMPOSSIBILITÉ D'ATTEINDRE LE BUT QU'IL SE PROPOSE. OUI, MESSIEURS, VOUS ME RENDEZ LA TACHE IMPOSSIBLE...»

Malgré les instances du maréchal Niel, et l'énergique protestation du baron de Benoist, la Chambre vote la réduction.

M. GRESSIER.— Demande au nom de la Commission le renvoi de 3,000 chevaux chez les cultivateurs, devant produire une économie de 700,000 fr.

Le maréchal Niel (d'une voix triste, avec une attitude de profond découragement). — « Messieurs, je viens combattre l'amendement de la Commission ; je ne dois pas vous dissimuler que je n'ai pas grand espoir de réussir. *Je ne pourrai pas soutenir longtemps le rôle qui consisterait à venir vous dire à chaque instant : Ce que vous faites pour l'armée est insuffisant*, car le pays pourrait croire qu'il n'a pas de forces suffisantes sous la main. Messieurs, permettez-moi de vous le dire, je ne crois pas avoir toutes les qualités et vous me donnez des éloges que je ne mérite pas. (Si !)

« Mais je crois pouvoir vous affirmer que je suis un homme convaincu, je n'ai jamais reculé devant aucun devoir. Eh bien ! je vous déclare que je ne saurais pa. remplir mon devoir si, à chaque instant, je montais à cette tribune pour vous dire que ce que vous me donnez est insuffisant, et si j'exposais ainsi le pays à douter de ses forces militaires au milieu de la situation actuelle de l'Europe. (*Mouvement prolongé.*) Messieurs, je n'ai pas la prétention d'être l'homme nécessaire ; les hommes ne manquent pas dans notre pays, mais quand j'ai embrassé la mission de réorganiser l'armée, cette mission que l'Empereur m'a donnée et pour laquelle il veut bien me continuer sa confiance, mission dont je crois le succès assuré, COMMENT POUVEZ-VOUS VOULOIR QUE L'ON ME REFUSE A CHAQUE INSTANT LES CHOSES QUE JE REGARDE COMME NÉCESSAIRES. »

M. Magnin.— « Alors il n'y a plus de Chambre, ni de contrôle. Il n'y a plus que l'Empereur et le ministre de la guerre. »

Le maréchal Niel. — ... On me force à donner des chiffres ! « Nous avons moins d'artillerie que toutes les autres puissances de l'Europe. Nous avons 2 pièces par 1000 hommes ; partout ailleurs on compte 3 pièces par

1000 hommes. *Il y a des inconvénients à entrer dans tous ces détails, je ne me le dissimule pas, et je répugne à dévoiler ainsi notre situation à chaque instant et sur chaque point ; mais je remplirai ma mission jusqu'au bout.* Eh bien ! au moment actuel il serait souverainement imprudent de descendre au-dessous d'une artillerie nécessaire pour servir 240,000 hommes. Je vous en supplie, messieurs, laissez-moi mes chevaux d'attelage et surtout ne me forcez pas à avouer en public mon insuffisance. Les autres cabinets suivent attentivement ces débats. C'EST LA QUE SE DÉCLARE LA GUERRE. *Et si l'on s'aperçoit que toutes les solutions sont prises contre le ministre de la guerre, il y a de grands inconvénients... Je dis que vraiment les choses publiques de l'armée ne peuvent être conduites de cette façon...»*

M. JULES FAVRE. — « C'est une erreur de croire qu'une nation n'est aujourd'hui véritablement forte qu'à la condition de se cuirasser et de se bastionner... Ayez donc confiance dans le patriotisme des populations. C'est là le meilleur des remparts, il vaut mieux que ceux que vous pouvez puiser dans les armes offensives et défensives ; et quand on vient vous demander des millions pour perfectionner tel ou tel engin de guerre, lorsque les hommes de guerre qui viennent vous faire ces réclamations, vous dire que vos économies sont déplacées, qu'elles tendent à affaiblir l'armée, certes ils ne se trompent pas, ils en savent à cet égard plus que nous, mais ils sont à certains égards de mauvais juges, car ils sacrifient tout à un point de vue spécial, et ils oublient trop par quelle force supérieure la France serait défendue si jamais elle était au moment du danger... Je puis appliquer ces réflexions à ces demandes perpétuelles de crédit pour les fortifications... Si nous voulions suivre tous les progrès de la science qui marche sans cesse, nous serions condamnés à nous épuiser dans des dépenses éternellement stériles qui iraient toujours en grossissant, sans jamais recevoir une application utile, à fortifier la France tout entière et à creuser un nombre considérable de fossés, dans lesquels nous engloutirions beaucoup plus de millions que d'ennemis. Messieurs, je proteste contre une telle exagération...»

M. Busson-Billaut. — La Commission demande une réduction de *cent mille francs*, qu'on obtiendrait en supprimant quatre escadrons dans les régiments de cavalerie de réserve et de cavalerie de ligne de la garde.

Le maréchal Niel proteste de son désir de faire des économies ; il a fait toutes les réductions possibles. Faire plus serait imprudent. « En ce qui concerne la cavalerie, nous avons déjà trente-six escadrons de moins qu'avant 1867. »

VII

1869

Budget de la Guerre.

M. Pelletan demande pourquoi on arme les pompiers. « Vous ne les armez pas contre l'intérieur. Vous ne voudriez les armer qu'en cas d'invasion, *prévision tellement éloignée que M. le ministre de la guerre s'indignerait si je la posais, et il aurait raison.* »

M. Jules Favre demande où en est la garde mobile.

Le maréchal Niel.— « Pour ce qui concerne la garde mobile, vous avez vu au budget que l'organisation totale de cette garde coutera quatorze millions. Vous ne m'avez donné que cinq millions, je ne puis donc pas l'or-

GANISER EN TOTALITÉ. Mais la garde nationale mobile sera organisée successivement par corps d'armée, en commençant par les 1er, 2me et 3me corps. *J'espère* qu'avec ces cinq millions, auxquels je pourrai faire quelques additions, si je parviens à réaliser quelques économies sur d'autres points, j'arriverai à l'organisation de la garde mobile dans ces trois corps d'armée. Ces trois corps d'armée seront, pour ainsi dire, le type de la garde mobile, qui se complètera ensuite AU FUR ET A MESURE QUE LE BUDGET LE PERMETTRA. »

M. DE TILLANCOURT. — « VOUS AVEZ VOULU, messieurs, que la garde mobile ne fût pas une succursale, une dépendance, un accessoire de l'armée, et c'est pour cela que VOUS N'AVEZ PAS PERMIS que les jeunes gens qui la composent fussent enlevés à leur domicile pendant plusieurs jours, ainsi que le gouvernement l'avait demandé. »

APPENDICE C

SEDAN

PREMIÈRE PARTIE

MENSONGE ET CALOMNIE

I

Déclaration de M. Jules Favre.

Le mobile à peu près unique auquel a obéi M. Jules Favre dans sa carrière politique, c'est la haine de l'Empereur. Cette haine lui inspire des propos véritablement insensés. Par exemple, il a osé dire ceci devant la commission d'enquête sur le 4 Septembre :

« *Je savais* que l'Empereur s'était rendu par lâcheté, pour éviter la responsabilité politique de ses fautes, — ceux qui l'ont reçu prisonnier me l'ont dit et le tenaient à peu près de sa bouche. — Il lui aurait été facile de s'en aller en Belgique ; *les Prussiens lui auraient ouvert le chemin.* »

Nous ne relèverons pas l'inconvenance et l'absurdité

de ces paroles : elles donnent la mesure de la bonne foi de M. J. Favre, aussi bien que de la hauteur de son intelligence. Pour donner encore une idée de sa judiciaire, nous rappellerons qu'il s'écriait *ore rotundo*, dans la séance du 24 décembre 1867 :

« Je suis convaincu que la nation la plus puissante est celle qui serait le plus près du désarmement... »

II

Souvenirs du 4 Septembre. — Origine et chute du second Empire, par Jules Simon.

Dans le chapitre XX de l'ouvrage qu'il a publié en 1876, sous ce titre : *Souvenirs du Quatre Septembre*, M. Jules Simon s'exprime ainsi :

« En causant avec M. de Wimpffen, au moment où celui-ci allait partir pour remplacer M. de Failly à la tête du 5ᵉ corps, le comte de Palikao lui parla de l'Empereur, comme en parlait à Reims le prince Napoléon. « *Le plus grand embarras, lui dit-il, est aujourd'hui causé par l'Empereur, dont la position est des plus fausses. Il a quitté l'armée de Bazaine pour rejoindre celle de Mac-Mahon ; mais à quel titre s'y trouve-t-il? Ne pouvant pas revenir à Paris, où l'Impératrice exerce la régence et ne veut pas qu'il rentre, peut-il, comme il s'y est engagé, se borner à rester l'hôte incommode du maréchal de Mac-Mahon, sans faire sentir son influence, ne fût-ce que dans les conseils. Ce rôle impossible à un souverain et qu'il s'est donné, il ne peut le conserver; cela est positif.* » Sans doute; mais la conclusion? Le comte de Palikao ne pouvait pas dire, même à un ami, ce que la France et l'Europe entière disaient tout haut : qu'il ne restait à Napoléon III d'autre parti que d'abdiquer, puisqu'il ne pouvait plus être ni général, ni souverain. »

Nous ne pouvons citer la déposition tout entière de M. le maréchal de Mac-Mahon devant la commission d'enquête. Nous nous bornerons donc strictement à ce qui concerne le point dont il s'agit ici.

Donc, voici ce que nous lisons dans « l'Enquête sur les actes du Gouvernement de la Défense nationale. » (Annales de l'Assemblée nationale, tome XXIII, page 31.)

M. le maréchal de Mac-Mahon. — « ... Après avoir reçu la lettre de service qui me donnait le commandement des troupes de Châlons, sous les ordres du maréchal Bazaine, je me rendis chez l'Empereur pour l'entretenir des relations de service qui devaient exister entre l'Empereur et le chef de l'armée. L'Empereur me répéta ce qu'il m'avait déjà dit le matin, *qu'il ne s'occuperait nullement de la direction des opérations*, et que je n'aurais qu'à correspondre avec le général en chef, maréchal Bazaine, et avec le ministre de la guerre. Je dois dire ici, car il faut rendre justice à tous, que, dans tout le cours des opérations, *jamais l'Empereur ne s'est opposé aux mouvements par moi ordonnés, et que ces opérations ont toujours été commandées par moi et non par lui.*

» A Reims et au Chêne-Populeux, *l'Empereur était d'avis de reporter l'armée sur Paris*; C'EST MOI SEUL QUI AI PRESCRIT LE MOUVEMENT DANS LA DIRECTION DE METZ. »

Puis le maréchal raconte, avec la même netteté, comment sa première intention, absolument spontanée, exempte de toute espèce de pression de la part de l'Empereur, avait été de marcher sur Paris; ce qui faisait alors crier si fort les gens qui s'indignent aujourd'hui qu'on ait fait le contraire :

« ... Il me semblait urgent de couvrir Paris et de conserver à la France la seule armée qu'elle eût encore disponible...

» Le 21..., on m'apprit que l'Empereur m'avait fait demander depuis plusieurs heures... J'étais alors bien décidé à marcher sur Paris...

» Je conclus en disant que je me dirigerais positivement le surlendemain 23, sur Paris, à moins de recevoir, dans l'intervalle, les instructions que j'avais demandées au maréchal Bazaine.

» *L'Empereur ne fit aucune objection ; car, ainsi que je l'ai déjà dit, il me laissait libre d'agir comme je le jugeais convenable.*

» ... Le lendemain 23, je donnai des instructions pour faire diriger l'armée sur Paris par différentes routes... »

Les ordres de mouvement dans cette direction allaient être lancés, lorsque vers les quatre heures, le maréchal de Mac-Mahon reçut du maréchal Bazaine la dépêche fameuse, et tant de fois publiée, qui se termine ainsi :

« ... Je compte toujours prendre la direction du Nord et me rabattre ensuite par Montmédy sur la route de Sainte-Menehould et Châlons, si elle n'est pas fortement occupée... »

Cette dépêche changea instantanément les déterminations du maréchal de Mac-Mahon, qui s'en explique en ces termes :

« C'est cette dépêche qui me fit penser que le maréchal Bazaine allait se mettre en route et que je le trouverais aux environs de Montmédy. Par suite, je donnai les ordres nécessaires pour partir le lendemain dans la direction de l'Est.

» C'EST CETTE DÉPÊCHE DU MARÉCHAL BAZAINE, JE LE RÉPÈTE, QUI SEULE MODIFIA MES PROJETS ET ME DÉTERMINA A ME DIRIGER SUR METZ. »

Le reste de la déposition du maréchal est consacré au récit des marches et contre-marches qui, toujours sous sa responsabilité, — qu'il ne décline sur aucun point, — le menèrent de Châlons à Sedan.

C'est une histoire dramatique, simplement et noblement racontée, mais sur laquelle nous n'avons pas à nous arrêter ici, puisque ce que nous nous proposons de rechercher et d'établir, ce sont les responsabilités de l'Empereur et que, — de par le témoignage du maréchal de Mac-Mahon, — ces responsabilités sont, en tout ceci, absolument nulles.

Le 31 août, le maréchal de Mac-Mahon arrive à Sedan, « où il n'avait pas l'intention de livrer bataille. » Mais, dans la nuit du 31 août au 1er septembre, les troupes du prince de Prusse et du prince de Saxe se rejoignent sur Sedan et l'y enferment, ou du moins ne lui laissent d'autre ressource que de refuser la bataille et d'aller l'attendre plus loin, vers Carignan ou Mézières.

III

« Le bonapartisme et l'Ordre », par Garnier-Pagès

« L'empereur, quoique impuissant à tenir la campagne (dépêche de Piétri et consultation de ses médecins) s'était réservé le commandement suprême. L'armée, rassemblée avec difficulté, au nombre de 250,000 hommes disséminés sur 70 lieues d'étendue et mal pourvue, en présence d'un million d'Allemands bien munis et bien disciplinés, est promptement attaquée. Les généraux se laissent surprendre et ne se secourent pas mutuellement; de là nos premiers revers. L'empereur cède le commandement à ses maréchaux, mais reste auprès d'eux et garde l'autorité. Bazaine avec 175,000 hommes, troupes d'élite, se retire autour de Metz. Le maréchal Mac-Mahon, avec les débris de son corps d'armée et de nouvelles recrues, tiraillé entre les sollicitudes du gouvernement de l'impératrice-régente qui le pousse en avant, et la nécessité de se retirer sur Paris, hésite. La politique l'emporte. L'empereur se décide à marcher sur Sedan. Le général de Failly laisse de nouveau surprendre son corps d'armée ; l'armée ébranlée, affaiblie, livre avec bravoure un combat acharné. Mac-Mahon, blessé, cède le commandement au général Ducrot ; mais le général Wimpffen, qui en a été investi par le ministre de la guerre, le réclame. Ce courageux général voyant l'armée entourée, propose à l'empereur de venir le rejoindre et de se frayer l'épée à la main, un passage à travers les lignes ennemies. L'empereur repousse cette invitation, et, s'emparant de l'autorité qui appartient au commandant-général en chef, il fait arborer le drapeau blanc parlementaire et livre l'armée au roi de Prusse. Voilà ce que fut le bonapartisme et l'ordre dans le commandement !

» L'empire écroulé, l'empereur prisonnier, le prince impérial interné en Belgique, l'impératrice fuyant et ses affidés se cachant ou *filant* sur la Belgique ; le gouvernement improvisé de la Défense nationale fait appel à tous les Français sans distinction, pour sauver du moins, par une noble et énergique résistance, l'honneur du pays. Eh bien ! le maréchal Bazaine, qui a sous ses ordres une vaillante armée de 175,000 hommes de réserve, négocie avec l'ennemi et propose à Bismarck de s'unir aux Prussiens pour venir rétablir l'ordre à Paris qui soutient glorieusement le siège contre l'ennemi. C'est ainsi que, par un dernier trait de trahison, un maréchal de France entendait le bonapartisme et l'ordre pendant cette guerre désastreuse.

» Incendies, pillages, massacres, sacs de villes et de villages, dévastations, champs de bataille couverts de morts et de blessés, des armées entières prisonnières et traînées en Allemagne, toutes les horreurs d'une invasion, deux provinces perdues, la dette accrue de dix milliards, les impôts triplés pour la payer, voilà, en résumé, *l'ordre légué* par ce bonapartisme *à notre malheureuse France, après 20 ans de despotisme !*

IV

« Histoire du Plébiscite », racontée par un des 7,500,000 Oui (Erckmann-Chatrian)

« — L'*honnête homme*, à Sedan, vient de se rendre avec quatre vingt mille français ! Depuis le commencement du monde, on n'a rien vu de pareil. Il a remis son épée au roi de Prusse, sa fameuse épée du Deux-Décembre ! Il tenait à sa peau et à ses fourgons plus qu'à tout le reste ; plus qu'à l'honneur de son nom, plus qu'à l'honneur de la France ! Ah ! le gueux, il m'a trompé même en cela, je le croyais brave. »

« Georges ne se possédait plus.

» Voilà, dit-il, comme il devait finir ! Sa véritable armée à lui, c'était les dix ou quinze mille décembraillards sortis de la préfecture de police, avec des triques plombées et des casse-têtes, pour assommer les défenseurs de la loi.

» Il se croyait capable de conduire une armée française, comme sa bande de filous ; il l'a conduite dans une sorte d'égout ; et là, malgré le courage de nos soldats, il les a livrés au roi de Prusse ; en échange de quoi ? Nous saurons cela plus tard ! Nos pauvres enfants ne voulaient pas se rendre ; ils auraient mieux aimé mourir les armes à la main en essayant de se faire jour : *C'est Sa Majesté, qui, trois fois, a donné l'ordre de hisser le drapeau blanc !...*

APPENDICE C

DEUXIÈME PARTIE

LA VÉRITÉ HISTORIQUE

d'après les témoignages et documents officiels

I

Extraits de la déposition du GÉNÉRAL DUCROT devant les assises de la Seine, audiences des 13 et 18 février 1878 (affaire de Cassagnac-Wimpffen).

« Mᵉ GRANDPERRET. — Monsieur le président, j'ai l'honneur de vous prier de demander au général ce qu'il pensait de la situation de l'armée le 31 août au soir, après la retraite qui a suivi les combats de Beaumont et de Mouzon.

» M. LE GÉNÉRAL DUCROT. — Je considérais la situation comme très grave, non seulement dès le 31 août au soir, mais dès le 30 août au soir, lorsque j'ai appris le désastre de Beaumont et de Mouzon. La situation était grave pour l'armée entière, et en particulier pour le premier corps d'armée que je commandais, et voici pourquoi le premier corps d'armée se trouvait avec deux divisions à Douzy et deux divisions à Carignan, qui est à six lieues à l'est de Sedan, absolument en flèche. Par conséquent, l'ennemi victorieux à Mouzon, n'avait qu'à se porter vers Douzy, par exemple, et il me séparait du reste de l'armée et me barrait toute retraite.

» Lorsque, le 30 août au soir, à Carignan, mon aide de camp, le commandant Bossan, est venu me dire de la part du maréchal de Mac-Mahon, qu'il était obligé de battre en retraite, qu'il me priait de prendre les dispositions nécessaires pour couvrir cette retraite, et d'inviter l'Empereur à partir le plus vite possible dans lá direction de Mézières, je suis allé chez Sa Majesté, je lui ai rendu compte de la situation. Elle en a été très étonnée, et j'ai prié Sa Majesté de partir. Elle ne voulait pas.

» Et comme je la priais de se rendre à Sedan par le chemin de fer, elle me déclara qu'elle voulait être avec le corps qui couvrirait la retraite, qu'elle ne pouvait pas abandonner l'armée. J'ajoutai que ma situation était très compromise, et que la présence de Sa Majesté ne pouvait qu'augmenter ma responsabilité et que je la suppliais de se rendre à mes vœux. Comme l'Empereur hésitait encore et que j'avais des ordres à donner, beaucoup de mesures, de dispositions à prendre, je partis.

. . . .

. . . .

C'est à sept heures moins un quart, au moment même où le maréchal de Mac-Mahon fut blessé, que le général Ducrot ordonna la retraite. Il se trouvait près du bois de la Garenne, présidant au mouvement qui s'accomplissait dans un ordre parfait, lorsqu'il reçut du général de Wimpffen l'ordre écrit de suspendre, et d'appuyer vigoureusement le général Lebrun. Le témoin ignorait la présence de M. de Wimpffen à l'armée ; il aurait donc pu passer outre ; mais, esclave de la discipline, il se mit à la recherche du nouveau général en chef, il le supplia, au nom du salut de l'armée, de la laisser continuer son mouvement. Mais il se brisa contre l'obstination du général de Wimpffen, et, malgré ses pressentiments, il obéit.

. . . .

. . . .

« M. le général Ducrot. — Il était à peu près de six à sept heures du soir, lorsque l'Empereur m'a fait appeler et m'a dit : « Le général de Wimpffen m'a envoyé sa
» démission ; il faut que vous preniez le commandement
» de l'armée pour aller traiter de la capitulation. — Sire,
» je ne peux pas accepter ce rôle-là, ce n'est pas le mo-
» ment de prendre le commandement de l'armée main-
» tenant. Le général de Wimpffen n'a pas le droit de
» donner sa démission dans ce moment-ci. Insistez,
» Sire, insistez pour qu'il vienne prendre vos ordres. »
Alors l'Empereur écrivit de nouveau au général de Wimpffen qui vint : J'étais dans le cabinet de l'Empereur, assis derrière son fauteuil, quelques personnes causaient lorsque le général de Wimpffen entra, marchant à grands pas, ouvrant les bras, et son premier mot fut celui-ci :
« Sire, si j'ai perdu la bataille, si j'ai été vaincu, c'est la
» faute de vos généraux, qui n'ont pas exécuté mes
» ordres, qui ont refusé de m'obéir. » En entendant cela, je me levai subitement, je me mis en face du général de Wimpffen et lui dis : « A qui faites-vous allusion ? Est-ce
» à moi, par hasard ? Je ne les ai que trop bien exécutés,
» vos ordres, nous ne les avons que trop bien exécutés,
» car, si nous sommes dans la plus affreuse situation
» qu'on puisse voir pour une armée, c'est à vous que
» nous le devons, c'est à votre folle présomption ; et, si

» vous aviez voulu suivre mon conseil, nous serions en
» sûreté à Mézières. » Le général de Wimpffen me répondit : « Eh bien, raison de plus, si je suis incapable,
» qu'on donne le commandement de l'armée à un autre.
» — Non, non, vous avez envié le commandement de
» l'armée quand il y avait honneur et profit, c'est vous
» qui devez porter la responsabilité et la honte, s'il y en
» a, de la capitulation. » Là-dessus, l'Empereur et ceux
qui m'entouraient me calmèrent : je m'en allai ; le général de Wimpffen resta avec Sa Majesté et je n'ai pas su
ce qui s'est passé. »

Après avoir protesté contre l'inexactitude du plan
dressé par le général de Wimpffen, et l'avoir démontré,
le témoin continue :

« Maintenant, il y a une chose qu'il faut dire... On
nous a reproché de n'avoir pas exécuté les ordres qui
nous ont été donnés : ce reproche est tout à fait injuste ;
car nous les avons exécutés avec une obéissance complète, avec un dévouement absolu et, je dois le dire, avec
une abnégation entière, car à partir du moment où nous
nous sommes reportés de l'ouest à l'est, nous ne pouvions
plus nous faire d'illusion.

» Nous savions très bien qu'à partir de cet instant
c'était uniquement pour l'honneur des armes que nous
combattions, et quand je dis nous, je ne parle pas de moi
personnellement, mais de tous les braves enfants qui
étaient sous mes ordres ; j'avais l'honneur de commander le premier corps d'armée dont une division, à Wissembourg, a lutté toute la journée, 4,000 hommes contre
40,000 ; ce premier corps d'armée qui à Frœschwiller a
lutté toute une journée, 35,000 hommes contre 120,000,
et, je vous l'affirme, à Sedan comme à Frœschwiller,
comme à Wissembourg, nous avons fait notre devoir
usqu'au bout : la division Lartigue a défendu pied à

pied les hauteurs de la Moncelle et le village de Daigny ;
elle a été écrasée par des forces sans cesse renouvelées.

» Quand l'ennemi est entré, toutes les rues étaient
pleines de morts et de blessés.

» Le général Lartigue était blessé cruellement, un
autre général également blessé grièvement, le colonel
d'Andigné était laissé pour mort sur le champ de bataille,
tous les officiers supérieurs étaient tués ou blessés. Il n'y
avait plus rien, à gauche le général Wolff a lutté sur les
hauteurs jusqu'à deux heures et demie et trois heures ; il
n'a quitté cette position que quand il a été débordé, et il
est rentré dans Sedan grièvement blessé. Le général de
brigade Carteret a également combattu jusqu'à la fin de
la journée ; son cheval a été blessé.

» Quant à nos batteries que nous avons portées du côté
de l'ouest, sur cette crète, elles ont lutté contre des
forces dix fois supérieures comme nombre et bien infé-
rieures comme portée, comme justesse ; ces batteries
se sont fait écraser, broyer, il y en a dans lesquelles il n'est
resté ni un servant, ni un cheval ; les caissons sautaient
comme un feu d'artifice ; la cavalerie de Margueritte, ces
vieux chasseurs d'Afrique, à moustaches grises, ces
braves gens ont chargé trois fois et trois fois ils se sont
brisés. Ils ont fait leur devoir, mais la force humaine a
des limites et, quand nous sommes entrés dans Sedan,
nous n'avions plus rien... (Applaudissements) et ils n'é-
taient plus capables de rien. (Applaudissements.)

» LE TÉMOIN AFFIRME ENSUITE SOLENNELLEMENT QU'A
AUCUN MOMENT DE LA JOURNÉE ET EN PARTICULIER ALORS
QUE LUI, DUCROT, EXÉCUTAIT SON MOUVEMENT DE RETRAITE,
L'EMPEREUR N'A GÉNÉ LES CORPS D'ARMÉE. »

. . . .

. . . .

Ici le général de Wimpffen demande au général Ducrot

s'il connaissait les mouvements exécutés par le prince de Prusse, lorsqu'il a commencé son mouvement de retraite. Le témoin répond qu'il les connaissait tellement bien, et aussi les projets de l'ennemi que ç'a été pour lui une raison de hâter l'exécution de son plan. C'est à son grand désespoir que, sur l'ordre de M. de Wimpffen, il s'est décidé à la suspendre, et seulement lorsque le général lui a dit : « Ce n'est pas une retraite qu'il nous faut, » c'est une victoire! » A quoi lui, Ducrot, a répondu : « Nous serons bien heureux si nous avons une retraite » ce soir ! »

Le témoin ajoute que les Prussiens, en attaquant Bazeilles dès le jour, n'avaient qu'un but, c'était de nous amuser pour donner au mouvement tournant le temps de s'accomplir. Et il revient sur son affirmation que la trouée n'était pas possible et que, la tenter, c'était vouloir arriver fatalement à la capitulation.

« M° JULES FAVRE. — Je voudrais savoir quel est le jour où vous avez communiqué avec le maréchal de Mac-Mahon, et où il a pu expliquer ses idées sur le mouvement de l'armée. Vous le rappelez-vous ?

» M. LE GÉNÉRAL DUCROT. — Oui, je suis parti le 30 ; c'est le 29, le dernier jour. A ce moment-là le plan était celui-ci : Nous devions passer, moi à Remilly, le 12° corps à Mouzon, le 7° à Villers ; nous devions nous réunir à Carignan et aller à Montmédy pour donner la main à Bazaine.

» M° JULES FAVRE.— N'est-il pas vrai que le Maréchal avait eu l'idée de se défendre sur les positions qui entourent Sedan ?

» M. LE GÉNÉRAL DUCROT.— Non.

» M° FAVRE.— Il y a là, tout autour de Sedan, des terrains accidentés qui permettent à une armée de conserver la défensive.

» M. le général Ducrot.— Du tout. (Rires.)

» M⁰ Jules Favre.— Ce n'est pas de moi-même que je dis cela. Le Maréchal qui a choisi ce champ de bataille déclare qu'il pouvait servir à une défense.

» M. le général Ducrot.— Quand j'ai pris le commandement, je ne connaissais pas les intentions du Maréchal ; je ne l'avais pas vu depuis trois jours ; s'il n'avait pas été blessé, la situation n'eût pas été la même ; certainement le Maréchal n'aurait pas hésité à battre en retraite. ».

A cette question : « Avez-vous été consulté sur le hissement du drapeau blanc ? » le témoin répond comme il l'a fait dans la première partie de sa déposition. Il confirme également la réponse qu'il a faite au général de Wimpffen lorsque celui-ci lui a demandé de le soutenir dans sa tentative sur Carignan. Il n'a rien su de la folle sortie essayée par le général en chef à la tête de 2,000 hommes qu'il était parvenu à rallier.

» M⁰ Jules Favre. — Est-ce que dans l'entrevue avec l'Empereur le général Ducrot ne lui a point dit qu'une sortie était possible le soir ?

» M. le général Ducrot. — Pas le soir, mais dans la journée. L'empereur paraissait compter beaucoup sur la générosité de l'empereur Guillaume ; je lui dis : « Sire,
» vous avez bien tort de compter sur leur générosité, ils
» nous serreront le nœud autant qu'ils pourront ; il n'y
» a qu'une chose à faire, réunir les troupes la nuit et
» percer n'importe comment. »

« — C'est bien impossible, me répondit l'Empereur,
» cela ferait tuer quelques braves gens de plus sans au-
» cune espèce de résultat. »

« La débâcle était en effet à son comble ; quant à mon corps d'armée, je le répète, il n'existait plus... il y avait bien encore des débris de la brigade Carteret mis à la disposition du général Lebrun ; elle est restée avec lui jusqu'à la fin de la journée... il y avait aussi la brigade Bellemare... établie sur la rive droite de la Givone, elle avait lutté jusqu'aux dernières limites des forces physiques... Vous avez, je le sais, trouvé quelques fractions de troupes, car pendant que j'allais à l'ouest, vous alliez à l'est... mais quand nous avons été refoulés par un mouvement de l'ennemi débouchant sur notre gauche... l'effondrement a été général. »

. . . .

. . . .

Après la déposition du général Lebrun, M⁰ Lachaud demande qu'on rappelle le général Ducrot.

Questionné sur le point de savoir s'il n'y pas eu deux rapports absolument dissemblables écrits sur la bataille de Sedan, et rédigés à deux points de vue différents, le général répond qu'il y a eu, en effet, deux rapports, l'un daté de Sedan, du 2, l'autre daté de Belgique, du 5. Dans le premier, les faits sont exacts, et il n'est pas fait allusion à l'Empereur ; dans le second, les faits sont modifiés, et les allusions à l'Empereur y fourmillent.

« M. LE GÉNÉRAL DE WIMPFFEN. — Le premier n'était qu'un projet de rapport, et avant de partir de Sedan, j'ai dit au général Faure que ce rapport se ressentait de la précipitation avec laquelle il avait dû être fait : par conséquent, ce n'était pas une pièce officielle.

» M. LE GÉNÉRAL DUCROT. — Il a été mis sur les registres, comme toutes les pièces officielles. »

II

Extraits de la déposition du GÉNÉRAL LEBRUN devant les assises de la Seine. — Audience des 12, 13 et 18 février 1873 (affaire de Cassagnac-Wimpffen).

« M° LACHAUD. — Je voudrais demander au général quels sont les ordres qu'il a reçus de M. le général de Wimpffen.

» M. LE GÉNÉRAL LEBRUN. — Dans la journée du 1ᵉʳ septembre j'ai eu l'occasion de voir le général plusieurs fois : La première fois, à neuf heures environ ; la deuxième, vers midi, midi et demi ; la troisième, vers deux heures ; la quatrième, vers quatre heures.

» Je n'ai reçu que deux ordres, deux en tout. Le premier vers neuf heures, le deuxième tout à la fin de la journée, vers quatre heures et demi. Après ce dernier effort tenté avec les deux ou trois mille hommes qui étaient avec moi, et lorsque le général de Wimpffen vit qu'on ne pouvait obtenir aucun résultat utile, et que les hommes ne voulaient plus suivre, alors il m'a donné l'ordre de rentrer dans Sedan.

» Je ne me rappelle pas avoir reçu d'autres ordres. »

» M° LACHAUD. — Dès que le général Wimpffen avait pris le commandement en chef, comprend-on qu'il ne l'ait pas fait connaître tout de suite après la blessure du maréchal de Mac-Mahon ?

» M. LE PRÉSIDENT. — Vous pouvez ne pas répondre si vous voulez, c'est une affaire d'approbation.

» M. LE GÉNÉRAL LEBRUN. — Dans nos règlements rien n'oblige les officiers généraux à faire connaître immédiatement leur nomination, à communiquer les lettres

qui les nomment au commandement, au moment même
où ils arrivent à l'armée. Quoiqu'il en soit, voici l'impression que j'ai éprouvée à ce moment et qui n'a fait que se
confirmer depuis cette époque : c'est que le général
Wimpffen aurait pu et aurait dû peut-être communiquer
cette lettre au maréchal de Mac-Mahon.

» Quant aux motifs qui ont pu le déterminer à ne réclamer ses droits de commandant en chef que deux
heures après sa nomination, eh bien ! ce long espace de
temps fait supposer que le général de Wimpffen s'était
montré peut-être prudent à l'extrême en ne prenant pas
le commandement au moment où la situation n'était pas
belle. Plus tard, quand il a cru que c'était une victoire
qui se préparait pour nous, alors il a réclamé le commandement.

» Voilà mon appréciation. »

Le témoin déclare ensuite qu'il penchait pour le mouvement de retraite, que toute manœuvre offensive lui
semblait, sinon impossible, du moins très difficile, et que
pour ce qui est du suprême effort tenté vers les quatre
heures par le général de Wimpffen, et auquel il s'est associé, il le regarde comme un acte désespéré de troupes
qui, ne pouvant plus rien faire, se font tuer.

Il n'a jamais reçu ni verbalement, ni par un officier,
l'ordre de faire une trouée vers Carignan. D'ailleurs, dès
midi et demi, il considérait la bataille comme perdue
sans retour. C'est à ce moment qu'il s'est produit parmi
les troupes un effondrement tel qu'il aurait été téméraire
de conserver une ombre d'espoir.

« Me LACHAUD. — D'après le général de Wimpffen, les
généraux ne lui auraient pas obéi. Que direz-vous à ce
reproche en ce qui vous concerne.

» M. LE GÉNÉRAL LEBRUN. — Je ne crois pas que le général
de Wimpffen puisse m'accuser jamais de ne pas lui avoir

obéi. Je lui ai obéi comme j'ai obéi à ses prédécesseurs, et comme j'étais disposé à obéir à ceux qui l'auraient remplacé. J'ai obéi au général de Wimpffen de la manière la plus nette et la plus complète.

. . . .

. . . .

Sur le fait de la sortie dont il a été question plus haut, le témoin dépose :

« Vers quatre heures environ, je vis le général de Wimpffen qui me dit : « — Est-ce qu'avec ces 2,000 » hommes vous ne pourriez pas faire quelque chose?

» — Oui, répondis-je, nous pouvons nous faire tuer ; » mais, quant à obtenir un résultat utile, certainement » non. Marchons, cependant. »

» Je poussai le cri : En avant! qui fut répété par toutes les troupes, et nous nous portâmes très rapidement en avant. Nous marchâmes ainsi deux cents, trois cents pas. Il est bien difficile de préciser d'une manière tout à fait exacte. Dame! les balles arrivaient plutôt encore que les obus ; cependant, les obus ne manquaient pas complètement. Au bout de trois cents pas, ou environ, le général de Wimpffen me dit : « Je vois qu'il n'y a plus rien à faire! »

» En effet, nous n'avions déjà plus personne derrière nous ; les balles avaient rendu les hommes prudents ; ils s'étaient accotés contre les maisons. Le général de Wimpffen répéta : « Il n'y a plus rien à faire ; je le crois » Eh bien, on va ordonner la retraite sur Sedan. » Je vous dis, afin d'être bien certain de ce que vous demandiez, car c'était là le deuxième ordre que je recevais, je vous dis : « Il est bien certain que tu m'ordonnes de » faire cesser la lutte? — Oui. »

» Et je répondis : « Je vais rentrer dans Sedan le plus » lentement que je le pourrai, et quand je croirai qu'il

» n'y a plus personne dehors, je rentrerai moi-même le
» dernier. »

» Alors, il était cinq heures et demie ou six heures ; et
je trouvai de braves soldats qui voulurent bien, sur mes
ordres, prendre place partout où c'était possible, et faire
feu sur les tirailleurs ennemis qui n'étaient plus qu'à
40 ou 50 pas. Je fis baisser le pont-levis pour faire entrer
tout le monde, je rentrai le dernier, je fis relever le pont-
levis, et voilà la fin de la bataille.

» M° LACHAUD. — Le général de Wimpffen a-t-il à ce
moment parlé de donner sa démission?

» M. LE GÉNÉRAL LEBRUN. — A ce moment-là le général
de Wimpffen a ajouté : « Quant à moi je vais donner
» ma démission, et toi tu prendras le commandement
» de l'armée.

» — Ce n'est pas possible, lui répondis-je. Tu ne peux
» pas donner ta démission, et tu la donnerais qu'on ne
» l'accepterait pas. En tous cas, ce ne serait pas à moi
» de prendre le commandement, il y a plusieurs géné-
» raux qui sont plus anciens que moi. »

Le témoin raconte ensuite la séance du conseil de
guerre qui eut lieu le 2 septembre, à 8 heures, après la
visite faite aux chefs prussiens par le général de
Wimpffen, et où se trouvaient tous les officiers généraux
qu'on avait pu trouver.

M. de Moltke ayant vu l'impossibilité où l'on se trouvait de se défendre dans Sedan, et exigeant une capitulation pure et simple, la question se posait ainsi : « Faut-
il s'y soumettre ou s'y opposer? » Si dur que cela fût,
l'impossibilité de la défense ayant été bien constatée par
les officiers spéciaux, M. de Moltke ayant du reste menacé de commencer le bombardement dès dix heures du
matin et de détruire la ville, il fallait bien se résigner. Le
général de Wimpffen chargea MM. Lebrun et Faure de

rédiger le procès-verbal de la séance et se rendit au camp ennemi d'où il revint apportant le protocole de la capitulation très dure qu'il avait été contraint d'accepter, et dont il donna connaissance aux trente ou trente-deux officiers généraux qui se trouvaient réunis. Parmi les clauses, il y avait celle dite du *Revers* et qui est ainsi conçue :

« Comme adoucissement aux conditions faites à l'ar-
» mée française, pour reconnaître la valeur avec laquelle
» elle a combattu, les chefs de l'armée ennemie accordent
» le droit aux officiers français qui voudraient rentrer
» librement dans leurs foyers de ne pas se constituer pri-
» sonniers, à la condition qu'ils s'engageront sur
» l'honneur à ne pas servir pendant la guerre, et à ne
» rien faire contre les intérêts de l'armée allemande. »

M. le général Lebrun protesta contre cette clause, les officiers n'ayant pas le droit de disposer d'eux. M. le général Dejean fut de cet avis et rappela l'article du règlement militaire qui interdit aux officiers prisonniers de séparer leur sort de celui de leurs soldats, ce que fit deux jours plus tard le général de Wimpffen qui s'en alla à Stuttgard où il avait de la famille.

» M. Paul de Cassagnac. — Comment appréciez-vous la direction qui fut donnée à la journée de Sedan?

» M. le Président. — Vous êtes libre de répondre ou de ne pas répondre.

» M. le général Lebrun. — Il n'y a pas eu de direction unique; chaque commandant de corps a été laissé à lui-même : chacun a combattu pour son propre compte. Quant à un ensemble de dispositions prises pour une action commune, je n'en ai vu aucune trace. »

Interrogé par M. Jules Favre sur le mouvement de retraite commandé par Ducrot, le témoin répond :

« Je répugnais à ce mouvement parce que j'y voyais une difficulté énorme, surtout à cause des jeunes soldats qui se trouvaient dans le corps d'armée. Mais quand le général Ducrot vint me dire que nous allions être enveloppés, si nous tardions, je n'hésitai pas. D'ailleurs l'inspiration de Ducrot était bonne, très bonne. Cependant j'ajouterai, — j'y ai pensé le lendemain de la bataille, — son inspiration eût été heureuse si le général Ducrot m'eût dit : « Vous allez exécuter la retraite, car nous sommes dans une situation terrible pour l'armée, l'armée est perdue ; il faut que le 12ᵉ corps se sacrifie tout entier et qu'il retienne toutes les forces ennemies ; il les détournera pendant un certain temps qui me permettra de gagner du terrain avec les autres corps ; quand il sera à bout de forces, il se jettera dans Sedan... S'il m'avait dit cela, l'inspiration eût été heureuse ; un corps d'armée eût été sacrifié, mais les autres corps eussent pu se dérober. »

. . . .

. . . .

INCIDENT LEBRUN

« M. Paul de Cassagnac. — J'ai oublié de demander à M. le général Lebrun sa façon de penser sur la clause de la capitulation de Sedan qui a privé les officiers français de leurs armes, et je désirerais que le témoin pût dire au jury si cette clause de la capitulation n'a pas été fatale pour la discipline de l'armée française et attentatoire un peu même à son honneur ?

» M. le général Lebrun. — Je ne puis répondre à cette question que de la manière la plus affirmative : cette clause était certainement attentatoire à l'honneur des officiers français, elle a eu des conséquences déplorables pour ces malheureux qui, dans un moment de faiblesse, ont accepté cette clause de la capitulation et l'ont signée à l'heure même. Quant aux armes laissées aux officiers français, dans la matinée du 2 septembre, à la première séance du conseil de guerre, le général de Wimpffen nous avait donné connaissance de ce fait, qu'il avait au moins obtenu de reconnaître la valeur avec laquelle on avait combattu, et que l'ennemi avait consenti à ce que les officiers conservassent leurs armes.

» Tous nous étions convaincus qu'au moins nous avions ce léger adoucissement, très léger, de conserver nos armes. Eh bien ! quand le protocole a été rédigé, on ne nous a pas donné sur-le-champ, à la réunion qui a eu lieu ensuite à deux heures de l'après midi, — on ne nous a pas donné lecture du protocole. Si nous en avions eu connaissance, comme il m'a été possible de l'avoir seulement le 4 ou le 5, quand j'ai été dans la presqu'ile d'Iges, nous aurions compris ceci : c'est que cette clause relative aux armes ne concernait absolument, d'après la rédaction même de l'article, que les officiers dont j'ai parlé tout à l'heure, ceux-là qui avaient consenti à signer l'engagement de ne plus servir contre l'Allemagne et de ne rien faire contre ses intérêts.

» J'avoue que, dans ce moment, les officiers qui étaient près de moi ont été soulevés d'indignation, et que moi, pour mon compte, je me suis adressé immédiatement au général Bernardi, qui commandait à Sedan, pour protester et pour dire que j'avais été complètement trompé.

» Et c'est alors que, ne comprenant pas que moi, un des chefs de l'armée, je dusse briser mon épée et en jeter les tronçons dans la Meuse, je préférai dire au général Bernardi : « Puisque je suis obligé d'exécuter la » clause de la convention, je ne dois pas m'y soustraire » honorablement; eh bien, je ne vous demande qu'une » chose, c'est d'accepter mon épée, car je ne la remettrai

» pas à un poste prussien ! » Le général Bernardi, au moment où il a su que je quittais la presqu'ile d'Iges, le dernier jour, est venu tout exprès et il m'a dit, entouré de ses officiers et devant les miens... Je ne peux pas dire tout ce qu'il m'a dit, parce que c'était trop élogieux pour moi, mais il m'a dit : « Remettez-moi votre épée, je la » conserve comme un dépôt précieux, et, quand vous » serez en France, voici mon adresse : je vais à Posen, » écrivez-moi, je me ferai un devoir de vous la renvoyer. » Mon épée est encore à Posen.

» M. PAUL DE CASSAGNAC. — L'indignation a été générale.

» M. LE GÉNÉRAL LEBRUN. — Elle a été parfaitement générale. Pour moi, je ne peux pas blâmer mes officiers. Ils ont jeté leurs épées, leurs sabres dans la Meuse, ou ils les ont enterrés avant d'arriver à Pont-à-Mousson ; dans les lieux d'étapes qui nous avaient été désignés, ils ont enfoui leurs armes pour ne pas les remettre au poste prussien qui nous attendait à Pont-à-Mousson. Ç'a été pour eux un crève-cœur.

» M. LE GÉNÉRAL DE WIMPFFEN. — Je prouverai que des officiers, sans inconvénient, ont conservé leurs armes.

» M. LE GÉNÉRAL LEBRUN. —Ça été une indulgence très grande ; mais le droit de l'ennemi subsistait ; on pouvait exiger des officiers, leurs armes.

» J'ajoute, à propos du *revers* qui a été signé par un certain nombre d'officiers, que ce fait a été déplorable et très grave ; les conséquences n'ont pas atteint seulement les officiers qui étaient à Sedan ; mais l'ennemi a eu le droit de s'appuyer sur ce qu'il avait fait à Sedan, pour exiger à Metz, Strasbourg, partout, qu'on fît la même chose, et que ces officiers pussent se retirer sur parole en s'engageant à ne plus servir contre l'Allemagne et à ne rien faire contre ses intérêts.

» Mᵉ JULES FAVRE. — M. le général Lebrun sait parfaitement qu'au moment où le général de Wimpffen a abordé l'ennemi pour signer cette capitulation, l'ennemi le menaçait de reprendre les hostilités à heure fixe. Croit-il que, dans une situation pareille, le général de Wimpffen fut libre de se soustraire à une condition qui lui a été imposée par les autorités allemandes.

» M. LE GÉNÉRAL LEBRUN. — Je réponds négativement ; il ne le pouvait pas ; seulement, je fais une réserve pour la clause relative aux officiers français qui devaient s'engager à ne plus servir contre l'Allemagne, et, m'appuyant sur les règlements français, il me semble que le général de Wimpffen n'avait pas le droit de s'engager sur ce point qui est contraire à nos règlements disant qu'un officier qui est fait prisonnier n'a pas le droit de se séparer du sort de ses soldats.

» Mᵉ JULES FAVRE. — Se séparer du sort de ses soldats, c'est une autre question. D'après les règlements militaires allemands, M. le général Lebrun peut dire que les officiers sont toujours séparés de leurs troupes.

» M. LE GÉNÉRAL LEBRUN. — Je crois que Mᵉ Jules Favre me parle des officiers allemands et du règlement allemand ; le règlement allemand, pour nous, ne concerne absolument que les officiers allemands ; il ne peut concerner les officiers français.

» Mᵉ JULES FAVRE. — Quand les officiers francais peuvent se défendre, oui ; mais quand ils sont vaincus?

» M. LE GÉNÉRAL LEBRUN. — Le règlement francais ne fait pas d'exception. L'article du règlement est très net :

« Aucun officier fait prisonnier avec sa troupe ne peut séparer son sort de celui de ses soldats. »

» Mᵉ JULES FAVRE. — Mais dans ce moment, le général de Wimpffen n'avait pas la liberté de se refuser à signer un article qui aurait fait rejeter la capitulation.

» M. LE GÉNÉRAL LEBRUN. — Pour moi, ma conviction est que l'ennemi aurait compris cette objection du général de Wimpffen : et l'ennemi pouvait tout obtenir du général de Wimpffen, je le répète, excepté cette clause. Devant le règlement, le général de Wimpffen pouvait dire : Passez outre, mais moi je ne donne pas mon adhésion.

» Mais je crois même me rappeler que dans la réunion tenue à deux heures de l'après-midi, le général nous a présenté cette clause comme assez naturelle, et comme étant un adoucissement que l'ennemi avait offert à nos officiers.

» M. LE GÉNÉRAL DE WIMPFFEN, — Je considérais que l'armée civile, l'intendance, l'administration, en rentrant en France pouvait rendre service au pays.

» M. LE GÉNÉRAL LEBRUN. — Dans notre armée nous n'avons pas d'officiers de telle ou telle catégorie; on les appelle officiers d'administration, intendants, officiers de différentes armes; mais en somme, ce sont des officiers, et tellement des officiers, que la loi sur l'état des officiers ne fait aucune distinction entre les uns et les autres; ils sont justiciables au même point et dans la même forme absolument que ceux qui portent l'épée; mais, enfin, puisqu'il paraîtrait qu'on fait des distinctions, moralement, ce sont les mêmes officiers, et ils ont les mêmes devoirs à remplir. »

Le témoin termine cette déposition si émouvante en affirmant d'une façon solennelle qu'il n'a jamais reçu, sous une forme quelconque, l'ordre que le général de Wimpffen prétend lui avoir transmis relativement à la trouée de Carignan.

III

Extrait de la déposition du GÉNÉRAL DOUAY devant la cour d'Assises de la Seine, les 12 13, et 18 Février 1875 (affaire de Cassagnac Wimpffen).

« M. Paul de Cassagnac. — Je voudrais demander au témoin s'il pense que le général de Wimpffen ait eu un plan de bataille bien arrêté, bien net, et s'il a eu connaissance de ce plan.

» M. le général Douay. Je n'ai rien connu du plan du général de Wimpffen.

» M. le général de Wimpffen. — Le général Douay a-t-il reçu des ordres de moi?

» M. le général Douay. — J'ai reçu deux ordres de vous.

» M. le Président. — A quelle heure avez-vous reçu ces ordres?

» M. le général Douay. — J'ai reçu cinq communications de l'état-major général : la première entre six et sept heures du matin. Cette communication m'informait que le maréchal de Mac-Mahon était blessé et que le général Ducrot prenait le commandement de l'armée. Il n'y avait rien autre chose. J'ai reçu une deuxième communication vers huit heures ; cette seconde communication était un billet écrit au crayon et signé « de Wimpffen », et portant l'indication que le général de Wimpffen prenait le commandement de l'armée, et que nous devions être victorieux le soir. Je ne me rappelle pas si le mot victorieux s'y trouvait, mais c'était le sens. Vers onze heures, par billet écrit encore au crayon, et signé « de Wimpffen », le 7ᵉ corps est invité à porter au 12ᵉ corps Lebrun, à gauche vers l'est, le secours de ses troupes disponibles. Je réfléchis un moment, car la situation me semblait très compliquée ; mais j'invitai néanmoins le général Labadie à porter sa brigade à la disposition du général Lebrun. Puis, sur un nouvel ordre verbal, je me décidai, à regret, — car on n'aime jamais à se dégarnir, — à envoyer la division Dumont tout entière. C'étaient trois brigades sur sept dont je disposais. Par conséquent, voilà un ordre donné et exécuté. »

. . . .

. . . .

Le général raconte ensuite qu'étant allé voir l'Empereur vers trois heures et demie, il lui fit part de la triste situation de la place et de l'armée. « Je sais le désastre, répondit l'Empereur, je rends justice à l'armée ; elle s'est assez sacrifiée et c'est à mon tour de m'immoler, je suis résolu à demander un armistice. »

Si douloureux que fût ce parti, le général reconnut que c'était le seul praticable.

» M. Paul de Cassagnac. — Le général de Wimpffen s'est-il constitué prisonnier comme les autres généraux et a-t-il partagé le sort de ses collègues?

» M. le général Douay. — Non, le général de Wimpffen ne s'est pas constitué prisonnier comme nous. Nous avons été très surpris de le voir partir sans nous recevoir, sans nous faire d'adieux, et de ne pas partager le sort qui nous était réservé par les Prussiens. Nous sommes allés tous nous constituer prisonniers à la presqu'île d'Iges, où nous sommes restés sans abri, sans vivres et en butte aux vexations des officiers prussiens. C'était là surtout ce qui nous contrariait le plus, et puis, c'est que nous n'étions pas sûrs du sort qui nous était réservé dans la capitulation : nous n'avions plus de général en chef pour débattre nos intérêts.

» Nous étions surtout préoccupés de la clause perfide

du *revers* introduite dans la capitulation. Quant à moi, j'avais vu successivement tous les régiments et dit aux officiers : « Voici la capitulation, elle nous donne tel et
» tel droit, mais il est de mon devoir de vous dire que
» vous devez suivre le sort des soldats, et je vous en don-
» nerai l'exemple. » Eh bien ! j'avais dit cela aux officiers ; quand j'ai vu qu'on les menaçait de les désarmer, j'ai voulu savoir quel était le sort qu'on réservait à ces offi- ciers. Je suis allé dans Sedan, mais je n'étais pas autorisé à traiter de ces questions-là : j'ai donc été obligé de prendre cela sur moi. J'ai été mal accueilli ; j'ai été reçu poliment, certainement, mais j'ai été reçu comme un vaincu.

» M. LE GÉNÉRAL DE WIMPFFEN. — Quel jour êtes-vous allé à Sedan ?

» M. LE GÉNÉRAL DOUAY. — Mon général, c'était le troi- sième ou le quatrième jour de la capitulation, le lende- main ou le surlendemain.

» M. LE GÉNÉRAL DE WIMPFFEN. — Par conséquent, j'étais encore à Sedan ; je suis parti le 4.

» M. LE GÉNÉRAL DOUAY. — Nous ne sommes entrés à Iges que le 4, donc ce devait être le 5 ou le 6. Je sais par- faitement que vous n'y étiez pas, car je vous ai cherché, et l'on m'a dit que vous étiez en Belgique. »

IV

Extrait de la déposition du GÉNÉRAL PAJOL devant les Assises de la Seine, les 12, 13 et 18 février 1878. (Affaire de Cassagnac-Wimpffen).

Le général déclare que l'Empereur n'a reçu qu'à trois heures moins le quart le billet du général de Wimpffen.

Il confirme la déposition de Ducrot relativement à sa querelle avec le général en chef devant l'Empereur :

« M⁰ Lachaud. — Le matin, M. le général Pajol a accompagné l'Empereur ?

» M. le général Pajol. — Toute la journée, l'Empereur est sorti de la sous-préfecture. A six heures un quart, il a rencontré le maréchal de Mac-Mahon qui venait d'être blessé. Il a parcouru toute la ville ; il est allé vers le 1ᵉʳ et le 12ᵉ corps qui se battaient. L'Empereur est resté sur le champ de bataille jusqu'à onze heures et demie ; il l'a parcouru à peu près dans tous les sens et s'est rapproché de Sedan vers les deux heures. Là, il a trouvé la division Goze. Un officier de chasseurs s'est approché de lui et lui a dit : « Sire, je suis du pays. Je de- » mande pardon à Sa Majesté, mais je vois le mouve- » ment prussien qui se porte du côté de la Garenne, et si » nous laissons la jonction se faire, il est évident que l'ar- » mée française est perdue. » Un quart d'heure plus tard, l'Empereur est descendu ; il a aperçu le général de Wimpffen qui arrivait. L'Empereur lui a dit : « Je ne » sais dans quelle position est l'armée ; dites-moi, où en » sommes-nous ? Je viens de voir un officier de chasseurs » qui m'a dit telle chose. » Le général de Wimpffen lui a pris la main et lui a dit : « Que Votre Majesté ne s'in- » quiète pas. Dans deux heures, tout sera rejeté dans la » Meuse et j'aurai gagné la bataille. » Il était deux heures et demie.

» M. Paul de Cassagnac. — M. le général de Wimpffen a particulièrement taxé l'Empereur de lâcheté. Je désire savoir ce que pense le témoin de la conduite de l'Empereur au feu.

» M. le général Pajol. — La conduite de l'Empereur devant l'ennemi ne peut pas être mise en doute. Quatre

— 351 —

officiers avaient été blessés à ses côtés ; un général, son
aide de camp et trois officiers d'ordonnance.

» M. LE GÉNÉRAL DE WIMPFFEN. — Je demanderai à M.
le général Pajol, lorsque mes officiers ont apporté le billet par lequel j'invitais l'Empereur à venir sur le champ
de bataille, quel est le conseil de guerre qui s'est réuni
chez l'Empereur pour préparer une décision ? Quels étaient
les officiers qui la composaient ?

» M. LE GÉNÉRAL PAJOL. — Il n'y a pas eu de conseil de
guerre. La population et l'armée qui était rentrée dans
Sedan étaient dans des conditions telles qu'il était nécessaire de hisser le drapeau blanc. Non seulement nous rece-
vions les obus qui venaient du côté de l'armée, mais encore de tous côtés ; depuis le matin on tirait sur la ville,
et les coups ont redoublé lorsque l'encombrement a été
complet. »

V

**Extrait de la déposition du GÉNÉRAL FAURE, chef
d'état-major général de l'armée de Châlons, devant
les Assises de la Seine, les 12, 13 et 15 février
1875. (Affaire de Cassagnac-Wimpffen).**

« Mᵉ LACHAUD. — N'y a-t-il pas eu deux rapports sur
l'affaire de Sedan ?

» M. LE GÉNÉRAL FAURE. — Il y a eu un premier rapport fait par le général de Wimpffen. J'étais chargé de
l'expédier au ministre par l'intermédiaire des autorités
prussiennes, quand il me l'a fait demander, ou peut-être
me l'a-t-il demandé lui-même, le 4 au matin, en me disant qu'il voulait le modifier parce qu'il avait reçu un
rapport du général Lebrun qui modifiait son opinion
première. Ce premier rapport était signé et il a été enre-

gistré. Quant au rapport modifié, il m'a été envoyé par le général de Wimpffen, de Stuttgard; je l'ai reçu, je crois, le 15 ou le 16 septembre, et il me semble qu'il y avait entre ce rapport et l'autre des différences assez sensibles. »

VI

Extrait de la déclaration de M. LE COMTE DAVIL-LERS DE REGNAULT D'ANGÉLY devant la Cour d'assises de la Seine. Audiences des 12, 13 et 15 février 1878. (Affaire de Cassagnac-Wimpffen.)

« J'assistais à la conversation qui eut lieu dans le camp de Givonne entre Sa Majesté et le général en chef. Sur l'observation que l'Empereur lui faisait sur ces masses ennemies qui menaçaient sa gauche, le général de Wimpffen prit les mains de l'Empereur et lui dit : « Tant » mieux, Sire; laissons-les faire; je les jetterai dans la » Meuse et je gagnerai la bataille. » C'était dans la » matinée. »

VII

Extrait de la déclaration de M. LE COMMANDANT d'ORCET devant la Cour d'Assises de la Seine. Audiences des 12, 13 et 15 février 1878 (affaire de Cassagnac-Wimpffen.)

Le témoin assistait à la conversation tenue entre MM. de Moltke, de Bismarck et de Wimpffen, et il en raconte ainsi l'incident principal :

« M. de Bismarck, en répondant aux observations du général de Wimpffen, qui disait qu'il serait bon de modifier les conditions qu'on imposait à l'armée française, afin de diminuer autant que possible, entre les deux nations, l'animosité qui pourrait résulter de cette guerre, dit : « Vous n'avez pas pu nous pardonner Sadowa ; vous » ne nous pardonneriez pas d'avoir fait Sedan. Du reste, » quel fonds faire sur une nation comme la vôtre, qui » change de gouvernement avec une rapidité si grande ?» M. de Bismarck a parlé dans ce sens-là ; mais c'était une chose générale plutôt qu'un fait particulier. « Nous n'a- » vons pas à compter sur la reconnaissance de la nation » française, nous pourrions compter sur la reconnais- » sance d'un souverain ou d'une famille de souverains ; » mais, comme dans votre pays on change de gouverne- » ment avec une rapidité incroyable, nous ne pouvons » pas compter là-dessus. »

Interrogé sur l'effet que produisit au camp d'Iges l'absence du général en chef, le témoin répond :

« Personnellement, je n'ai pas d'appréciation à porter sur mes chefs ; je ne puis dire qu'une chose, c'est que nous avons regretté que M. le général de Wimpffen ne fût pas resté au milieu de nous, qu'il nous eût abandon- nés en partant le premier. Cela nous avait irrités, froissés un peu dans le sentiment militaire ; nous aurions voulu le voir rester avec nous. »

Sur le blâme que lui adresse M. de Wimpffen d'avoir livré à la publicité les détails de son entrevue avec les chefs allemands, M. d'Orcet fournit cette explication très nette et très ferme :

« En captivité, pour occuper mes loisirs et même dans un sentiment que vous apprécierez, j'ai écrit tous les souvenirs de ma campagne sous une forme humouristi- que. Quand je suis rentré en France, j'ai trouvé que dans ces notes j'avais pu céder à des sentiments peut-être exagérés, et je les ai anéanties. Cependant une partie de

et que j'avais écrit avait été lue par quelques-uns de mes
camarades, entre autres par le général Robert, qui en
avait copié plusieurs pages. Le général Robert, de re-
cour en France, les a montrées au général Ducrot, qui
m'a demandé l'autorisation de se servir de ce que j'avais
écrit, et de le publier.

» Je lui ai répondu que je n'étais pas dans l'intention
d'écrire personnellement et que jamais je n'aurais publié
ces notes, mais que du moment où j'étais sous l'abri
d'un chef que j'avais suivi dans des conditions excessivement périlleuses, dont j'avais toujours admiré le courage
et le dévouement, je me considérais comme complètement couvert par lui. C'est ainsi que mon rapport, ou
plutôt que ce récit de la capitulation a été introduit dans
le livre du général Ducrot, et je ne crois pas qu'il y ait
un seul acte à blâmer. »

VIII

**Extrait de la déclaration du GÉNÉRAL ROBERT de
vant la Cour d'assises de la Seine. Audiences des
12, 13 et 15 février 1873. (Affaire de Cassagnac-
Wimpffen.)**

« Me LACHAUD. — Le Calvaire d'Illy était-il compris
dans les emplacements que les troupes du 1er corps devaient occuper ?

» M. LE GÉNÉRAL ROBERT. — A coup sûr, non. Le Calvaire d'Illy était l'objectif du général Ducrot dans la
marche du 31 vers Sedan. Cela est tellement exact, que
M. le général Ducrot écrivait au maréchal de Mac-Mahon
pour lui dire : « Je me mets en route conformément à vos
instructions, après avoir veillé à la marche de l'ennemi
en arrière de nous ; je me mets en route par Osne,

Francheval, Villers-Cernay et Illy, où je compte m'établir. » Ce fut là le texte, à peu près complet, de l'indication donnée par M. le général Ducrot à M. le maréchal de Mac-Mahon. Mais par suite d'un ordre du maréchal, la position d'Illy ne fut pas occupée dans la journée du 31 août, ni le 1er septembre. »

Puis le général confirme ce qui a été déjà dit des dispositions prises par le général Ducrot en vue de la retraite, mouvement auquel il déclare que, pour son compte personnel, il n'était pas, à ce moment, tout à fait favorable. Mais il dut cesser ses observations devant l'énergique volonté de Ducrot. Il estime que le commandement du général Ducrot n'a guère duré plus d'une heure, et que son mouvement vers Illy et vers Floing ne s'est guère dessiné avant midi, peut-être une heure. Il ne croit pas que l'ordre envoyé par M. de Wimpffen au général Douay, de couvrir la marche des armées qui devaient percer dans la direction de Carignan, concernât le commandant du 1er corps.

« Me Lachaud. — Dans la pensée du général Robert, quand le général Ducrot s'est replié vers Sedan, restait-il encore une portion de troupe organisée qui fût capable de pouvoir coopérer utilement à l'opération que le général de Wimpffen désirait faire dans la direction de l'est?

» M. le général Robert. — Je déclare absolument que non. Le général Ducrot avait sa personne ; il avait ses officiers ; quant aux troupes, il n'avait que des fuyards, et encore il ne les avait pas. Il y avait, en outre, absence complète de troupes pour marcher dans la direction de Bazeilles. D'ailleurs, pour marcher dans cette direction, il eût fallu traverser Sedan, ce qui était impossible, car c'était un fouillis d'hommes, de chevaux, de voitures tellement épais, qu'un homme seul même pouvait mettre une heure à faire deux ou trois kilomètres ; et, d'un autre côté, on aurait peut-être pu passer sur les glacis de la place ; mais on aurait été criblé par les projectiles de l'ennemi, qui arrivaient du côté du nord, de Frénois ; ils arrivaient du côté de l'est, de l'ouest, de partout. En ce moment-là, une troupe, même non démoralisée, même conduite avec une certaine énergie, aurait couru les plus graves dangers, et probablement aurait été très compromise si elle avait rejoint Bazeilles par les glacis de Sedan, par l'extérieur de la ville.

» Me LACHAUD.— Vous avez répondu à la question que je voulais vous poser relativement à l'état de Sedan. Je voulais vous demander si, dans Sedan, on pouvait trouver un élément de troupes quelconque pour engager une sortie ?

» M. LE GÉNÉRAL ROBERT. — On y trouvait des hommes, des hommes affolés, mais pas de soldats, pas de troupes.

» Me LACHAUD.— Après la capitulation, quand les troupes sont entrées dans la presqu'île d'Iges, quelles sont les dispositions qui ont été prises pour assurer l'existence de l'armée ? Comment les généraux des différents corps d'armée ont-ils pourvu aux besoins de leurs soldats ?

» M. LE GÉNÉRAL ROBERT. — Dans la presqu'île d'Iges, avec le 1er corps d'armée, il y avait le général Douay et le général Lebrun ; comme commandants de corps d'armée, je n'en ai pas vu d'autres. Je dois dire que les troupes étaient là, dans un état de misère profonde. La pluie était tombée en abondance, le terrain était détrempé, il y avait à peine du bois pour faire du feu, il n'y avait pas de vivres. La situation était des plus pénibles. Le camp était commandé au nom de l'armée allemande, si je ne me trompe, par le général de Bernardi ; le général Ducrot se trouvait à l'entrée de cette presqu'île, et c'est lui qui dût s'assurer, autant qu'il était possible de le faire, de donner à nos troupes, si malheureuses de toute façon, quelques moyens de subsistance. Nous n'avions pas d'intendant.

» Le général Ducrot prit alors sur lui de remplir les fonctions de commandant en chef, autant que peut le faire un officier général prisonnier.

» Mais enfin, il n'y avait pas d'ordres généraux donnés par le commandant en chef, pour satisfaire aux nombreux besoins qu'éprouvaient les troupes prisonnières à ce moment-là. Sans doute, le général en chef était resté dans Sedan pour s'occuper des détails très nombreux qui devaient lui incomber ; il avait, d'ailleurs, beaucoup à faire avec l'armée allemande ; mais enfin très certainement il ne parut pas un seul jour, une seule minute, dans la presqu'île d'Iges.

» Puis le témoin répond en termes très nets à diverses questions que lui adréssent MM. de Wimpffen et Favre sur les intentions du général Ducrot qui, d'après lui, entendait livrer une bataille défensive devant Sedan, sur les mouvements des troupes allemandes, sur le point où avait commencé l'attaque, sur la situation du général Lebrun, etc. Sommé enfin de s'expliquer sur les objections qu'il avait pu faire au général Ducrot, relatives à son plan de retraite, il dit :

« Ces objections étaient des objections de sentiment. Eh bien ! on a tort d'avoir du sentiment à la guerre. Ce sentiment était celui d'un officier qui voyait partir une troupe quand on pouvait à la rigueur espérer tenir encore. Eh bien ! je déclare en toute sincérité que, si j'avais à recommencer aujourd'hui, je me garderais bien de faire cette objection au général Ducrot. J'ajoute qu'il a eu grandement raison de m'envoyer promener quelques minutes après. (*Rires.*)

Et il conclut :

« En somme, il n'y avait que trois partis à prendre :

ou bien il fallait nous retirer vers l'est, et alors le 7ᵉ corps aurait eu le sort que j'indiquais tout à l'heure pour le 12ᵉ corps, car il aurait couvert la retraite ; ou bien il fallait se retirer vers l'ouest, et le 12ᵉ corps était plus ou moins sacrifié ; ou bien il ne fallait pas se retirer du tout, et alors c'est la solution que vous connaissez : c'est le désastre de Sedan.

» Mᵉ Jules Favre. — Entre trois et quatre heures, M. le général de Wimpffen était rentré à Sedan. Vous savez qu'il avait fait appel à tous les hommes de bonne volonté, qu'il avait pu en trouver deux mille et deux pièces de canon, à la tête desquels il a fait la trouée sur Balan.

M. le général Robert. — Je l'ai entendu dire, je ne l'ai pas vu. Mais, encore une fois, je crois qu'il eût été impossible à l'homme le plus énergique de ramasser dans Sedan même un bataillon pour suivre sérieusement le mouvement vers Carignan. »

IX

Incidents MARTIN et MIRCHER.

« M. le colonel Martin fait l'éloge du général de Wimpffen. D'après lui, la retraite sur Mézières était absolument impossible. D'encombrement, il n'y en avait pas dans la ville, puisqu'il l'a traversée tout entière à la tête de son régiment. Quant au hissement du drapeau parlementaire, il est à la honte de l'Empereur, qui n'avait pas le droit d'épargner le sang de ses soldats, quand il était encore possible de lutter.

» M. Paul de Cassagnac. — Le témoin nous a raconté avec une grande émotion qu'il a traversé la ville de Sedan à la tête de son régiment en excellent ordre. Comment se fait-il que le témoin, qui admirait d'une manière si vive

et si vraie la dernière tentative du général de Wimpffen
ne se soit pas joint à lui avec son régiment?

» M. LE COLONEL MARTIN. — Pour une très bonne raison :
c'est que ce n'est pas avec des cuirassiers à cheval que
l'on peut s'engager dans des rues, dans un faubourg
sans armes à feu, ne pouvant qu'empêcher la colonne qui
s'y dirige. On suit un mouvement comme celui-là, mais
on ne peut pas y prendre part, et notez bien que nous
étions assez près pour pouvoir juger et pour recevoir
même des éclaboussures.

» M. PAUL DE CASSAGNAG. — Le témoin paraît oublier
que j'y étais également. J'ai une dernière question à
adresser. Je voudrais que les généraux commandant les
corps d'armée, le général Douay, le général Ducrot, le
général Lebrun, vinssent devant ce jury et devant la cour,
pour expliquer un peu, et nous en avons besoin, — ces
honorables témoins se trouvant sous le coup d'accusations graves, formulées par le témoin ici présent, — pour
expliquer un peu si réellement ils ont manqué à leur
devoir en ne se joignant pas au général de Wimpffen à
l'heure que le témoin a indiquée. Je demande que le général Ducrot soit appelé le premier.

» M. LE COLONEL MARTIN. — Monsieur dit que je porte
une accusation ; je ne porte aucune accusation.

» M. PAUL DE CASSAGNAC. — Vous avez dit que les généraux ne s'étaient pas joints au général de Wimpffen,
et vous avez paru blâmer ces messieurs de ne pas s'y être
joints. »

A ce moment, le général Lebrun se lève du banc des
témoins où il est assis, et, s'élançant à la barre :

« Je veux parler ! s'écrie-t-il ; je suis intéressé ! »

Le président lui donne la parole.

» M. LE GÉNÉRAL LEBRUN. — Je vous demanderai la

permission de relever un mot que, sans doute par irré-flexion, le colonel Martin a prononcé tout à l'heure. Au commencement de sa déposition, il a dit : « Si un seul gé-néral s'était trouvé près du général de Wimpffen, eh bien! il aurait obtenu un concours et des résultats tout autres qu'il n'a pu obtenir. » Je demande au colonel Martin, qui semble avoir été tout près du général de Wimpffen lors du dernier effort tenté à Balan, mais que je n'ai pas vu ce-pendant, s'il n'a pas pu me voir?

» M. LE COLONEL MARTIN. — Il est possible que vous ne m'ayez pas vu, mais je vous ai vu, moi, avec un drapeau blanc. Je n'ai pas parlé d'un général, mais du concours de tous les généraux.

» M. LE GÉNÉRAL LEBRUN. — J'étais donc près du géné-ral de Wimpffen, et vous avez déclaré tout à l'heure que, s'il y avait eu un seul officier général près de lui, il aurait obtenu un autre résultat. Il y en avait plus d'un. Quant à moi, je n'ai pas abandonné le général en chef un seul instant.

» M. LE COLONEL MARTIN. — Je n'ai pas dit cela.

» M. LE GÉNÉRAL LEBRUN. — Je pense que MM. les jurés auront entendu ceci, comme je l'ai entendu moi-même : « Si un seul général avait été présent, les résultats au-» raient été tout autres. »

» M. LE COLONEL MARTIN. — Je constate tout bonnement ce fait qu'à neuf heures et demie, M. le général Lebrun ne m'a pas vu à Balan.

» M. LE GÉNÉRAL LEBRUN. — Je ne conteste pas que vous y fussiez, moi.

» M. LE COLONEL MARTIN. — Je vous ai vu et j'ai dit dans quelle circonstance : je vous ai vu allant avec un parlementaire avec l'homme qui portait un drapeau...

» M. LE GÉNÉRAL LEBRUN. — C'est faux!

» M. LE COLONEL MARTIN. — L'homme qui portait un mouchoir au bout d'un bâton était pourtant avec vous.

» M. LE GÉNÉRAL LEBRUN. — Vous vous trompez. J'ai expliqué l'incident.

» M. LE PRÉSIDENT. — Une allégation avait atteint M. le général Lebrun : il y a répondu. »

Là-dessus, M. Lebrun retourne à son banc ; M. Martin reste à la barre, et M. de Cassagnac demande formellement que MM. Ducrot et Douay soient entendus à leur tour sur les mêmes faits.

Avec l'adhésion du président, le général Ducrot se présente d'abord et se place à côté de l'ex-colonel Martin.

« M. LE GÉNÉRAL DUCROT déclare que sur le plateau de Floing il n'est pas venu de cuirassiers...

» M. LE COLONEL MARTIN. — Il y en avait !

» M. LE GÉNÉRAL DUCROT. — Je ne vous parle pas, monsieur, ne m'interrompez pas. Il n'est donc pas étonnant qu'un régiment qui n'avait pas chargé eût conservé une partie de son monde.

» Maintenant, messieurs les jurés, voulez-vous me permettre de vous faire connaître certains faits qui pourront éclairer vos consciences ?

» Avant d'être rédacteur du *Siècle*, M. Martin était rédacteur de l'*Avenir de la Sarthe*, journal qui se publiait au Mans. La vente de ce journal a été interdite sur la voie publique, parce qu'il avait publié une série d'articles tellement injurieux contre l'armée et en particulier contre le général Ducrot, que messieurs les députés se sont émus. J'étais dans mon commandement, au 8ᵉ corps. Plusieurs officiers m'avaient écrit à ce sujet, en me disant que c'était une chose intolérable, que le gouvernement devrait intervenir. Je me disais : « S'il plaît au ministre de la guerre de

» prendre la défense de son commandant de corps d'ar-

» mée : s'il trouve que, dans l'intérêt du commandement,

» il doit empêcher ces outrages, il le fera ; quant à moi,

» je ne demanderai rien. Si on m'abandonne, et qu'il

» en soit besoin, j'abandonnerai mon commandement,
» et je saurai défendre mon honneur. »

» Je regrette beaucoup de n'avoir pas prévu cet incident ; je donnerais une lettre écrite par M. Fournier, député, et M. Caillaux, aujourd'hui ministre des travaux
publics, qui me parlaient du scandale de ces articles et
qui me disaient qu'ils étaient décidés à faire intervenir le
garde des sceaux pour amener une répression.

» J'ai répondu à M. Caillaux une lettre dont j'ai encore
entre les mains le brouillon et dans laquelle je disais :
« Je vous remercie des sentiments que vous me témoi-
» gnez ; quant à moi, je suis au-dessus des attaques et
» parfaitement résolu à ne pas y répondre. Faites ce que
» voulez dans l'intérêt de la morale et du parti conserva-
« teur. » C'est dans ces conditions que l'*Avenir de la Sarthe*
» a été suspendu, et peu de temps après supprimé.

» Maintenant, un fait encore. Pendant que je restais à
Versailles, j'y reçus une lettre d'un colonel Martin ; je ne
sais pas si c'est vous, car c'est la première fois que je vous
vois, monsieur ! Cette lettre était ainsi conçue : « Mon
» général, je vais en retraite ; j'ai un magnifique cheval,
» admirablement dressé au feu, au canon, à la musique :
» véritable cheval de bataille ; le brave général Ducrot est
» seul digne de le monter, et je viens vous l'offrir. » J'ai
répondu une lettre très polie, en lui disant que je n'avais
pas besoin de cheval, que je le remerciais beaucoup.
Voilà toutes les relations que j'avais eues avec le colonel
Martin.

» M. LE COLONEL MARTIN. — Je ne puis pas ne pas répondre. M. Ducrot a dit qu'il n'avait pas vu de cuirassiers
à Illy : s'il avait bien regardé, il les aurait vus, car ils
étaient avec tout le reste de la cavalerie ; nous étions
10,000 chevaux tous réunis ; j'étais avec mon régiment,
le 5e cuirassiers. Maintenant M. Ducrot dit que nous
sommes rentrés en ville à une heure où il n'y pas d'en-

combrement. Nous sommes rentrés en ville quand les portes étaient fermées, à trois heures, et tout à fait à la fin ; seulement, nous nous sommes fait ouvrir un passage, ce qu'auraient pu faire tous ceux qui l'auraient voulu. Quant au cheval...

» M. LE PRÉSIDENT. — M. le général Ducrot ne vous a point imputé le fait à vous-même.

» M. LE COLONEL MARTIN. — Je reconnais que c'est moi. Je demande que le général Ducrot, qui dit que je l'ai appelé le « brave Ducrot » dans cette lettre, nous la montre. Jamais un mot pareil ne s'est présenté à mon esprit. J'étais à Paris ; je vendais mes chevaux comme tous les officiers qui vont en retraite ; on m'a dit chez Chéry que le général Ducrot était venu en demander et on m'a dit : « Adressez-vous à lui. » J'ai écrit deux mots à M. Ducrot pour lui dire : « Mon cheval est dans de telles conditions de taille et d'âge. » Voilà ce qui s'est passé ; mais je ne vois pas ce que cela a de commun avec la bataille de Sedan. »

• M. le général Douay ne fait ensuite qu'une légère apparition à la barre. « Je ne crois pas, dit-il, qu'on nous demande, à nous, d'apporter des certificats de bravoure personnelle. Généralement, nous n'avons pas besoin de cela. »

On introduit le colonel Mircher.

» M. PAUL DE CASSAGNAC. — J'ai une question assez délicate à poser au témoin. Le colonel Mircher a juré de dire la vérité ; je l'adjure, moi, à mon tour, de nous dire s'il est vrai... (c'est un bruit qui est venu jusqu'à moi) qu'il ait écrit au ministre de la guerre pour lui exposer dans quels termes étranges le général de Wimpffen l'a pressé de vouloir bien se rendre à ces débats.

» Mᵉ JULES FAVRE. — C'est un fait confidentiel sur lequel on veut que le témoin s'explique.

» M. Paul de Cassagnac. — Le témoin a-t-il reçu une lettre du général de Wimpffen, le mettant dans l'impossibilité, par une pression très nette, de ne point se rendre à l'audience?

» M. le colonel Mircher. — J'ai reçu, en effet, une lettre du général de Wimpffen, auquel j'avais eu l'honneur d'écrire pour lui dire que des devoirs de service réclamaient ma présence à Limoges, et que je le priais de me dispenser de venir à l'audience.

» M. Paul de Cassagnac. — Je demande la lecture de cette lettre.

» Mᶜ Jules Favre. — Au nom de...

» M. le général de Wimpffen — Je m'y oppose absolument.

» M. Paul de Cassagnac. — Je vais la lire, moi.

» Mᶜ Jules Favre. — Elle est parvenue entre vos mains par un abus de confiance.

» Mᶜ Lachaud. — La lettre ne sera pas lue, mais nous constatons (c'est notre droit) que vous ne l'avez pas voulu. »

TABLE DES MATIÈRES

TABLE DES APPENDICES

DEUXIÈME PARTIE

LA FRANCE AVANT 1870

APPENDICE B

PREMIÈRE PARTIE

DEUXIÈME PARTIE

APPENDICE C

SEDAN

PREMIÈRE PARTIE

MENSONGE ET CALOMNIE

DEUXIÈME PARTIE

LA VÉRITÉ HISTORIQTE

D'APRÈS LES TÉMOIGNAGES ET DOCUMENTS OFFICIELS

F. Aureau. — Imprimerie de Lagny